Todo lo que siempre quiso saber sobre sexo

DAVID REUBEN

Traducción de
Matuca Fernández de Villavicencio

PLAZA & JANÉS EDITORES, S.A.

Título original: *Everything You Always Wanted to Know About Sex*

Primera edición en U.S.A.: julio, 2001

Printed in Spain – Impreso en España

ISBN: 0-553-06136-4

Distributed by B.D.D.

A Bárbara, mi esposa,
que me ha dado 13.780 días de felicidad…
y sigo contando…

Y a todos los MUNCHKINS…,
por su lealtad, coraje y dedicación

ÍNDICE

AGRADECIMIENTOS

A Ben Camardi, mi Agente (merecedor de una mayúscula), por mostrar unas cualidades poco frecuentes hoy en día. Por ser leal, tenaz y resuelto hasta el final.

A los cien millones de hombres y mujeres del mundo que leyeron la primera edición y me inyectaron el entusiasmo y la misión de ofrecerles una nueva edición. Deseo de todo corazón que este libro les aporte la satisfacción y la felicidad que tanto merecen.

DAVID REUBEN, D. M.
Nueva York, NY

CARTA A MIS COLEGAS MÉDICOS

David Reuben, D. M.
Harold Matson Co.
276 Fifth Avenue
Nueva York, NY 10001

Tel: 212-679-4490
Fax: 212-545-1224

E-mail: mydoctor@everysex.com

Queridos colegas:

Ha pasado mucho tiempo desde la última vez que tuve el placer de escribiros.

Todos nosotros hemos sido testigos de los espectaculares cambios que ha experimentado la sexualidad humana desde el punto de vista médico durante las últimas décadas. Ha sido un proceso difícil y estimulante que ha hecho de la medicina una práctica aún más necesaria que en el pasado.

Espero que este libro os resulte útil a la hora de aconsejar y orientar a vuestros pacientes. En la actualidad el terreno de la sexualidad humana está lleno de supuestos expertos de formación dudosa que pueden dañar a nuestros pacientes y nuestro prestigio como profesionales.

Me alegra estar en condiciones de afirmar que todos los datos y hechos que aparecen en este libro se basan en escritos y estudios científicos fidedignos. También observaréis que he aprovechado todas las oportunidades para remitir a los lectores a la única persona que puede darles información y asesoramiento experto sobre sus problemas sexuales. Esa persona eres tú, su médico personal.

Si tenéis preguntas o sugerencias, será un placer para mí conocerlas.

Os deseo de todo corazón lo mejor en vuestra carrera profesional.

Atentamente,

DAVID REUBEN, D. M.
Universidad de Illinois, Facultad de Medicina
Promoción 1957

CARTA A MIS LECTORES

David Reuben, D. M.
Harold Matson Co.
276 Fith Avenue
Nueva York, NY 10001

Tel: 212-679-4490
Fax: 212-545-1224

E-mail: mydoctor@everysex.com

Queridos amigos:

Es un placer para mí poder saludarles de nuevo. Quiero aprovechar esta oportunidad para agradecerles la cálida acogida que han brindado a mis ocho libros anteriores. Por otro lado, soy muy consciente de mi responsabilidad para con ustedes por la confianza que han depositado en mí.

En la nueva edición de *Todo lo que siempre quiso saber sobre sexo y no se atrevía a preguntar* me he asegurado de dar a conocer hallazgos científicos y médicos totalmente fidedignos de una forma que resulte útil para ustedes y sus familias. Al mismo tiempo, también he querido informar de algunos de los peligros y trampas que encierra el sexo en el siglo XXI.

Mi objetivo, como siempre, es hacer lo posible por contribuir a su buena salud, felicidad y éxito personal, algo que espero conseguir con esta nueva edición.

Si tienen preguntas o sugerencias, estaré encantado de conocerlas.

Les deseo de todo corazón una vida de éxito y felicidad.

Atentamente,

David Reuben, D. M.
Universidad de Illinois, Facultad de Medicina
Promoción 1957

¡AVISO IMPORTANTE!

Estoy seguro de que ya lo sabe, pero me gustaría insistir en ello.

ESTE LIBRO NO DA CONSEJOS MÉDICOS

Es una obra exclusivamente informativa que confío le anime a consultar con su médico personal cualquier problema médico que pueda tener.

Él puede darle asesoramiento y tratamiento médico porque está en situación de verle y examinarle. Puesto que tal cosa me resulta imposible desde las páginas de este libro, no puedo hacer diagnósticos ni dar consejos o tratamiento.

Le digo lo mismo que advierten esos anuncios de televisión donde aparece un piloto de carreras conduciendo por una montaña a 150 kilómetros por hora: «¡No lo pruebe!»

No intente hacer nada de lo que se menciona en este libro sin buscar primero el consejo de un médico de confianza. Ni yo ni mi editor asumimos la responsabilidad de lo que pueda ocurrirle.

Hechas las aclaraciones pertinentes, espero que disfrute de cada una de las páginas de este libro. Confío en que contribuyan a mejorar su vida en todos los sentidos... todos los días.

DAVID REUBEN, D. M.
Nueva York, NY

1

MÁS ALLÁ DE LA PROCREACIÓN

Hace casi treinta años que se publicó la primera edición de *Todo lo que siempre quiso saber sobre sexo y no se atrevía a preguntar*. Las cosas han cambiado mucho desde entonces. Ahora el hombre viaja al espacio como quien antes volaba de Nueva York a Londres. Incluso el piloto aéreo que mencionaba en la introducción de la primera edición ha penetrado con su nave la vasta oscuridad del cosmos; pero todavía es incapaz de impulsar sus 17 centímetros de pene en la vasta oscuridad de una vagina.

La física que exploró los misterios de las partículas nucleares en la primera edición ha descubierto una nueva forma de atracción entre las partículas subnucleares, pero todavía no ha averiguado por qué se siente sexualmente atraída por las mujeres en lugar de por los hombres.

Como ya señalé entonces, los conocimientos sobre sexualidad han estado bajo el control de seres científica y emocionalmente ineptos. Bajo el control de personas que han hecho lo posible por reprimir y negar el más humano de los sentimientos humanos: el instinto sexual. Bajo el control de personas que ignoraban la diferencia entre una hormona y una enzima y, sin embargo, nos explicaban con todo lujo de detalles cómo regular el aspecto más íntimo de nuestra vida.

Pero ahora que nos hallamos a las puertas del siglo XXI, las cosas han cambiado…

¿De veras?

Bueno, no mucho. Los supuestos gurús de la sexualidad humana actual tienen una formación que no guarda relación alguna con el tema. Algunos de ellos llevan colgado el deslumbrante título de «doctor» delante del apellido, pero si indagamos un poco veremos que dicho título raras veces se refiere a un doctorado en medicina. Las más de las veces corresponde a estudios que no tienen nada que ver con la sexualidad.

El mensaje de esa gente suele ser: «Si le gusta, hágalo.» Semejante consejo es impropio de un auténtico profesional y suele conducir al desastre. El principal atractivo de estos gurús es su falsa apariencia de seguridad y su aprobación incondicional de toda clase de conductas sexuales. Pero hay algo contradictorio en todo esto.

Cuando una persona tiene la gripe, busca un médico competente y sigue detenidamente sus instrucciones.

Sin embargo, cuando ha de afrontar los desafíos sexuales que a todos se nos presentan día a día, la persona de repente se pierde. Recurre a un libro o una conferencia de alguien que ha obtenido todos sus conocimientos sobre sexualidad vendiendo inmuebles o dando clases de aeróbic.

El conocimiento profundo de la sexualidad humana requiere estudios exhaustivos de anatomía, bioquímica, fisiología, patología, medicina interna, cirugía, obstetricia y ginecología, por mencionar algunos. Tras muchos años de estudio, para ser competente en este campo es preciso leer, como mínimo, una docena de revistas médicas al mes y tratar a pacientes durante varios años.

¿Cómo puede creer alguien que un peluquero que ha hecho algunos cursos de psicología sea capaz de guiarle por los azarosos recovecos del sexo? Lo cierto es que a esa persona le iría mejor si acudiera al supuesto «gurú sexual» para tratarse la gripe y al médico para tratar sus problemas de índole sexual.

Estos expertos sexuales instantáneos también lo son en el arte de la seducción. Brindan a sus seguidores fortaleza y confianza, así como el visto bueno para llevar a cabo todo tipo de prácticas sexuales. Pero existe un pequeño problema:

¿Por qué deberíamos necesitar el permiso de esas personas?

Que ellos digan que algo es «bueno» para nosotros no significa que realmente lo sea. Y lo mismo ocurre cuando ellos afirman que algo es «malo».

Además, se me ocurren otras preguntas que formularles. Si saben tanto sobre sexo,

- ¿por qué la mayoría de ellos se han casado y divorciado tantas veces?,

- ¿por qué han tenido tantas aventuras?,
- ¿por qué parecen tan deprimidos y desilusionados?,
- ¿por qué nos dan consejos que no funcionan por mucho que nos empeñemos?

Antes de aceptar el consejo de otra persona sobre sexo, vale la pena recordar un hecho esencial y maravilloso: la práctica del sexo debería ser la cosa más sencilla del mundo.

Cuando tomamos las decisiones sexuales adecuadas con la persona adecuada, nos sentimos bien. Enseguida. Sin lugar a dudas. No sólo bien. ¡Nos sentimos de maravilla!

Cuando tomamos una decisión sexual inadecuada con la persona inadecuada, nos sentimos mal. Muy mal.

A veces nos sentimos mal durante una hora. A veces durante una semana. Y a veces durante toda la vida. Y si hacemos una elección realmente inadecuada, puede que esa «vida» no sea muy larga. Y aunque los gurús de la sexualidad nos digan que la decisión ha sido buena, seguimos sintiéndonos mal. Lo cual nos conduce a una pregunta realmente importante:

¿Quién es lo bastante inteligente para decirnos qué es lo mejor para nosotros en cada situación a la que nos enfrentamos desde los cinco años (cuando empezamos a tener conciencia del sexo) hasta los noventa?

¿Quién posee la intuición infalible para señalarnos el camino a seguir en cada ocasión?

Si desea saber quién es esa persona no tiene más que mirarse en el espejo.

¡Es usted! Lo único que necesita para lograr la satisfacción y la felicidad sexuales a lo largo de su vida es conocer las sencillas realidades de la sexualidad humana.

Usted es una persona suficientemente inteligente y sensata para tomar la decisión sexual adecuada en cada ocasión si sabe exactamente con qué está tratando. Por poner un ejemplo, usted será capaz de tomar la mejor decisión:

- Si conoce la auténtica verdad sobre los preservativos, verdad que a veces difiere mucho de lo que cuentan por televisión...
- Si conoce la auténtica verdad sobre la píldora abortiva, verdad que a veces difiere mucho de lo que cuentan por televisión...

- Si conoce la auténtica verdad sobre las perversiones sexuales que se producen en su propia ciudad y en su propio barrio, verdad que a veces difiere mucho de lo que ve cada día en televisión...
- Si conoce la auténtica verdad de cómo alcanza una mujer el orgasmo, verdad que a veces difiere mucho de lo que ve cada día en televisión...
- Si conoce la auténtica verdad sobre la homosexualidad, verdad que a veces difiere mucho de lo que ve cada día en televisión...

Entonces, y sólo entonces, podrá tomar las decisiones adecuadas para usted y su pareja, sus hijos y su familia. El conocimiento es poder, y el conocimiento sexual es superpoder.

De eso trataba la primera edición de *Todo lo que siempre quiso saber sobre sexo y no se atrevía a preguntar*. Más de cien millones de personas en todo el mundo recibieron la información probada y honesta que necesitaban para hacer que el sexo fuera todo lo estimulante y placentero que debe ser. Aprendieron a hacer de él algo divertido, gratificante y fascinante. Aprendieron a evitar las trampas y los pozos sin fondo de la sexualidad, que son muchos.

Todo eso lo sé porque ellas mismas me lo contaron. Miles de cartas procedentes de todo el mundo me confirmaron que la persona que sabe *Todo lo que siempre quiso saber sobre sexo* puede disfrutar de su sexualidad hasta un grado que jamás había imaginado posible.

No obstante, treinta años es mucho tiempo para cualquier ámbito de la ciencia médica, y el sexo es ciencia y es medicina. Durante estos años se han producido acontecimientos nuevos y totalmente impredecibles:

- Una epidemia de enfermedades sexuales desconocidas hasta ahora en la historia de la humanidad. Hoy en día, la principal enfermedad bacteriana en Estados Unidos no es la neumonía ni la faringitis séptica, sino una infección vaginal conocida como «clamidia».
- Millones de personas en todo el mundo han fallecido como consecuencia de una enfermedad sexual incurable y casi siempre mortal, desconocida (o incluso inexistente) treinta años atrás.
- El aborto es legal en casi todo Estados Unidos. Existen píldoras abortivas e ingenios que pueden montarse en el garaje de casa para practicar abortos.
- Existen fármacos capaces de provocar una erección en el hom-

bre a los quince minutos de ingerirlos, y se cree que pueden tener un efecto similar en las mujeres.

- Se realizan operaciones quirúrgicas en los órganos sexuales que pueden generar cambios hasta ahora inimaginables y, en algunos casos, impredecibles.
- Treinta años más tarde la píldora anticonceptiva está al alcance de todo el mundo y la mayoría de las mujeres todavía no sabe que es el único medicamento del que se ha demostrado que aumenta su esperanza de vida.

Por eso, más que nunca, la satisfacción sexual, la protección sexual y la cordura sexual se hallan entre los principales retos de la vida. Como dije en la primera edición: «La finalidad de este libro es contar al lector lo que "quiere" saber y lo que "necesita" saber para obtener el mayor grado posible de satisfacción sexual.»

La única diferencia entre la primera edición y la segunda es que ésta recoge cuanto ha ocurrido en el terreno del sexo durante los últimos treinta años.

Pero eso no es todo. Existe otro elemento que la persona necesita para sacar el máximo partido al sexo: el humor. El sexo es placentero, de eso no hay duda. Es lo más placentero del mundo. Pero el sexo también es divertido. Los seres humanos son los únicos animales capaces de bromear acerca de sexo. Como en la obra original, las páginas de esta nueva edición contienen grandes dosis de humor.

Cuando escribí la primera edición, lo hice con una idea en mente: que cuanto más sabemos sobre sexo, más podemos disfrutar de él.

Más de cien millones de lectores de 52 países han confirmado esta idea.

Como también señalaba en la primera edición:

«Una vida sexual activa, gratificante y madura es indispensable si queremos alcanzar nuestro máximo potencial como miembros de la especie humana. Aquellos cuya conducta sexual se halla ensombrecida por la ignorancia y limitada por el miedo tendrán pocas posibilidades de encontrar la felicidad en este planeta. El objetivo de este libro es sustituir la ignorancia por la sabiduría y el miedo por la confianza explicando de forma franca y directa *Todo lo que siempre quiso saber sobre sexo y no se atrevía a preguntar.*»

Cada una de esas palabras era cierta entonces y lo es ahora.

Confío de corazón en que todas las cosas nuevas y fascinantes que averigüe en las próximas páginas le ayuden a disfrutar del sexo y de su sexualidad más que nunca.

2

ÓRGANOS SEXUALES MASCULINOS

¿Cuánto mide un pene normal?

He aquí la pregunta del millón. Y la pregunta equivocada. Todo hombre, prácticamente desde que tiene conciencia de su maravilloso órgano, se ve acosado por la duda. ¿Es su pene lo bastante grande, lo bastante largo, lo bastante ancho?

Cada vez que un hombre tiene la oportunidad de echar un vistazo a otro pene, le hace una foto mental que luego compara con la imagen permanente de su propio pene. Todos los hombres, ya sea en el club de campo, en los vestuarios del instituto, en el cuartel o en los lavabos públicos, lanzan miradas de soslayo al órgano de otros hombres mientras su medidor mental calcula la longitud de éste.

Por desgracia, las «olimpiadas peneanas» no nos benefician de modo alguno. ¿Qué le ocurre cuando encuentra un pene más largo y ancho que el suyo? Le amarga el resto del día, ¿verdad? A la mañana siguiente, si tiene un vislumbre de un pene canijo que hace que el suyo parezca el de un toro, se queda contento, pero sólo hasta el descanso del mediodía, cuando va al lavabo y se coloca al lado de un colega cuyo órgano recuerda el de un elefante. Eso le arruina la tarde. Para la mayoría de los hombres, semejante dinámica dura toda la vida. Sufren, pero no deberían sufrir.

¿Por qué no deberían sufrir?

Porque se formulan la pregunta equivocada. En lugar de preguntarse cuánto mide un pene normal, deberían preguntarse cuánto mide una vagina normal.

He ahí lo que realmente importa. El pene no está para hacer de adorno. No es un apéndice destinado a llenar tejanos ajustados o bañadores de licra. No está ahí para que usted fascine a las damas balanceándolo de un lado a otro cada vez que se quita los pantalones. El pene es un instrumento excitante, de extraordinario diseño, destinado a verter una o dos cucharadas de líquido caliente en la vagina. La longitud útil del pene viene determinada por la longitud útil de la vagina.

¿De cuántos centímetros hablamos?

La vagina de una mujer adulta mide, por término medio, entre 9 y 13 centímetros de largo. La longitud media del pene es de 10 centímetros en estado «inanimado». Estamos hablando de longitud media, de modo que un pene puede medir sólo 5 centímetros y ser todavía muy normal. Eso significa que prácticamente todo hombre adulto posee un pene capaz de alcanzar y frotar vigorosamente cada centímetro cuadrado de casi toda vagina.

Puesto que la longitud del pene es una característica hereditaria, esto es, transmitida a través de los genes, los hombres cuyo pene es demasiado corto para entrar en una vagina tienen problemas para reproducirse. Una especie cuyos penes fueran cortos se habría extinguido hace medio millón de años.

¿Cambia la longitud del pene con la erección?

Desde luego que sí, y he ahí otra razón para no participar en la olimpiada peneana. Un órgano de aspecto marchito puede crecer de súbito más de un 20 % cuando va al grano. Pero los penes realmente grandes escasean. Un pene muy largo —y sumamente infrecuente— puede alcanzar los 30 centímetros en estado eréctil.

¿Qué hay de los actores de las películas pornográficas? Sus penes parecen enormes.

Exacto, lo parecen. Los penes de las estrellas del porno suelen medir, por lo general, un 30 % menos de lo que anuncian. Como ejemplo, he aquí una lista de actores —cuyos nombres no aparecen para proteger sus carreras— con la longitud real de su pene y la longitud anunciada.

Actor	*Tamaño anunciado (cm)*	*Tamaño real (cm)*
A	25	19
B	23	18
C	30	23
D	25	20
E	28	23
F	30	20

Como vemos, hasta las superestrellas fálicas tienen un pene apenas más largo que el del hombre medio. Además, ellos conocen algunos trucos que el espectador ignora.

¿Por ejemplo?

Muchas veces se cortan o afeitan el vello pubiano. Eso hace que el pene parezca más grande. Por otra parte, la mayoría de los actores son relativamente bajos y delgados, motivo por el cual el órgano parece aún más grande.

Y lo que hace llorar a las actrices porno hace sonreír de satisfacción a los actores.

¿De qué está hablando?

La lente de la cámara es una lente de aumento, por eso las damas siempre protestan diciendo: «¡A este paso moriré de hambre! ¡Esa cámara me añade cinco kilos!»

Y, claro está, una lente que puede añadir cinco kilos a una mujer delgada puede fácilmente añadir cinco centímetros a un pene normal.

Otro truco consiste en conectar el pene a una bomba de vacío antes de las escenas clave para inflarlo (véase el capítulo 6 para más detalles sobre estos aparatos).

Pese a ello, existe un método infalible para devolver los penes porno a la realidad.

¿Cuál?

Observar las manos. El actor podrá hincharse el pene, pero no las manos. El tamaño de las manos de un hombre (no el de los pies) suele estar en proporción con el pene. Compare el tamaño de las manos del actor porno con el pene de éste y luego compare sus propias manos con su propio pene. Se llevará una grata sorpresa que seguro le tranquiliza.

Lo cierto es que la mayoría de los penes adultos se parecen más que difieren. Todos encajan más o menos en el mismo margen de medidas. Y hacen aquello para lo que fueron creados: verter semen en la vagina. Por lo tanto, si el pene de un hombre es lo bastante largo para entrar en ésta, no hace falta más. Inquietarse por unos centímetros más o menos es una pérdida de tiempo.

¿Cómo puede saber un hombre si el tamaño de su pene es normal?

El método más fácil es medirlo. Póngase de pie y extienda la cinta métrica desde el hueso pubiano hasta la punta del pene en estado fláccido. (¡No haga trampas!) (Nota: no es buena idea pedir ayuda a la pareja, pues, debido a la manipulación que implica el proceso, puede que nunca consiga una medición exacta.) Luego tire muy suavemente del pene hasta que ya no ceda. ¡No lo tense para lograr un centímetro más!

Esa medida será la «longitud estirada». La próxima vez que tenga una erección, levántese y baje suavemente el pene hasta colocarlo paralelo al suelo. Vuelva a medir desde el hueso pubiano hasta la punta. Ésa será la «longitud eréctil».

Curiosamente, la longitud estirada del pene será casi la misma que la longitud eréctil, pero si lo piensa, no podría ser de otro modo. El pene sólo puede alcanzar la longitud que posee, ni un milímetro más. Si en el órgano entra sangre bajo presión, la longitud aumentará un 5%.

Y hablando de presión, los hombres no deberían sentirse presionados por el tamaño de su pene. Si mide más de 7,5 centímetros cuando está erecto, todavía se halla dentro de los márgenes normales. Y si es más corto, recuerde la Primera Ley de Satisfacción Sexual del doctor Reuben: «Si funciona, no intente repararlo. Si lo rompe, no le darán uno nuevo.»

Pero ¿es posible agrandar el pene?

Para la cirugía plástica moderna casi todo es posible. Sin embargo, tenga en cuenta lo siguiente: la mayoría de los hombres se sienten incómodos sólo con hallarse demasiado cerca del mármol de la cocina cuando su esposa está cortando salami. Tendrían que estar muy motivados para permitir que alguien acercara un cuchillo a sus partes. Y sin embargo, algunos hombres lo permiten.

El médico puede cortar el pene de varias formas para hacerlo «más grande», y el resultado no siempre es el que espera el paciente.

¿En qué consiste la operación?

El método más rápido y sencillo sólo requiere un par de tijeretazos. El pene cuelga del hueso pubiano de una especie de cuerda llamada «ligamento». Si se corta éste, el pene, por tratarse de un tubo carnoso pesado, cae aún más y «parece» unos 2,5 centímetros más largo. No obstante, la longitud real no ha variado. Lo que ocurre es que el órgano se ha liberado de sus ataduras y cuelga más que antes. Es como cortar el elástico de unos calcetines. Éstos parecerán más «lánguidos», pero su longitud no variará. Por desgracia, esa «proyección» de más tiene un precio. Cuando el pene experimenta una erección, el ángulo ya no es el de antes. Es como si el pene se vengara por haberlo bajado un par de clavijas.

El corte del ligamento también provoca inestabilidad durante el acto sexual. El pene se balancea de un lado a otro y no es posible controlarlo como antes. También aumenta el riesgo de fractura.

¿Fractura? ¿Es que puede romperse un pene?

Aunque parezca una pesadilla, sí. Un pene erecto es casi tan duro como un hueso, porque está lleno de sangre bajo presión. Imagine un tubo de plástico rígido, de unos 15 centímetros de longitud, cerrado por ambos extremos y lleno de agua. Si lo agarra fuertemente con las dos manos y lo dobla, se romperá.

Un pene duro se parece a ese tubo de plástico. Está lleno de sangre y justo debajo de la piel se halla envuelto por una especie de ligamento circular parecido a un vendaje. Si durante el coito el caballero inclina demasiado el pene contra el hueso pubiano de la mujer, el ligamento puede desgarrar y romper el pene como si fuera una cerilla de madera.

¿Cómo se repara un pene fracturado?

No se cubre con una escayola, aun cuando semejante erección permanente pudiera resultar atractiva para algunos. Tampoco se pone un cabestrillo, ya que no está bien visto socialmente. En realidad, requiere una intervención quirúrgica.

El procedimiento resulta un poco espeluznante. Primero se «desenguanta» el pene, es decir, se afloja y se desliza la piel por el órgano como si se tratara de un guante. Acto seguido se sutura el ligamento roto y se coloca la piel en su lugar. Con suerte, al cabo de dos semanas el paciente ya puede volver a las andadas, pero esta vez con más cuidado. La experiencia es tan perturbadora que pocos hombres cometen la imprudencia de fracturarse el pene dos veces en la vida.

Aparte de alargarlo, ¿existe alguna forma de ensanchar el pene?

Como reza el dicho: «Lo que la mente del hombre concibe, la mano lo consigue.» Bueno, en este caso no se trata exactamente de la mano...

Es una operación un poco complicada, una suerte de liposucción invertida. El cirujano succiona grasa de otra parte del cuerpo y la inyecta en el pene. Así pues, en realidad éste no aumenta de tamaño, sino que sólo engorda, y aquí es donde empieza el problema.

¿Qué problema?

Se lo explicaré con un ejemplo. Normalmente la gente lo que quiere es adelgazar, esto es, perder grasa. Cuando la grasa disminuye —mediante una dieta o una liposucción—, la persona lucha por impedir que reaparezca. En el caso del pene ocurre exactamente lo contrario, es decir, la persona intenta desesperadamente que engorde y mantener la grasa en ese lugar. La madre naturaleza, no obstante, se niega a colaborar. Haga lo que haga el paciente, el cuerpo acaba absorbiendo la grasa inyectada en el pene y éste, con el tiempo, recupera su tamaño original. Desafortunadamente, no puede decirse lo mismo del saldo bancario.

La operación presenta algunas complicaciones. El pene puede adquirir un aspecto poco atractivo, con nódulos de grasa, piel deformada y cicatrices. Y en ocasiones no funciona tan bien como antes de la remodelación.

Aun así, ¿es una buena idea?

Como en toda operación de cirugía plástica, la decisión es personal. No obstante, es posible que sea cierto el viejo dicho según el cual: «Lo importante no es cuánto lo alarga, sino cómo lo alarga.»

Además, ninguno de estos procedimientos hace que el pene funcione mejor.

¿Qué haría que un pene funcionase mejor?

Depende del problema. La mayor parte de las veces, el verdadero problema de un pene que no funciona bien no tiene nada que ver con el órgano en sí. Salvo raras excepciones, el fallo está en el cerebro.

Prueba de ello son los sellos de correos.

¿Los sellos de correos?

Así es. Como casi todos los hombres saben —y muchas esposas y novias han descubierto—, los varones suelen despertar por las mañanas con el pene erecto. Casi todos se justifican diciendo que son erecciones reflejas debido a que tienen la vejiga llena. Quizá suene plausible, pero no es la explicación correcta. Aunque pocos hombres lo saben, casi todas las noches tienen, mientras duermen, varias erecciones.

Estas erecciones las originan sueños y fantasías sexuales inconscientes, y son por completo normales. No sólo normales, sino tremendamente útiles a la hora de diagnosticar y tratar disfunciones de la erección. Me explicaré.

Supongamos que su televisor no funciona. Antes de llevarlo a reparar se asegurará de comprobar que está enchufado.

Si un hombre tiene problemas para conseguir una erección, antes de enviarlo al médico vale la pena comprobar si el problema está en el aparato o en la conexión. Aquí es cuando los sellos entran en escena.

¿Cómo?

Cuestión de lógica. Si un hombre no puede conseguir una erección durante el acto sexual, existen dos posibilidades: que su aparato físico —los nervios espinales, las reservas de sangre en el pene, los vasos sanguíneos y todo lo demás— no funcione o que algo ocurra en su cerebro que bloquee el proceso de erección.

La solución obvia es comprobar si experimenta erecciones en otros momentos. Una posibilidad es ingresarlo en el hospital, conectarle el pene a un aparato electrónico costoso y complicado que mide el diámetro del órgano, dejar que se duerma y comprobar si dicho aparato detecta y registra alguna erección durante la noche. Eso costaría unos quinientos dólares, si es que el pobre hombre consigue dormirse con todos esos cables atados a su sensible órgano.

Existe, sin embargo, un método más sencillo. Después del trabajo, camino de casa, se detiene en la oficina de correos y compra una plancha de sellos. A la hora de acostarse, pega unos cuantos alrededor del pene formando una especie de collarín. No es muy atractivo, pero resulta mucho más barato y fácil que ingresar en un hospital.

¿Y luego?

Se duerme y espera. Si al día siguiente despierta con las bonitas imágenes conmemorativas de los Juegos Olímpicos colgándole de los testículos, podrá estar contento el resto del día, pues será la prueba inequívoca de que el problema no es físico sino casi con toda seguridad, emocional. El coste total de la prueba, según el tipo de sellos y el tamaño del pene, podría ascender a 2,5 dólares. Además, los sellos pueden volver a utilizarse.

¿Presenta esa prueba algún riesgo?

El único riesgo que conozco lo corrió Roger, pero dejemos que Rhonda, su esposa, nos lo cuente:

«Roger llevaba seis meses muy preocupado por su problema sexual. Tenía dificultades para conseguir una erección y estaba obsesionado con el tema. Su desesperación era cada vez mayor, por lo que empecé a preocuparme. Hablaba continuamente de un extraño especialista en Hong Kong que podría ayudarle, y no paraba de decir que ojalá tuviera el dinero para ir allí pero que sabía que nunca podría permitírselo.

»Entonces, un día de la semana pasada, a la hora de acostarnos, entré en el dormitorio y encontré a Roger sentado en la cama. Tenía la cara sudorosa y estaba pegándose un montón de sellos en el pene.

»¡Se ha vuelto loco!, pensé. ¡Cree que puede enviar su pene a Hong Kong para que lo examine ese médico chino!

»Al final todo acabó bien, pues a la mañana siguiente, cuando Roger despertó, los sellos estaban rotos. Finalmente llegamos al fondo del problema, pero he de reconocer que al principio me inquieté de veras.»

Puede que el caso de Roger sea una exageración, pero lo cierto es que a los hombres les preocupa mucho el tema de la erección.

¿Qué les preocupa concretamente?

Bueno, además de si van a tener o no una erección, les preocupa el ángulo y la dirección del pene. Pero eso no debería ser motivo de preocupación, pues en cuestión de erecciones casi todo es normal. Por ejemplo, alrededor del 25 % de las erecciones normales no alcanzan la horizontalidad total, y en torno al 15 % apuntan hacia abajo.

Aunque ello no encaje con el estereotipo del «hombre perfecto», tiene sus ventajas. Se acabaron las esposas o novias con dolor de cuello por las mañanas: el sexo oral con un pene que apunta hacia abajo es mucho más fácil. (Por eso las cañas de los refrescos pueden doblarse por el centro.) Y no olvide que casi la mitad de los penes normales miden menos de 14 centímetros de longitud.

Lo cierto es que la forma en que se producen las erecciones resulta realmente extraordinaria.

¿Qué es lo que produce una erección?

Por extraño que parezca, después de todos estos años aún no lo sabemos todo sobre las erecciones. Pero he aquí lo que sí sabemos:

El pene se parece, en cierta manera, a una colchoneta inflable. A lo largo del órgano, desde el hueso pubiano hasta la punta, hay dos globos alargados que normalmente están desinflados. Dichos globos se hallan envueltos por una especie de vendaje. Por el centro del órgano discurre un tubo llamado «uretra» que transporta al exterior la orina y el esperma.

Una serie de válvulas controlan la entrada de sangre en los globos. Cuando se abren, la sangre entra a presión e infla el pene como si de una colchoneta se tratara. Luego, si todo funciona correctamente, las válvulas se cierran y la sangre queda atrapada en el pene. Para inflarlo, sin embargo, no hace falta mucha sangre.

¿Cuánta sangre es necesaria?

El equivalente a dos cucharadas soperas. Pero conseguir que la sangre entre en el pene no es tarea fácil, pues las arterias que lo alimentan son tan pequeñas como las del dedo índice de la mano. No estaría mal disponer de un suministro de sangre mayor teniendo en cuenta que la mayoría de los hombres se preocupan mucho más de su pene que de su dedo índice. No obstante, así son las cosas, y tenemos que apañarnos lo mejor posible con lo que tenemos.

Pero ¿qué provoca exactamente una erección?

Buena pregunta. Si lo supiéramos, podríamos hacer mucho más felices a gran cantidad de hombres y mujeres. Lo único que sabemos es que en cuanto ocurre algo que provoca una erección, el cuerpo entero libera un aluvión de sustancias químicas como adrenalina, norepinefrina, acetilcolina y prostaglandinas. Además, y por alguna razón desconocida, durante el proceso de erección se descarga una sustancia conocida como «gas hilarante» u óxido nitroso. ¿Es por eso por lo que la mayoría de los hombres que tienen una erección sonríen? (¿O es por otra cosa?) Pero lo más increíble —y hasta ahora inexplicable— de la erección es la cantidad de cosas que pueden provocarla. Lógicamente, un hombre tumbado en la cama junto a una hermosa mujer desnuda experimentará una erección. Lo curioso, sin embargo, es que una foto de esa misma mujer desnuda puede tener el mismo efecto. Hasta el recuerdo de la mujer es capaz de desencadenar los acontecimientos que hacen que el pene palpite a causa de la presión de 30 gramos de sangre.

La erección posee otra extraña característica difícil de explicar con precisión. Un hombre con el pene erecto no puede sentarse, tumbarse ni caminar con comodidad. El proverbio español lo explica mejor: «Cuando cabeza chica se calienta, cabeza grande ya no piensa.»

¡Un pene duro y caliente necesita eyacular!

¿Qué ocurre durante la eyaculación?

La eyaculación es una compleja serie de sucesos que se producen en un abrir y cerrar de ojos. Se asemeja al lanzamiento de un misil al espacio exterior, si bien en nuestro caso se trata del espacio interior. Al lado de la eyaculación, el lanzamiento más complejo realizado hasta ahora por el hombre parece un juego de canicas.

Una vez que se ha producido la erección (ya de por sí un pequeño milagro) y el pene está dentro de la vagina, los circuitos se ponen en marcha. Los sensores que hay dentro de la piel del pene entran en contacto con el sistema eléctrico del cuerpo y miden el calor de la vagina, el nivel de fricción, la presión de las paredes vaginales, la lubricación presente, etc. Estos «informes» sobre la situación son retransmitidos continuamente a los centros sexuales de la médula espinal y el cerebro. Como respuesta, los centros envían más sangre al pene, aumentan la sensibilidad de sus sensores y acumulan energía nerviosa en el segmento inferior de la médula espinal.

A medida que avanza el coito, entre los órganos sexuales y el sistema nervioso central se produce una corriente constante de impulsos nerviosos cada vez más rápidos e intensos. Al mismo tiempo, otros estímulos, como mirar a la pareja, acariciarla y ser acariciado, se añaden al sistema y contribuyen a aumentar rápidamente la tensión. Es, en ciertos aspectos, como hinchar un globo. La presión va creciendo y creciendo hasta que se produce una explosión o, en este caso, la eyaculación. Luego todo sucede de forma muy rápida.

La uretra se cierra para impedir que salga la orina. Las secreciones de la próstata, las vesículas seminales y los testículos, se mezclan. Simultáneamente, el arqueo involuntario de los músculos de la espalda impulsa el cuerpo del hombre hacia adelante al tiempo que los músculos pélvicos se contraen haciendo que el pene se adentre aún más en la vagina. En este momento el hombre pierde la conciencia y todo contacto con el mundo, salvo por esos pocos centímetros cúbicos de vagina que rodean su pene.

Una poderosa bomba interna entra en acción expulsando unos 7 gramos de líquido seminal en la vagina en, aproximadamente, seis chorros consecutivos. El semen sale a una velocidad de 17 kilómetros por hora, y 10 segundos más tarde todo ha terminado... hasta la próxima.

¿Cuántos espermatozoides salen en cada eyaculación?

Por término medio en cada 7 gramos de semen hay unos 500 millones de espermatozoides nadando, es decir, el equivalente a dos veces la población de Estados Unidos. El hombre expulsa una media de 20 litros de líquido seminal en su vida, o cerca de 1,5 billones de espermatozoides. Por lo tanto es capaz, teóricamente, de engendrar alrededor de doscientas veces el número actual de seres humanos en el planeta. Por fortuna, sólo en 3 de cada 288 coitos se produce la fecundación.

¿De qué está formado el semen?

Curiosamente, la lista de ingredientes que componen el semen se parece a la que aparece en la etiqueta de un frasco de vitaminas. El semen contiene, por lo menos, dos vitaminas: la C y la B_{12}. También contiene minerales importantes, como calcio, potasio, magnesio, fósforo y zinc. Posee dos sustancias ricas en azúcares: fructosa y sorbitol. Y es muy rico en proteínas. Además de sus otras cualidades obvias, todo ello lo convierte en un excelente suplemento nutritivo. Con todo, no podría reemplazar a una dieta equilibrada. Hay que señalar que el semen también es rico en colesterol y sodio, de modo que se aconseja precaución a las personas que deban evitar esas sustancias.

¿Es compatible el sexo oral con el vegetarianismo?

Jenny, una paciente mía especialista en nutrición, se planteó la cuestión y finalmente encontró una solución.

—Soy vegetariana, doctor, y me lo tomo muy en serio. No como productos animales de ninguna clase ni compro ropa hecha con cuero. Por otro lado, adoro el sexo oral, pero un día caí en la cuenta de que lo que estaba haciendo no era muy vegetariano que digamos.

—¿Qué hizo entonces?

—Cuando se lo comenté a Bill, mi marido, se quedó perplejo. Aunque a los dos nos encanta el sexo oral, iba en contra de mis principios. Al final encontré una solución. Sigo practicando el sexo oral pero con la diferencia de que ahora ¡no me trago ni una gota!

Ése, no obstante, no es el único riesgo que encierra el sexo oral.

¿Qué otros peligros encierra?

No es exactamente un peligro, pero el semen eyaculado contiene por término medio unas 15 calorías. La gente que lleva la cuenta de su consumo calórico debería pensárselo. Dicho aporte de calorías puede hacer que las mujeres decidan no practicar el sexo oral, pero existe otro aspecto que quizá impida a los hombres la práctica del sexo en general.

¿Cuál?

La enfermedad de Peyronie o síndrome del «clavo torcido». Si usted lo padece, significa que su pene tiene exactamente el aspecto de un clavo torcido. Practicar el sexo con un pene Peyronie es una experiencia única e inolvidable. Con los años es posible que la mujer olvide la cara y el nombre de su compañero Peyronie, pero nunca olvidará su pene. Aunque es una enfermedad relativamente rara, sus efectos sexuales son tan espectaculares que vale la pena conocerlos.

¿Cuál es la causa?

Nadie lo sabe. Afortunadamente, sólo afecta a un 1 % de la población masculina, pero el aspecto del pene es realmente espectacular. Aunque no se sabe con seguridad, se cree que los golpes o la inclinación excesiva del órgano puede causar la aparición de la enfermedad con los años. Teóricamente, el sexo violento y las masturbaciones excesivamente enérgicas también pueden provocarla. Cuando se produce la erección, el cuerpo del pene puede apuntar hacia el noroeste mientras que la punta señala el sureste. No parece exactamente un sacacorchos, pero por ahí van los tiros.

La enfermedad de Peyronie se produce por el endurecimiento azaroso de algunas zonas de las capas fibrosas del pene. Cada zona endurecida tira en una dirección diferente, haciendo que el pene dé un giro extraño. Dicho efecto complica la práctica sexual y a veces resulta desconcertante tanto para el hombre como para la mujer.

¿Existe un tratamiento para solucionarla?

No siempre necesita tratamiento, pues desaparece por sí sola en un período de seis meses a un año. Eso significa que vale la pena aplazar el tratamiento durante, por lo menos, un año para ver si el pene se endereza por sí solo. Entretanto, el sexo practicado con suavidad y regularidad resulta beneficioso.

En casos realmente extremos es posible operar, pero ello presenta dos complicaciones potenciales: la pérdida de capacidad de erección y el acortamiento del pene. Como dijo uno de mis pacientes: «¿Un pene más corto o pérdida de la capacidad de erección? ¿No hay una tercera opción?»

¿Hay otros problemas que afecten a la erección?

Existe uno que podría denominarse «enfermedad del rey Midas». ¿Recuerda la historia del rey Midas, quien quería que todo lo que tocara se convirtiera en oro? Cuando consiguió su deseo, la situación se le complicó de veras, pues todo lo que tocaba se convertía en oro, incluyendo la comida y la bebida.

Pues bien, existe una enfermedad sexual equivalente llamada priapismo, palabra que viene de Priapo, el dios griego del pene y la sexualidad masculina. Podría resumirse del siguiente modo: «¿Quieres una erección? ¡Pues voy a darte una que nunca olvidarás!»

Al que padece priapismo no le hace ninguna gracia conseguir una erección.

¿Por qué no?

Para los hombres, la erección es un problema que precisa una solución. No se puede vivir con ella. Es como si toda la sangre del cuerpo se concentrase en el pene y pidiese a gritos salir. En ese momento se hace necesaria la eyaculación. El hombre que padece priapismo, sin embargo, puede realizar el coito tres veces seguidas, masturbarse otras cinco y el pene seguirá duro como una roca y sensible como una muela cariada.

¿Cuál es la causa?

Generalmente el priapismo es el resultado de enfermedades subyacentes graves, como la leucemia o las infecciones del tracto urinario. Su incidencia ha aumentado rápidamente en los últimos años con los nuevos medicamentos que pueden inyectarse directamente en el pene para producir una erección instantánea (véase el capítulo 6). Si esta técnica se utiliza con negligencia, la consecuencia es una erección permanente.

Todos los hombres que han padecido priapismo aseguran que se trata de un estado que exige un tratamiento de urgencia. El médico introduce una aguja bastante gruesa en el pene y succiona la sangre de los dos globos o cuerpos cavernosos. Por doloroso que suene, eso generalmente soluciona el problema.

¿Qué función tienen los testículos en la sexualidad masculina?

Digamos que si el pene es la estrella de la película, los testículos son los guionistas. Producen testosterona, una hormona realmente mágica. Sin testosterona, no habría un solo hombre en el mundo.

¿Cómo es posible?

Digamos que, según hallazgos recientes, todo feto que se halla en el útero está destinado a ser hembra… a menos que segregue testosterona. Si esto ocurre, el feto desarrolla órganos sexuales masculinos en lugar de femeninos y se convierte en varón. Durante el desarrollo del bebé varón todavía hay mucha testosterona presente que provoca un agrandamiento del pene y los testículos. Cuando el bebé nace viene equipado con unos órganos sexuales propios de un niño mucho mayor, lo cual sorprende a muchas madres neófitas.

Durante las siguientes semanas el nivel de testosterona disminuye y con ello el tamaño de los órganos sexuales, pero once años más tarde esos mismos testículos empezarán a producir nuevamente esa hormona, lo cual hará que el pene crezca de forma espectacular y asomen otros rasgos masculinos, como la barba, los músculos grandes y la voz grave. La testosterona también influye en la actitud de los hombres en la vida, como, por ejemplo, su interés por el fútbol.

¿La testosterona hace que a los hombres les guste el fútbol?

Aunque parezca increíble, es posible. La testosterona la producen los testículos y, en menor medida, las glándulas suprarrenales (por eso en la sangre de las mujeres también hay algo de testosterona). Esta hormona afecta a casi todas las estructuras del cuerpo, pero sobre todo al cerebro, haciendo de los hombres seres agresivos dispuestos a amenazar a otros hombres y dados a los deportes rudos. La testosterona les impulsa a buscar el contacto sexual con las mujeres e influye en su sexualidad de forma importante.

Las investigaciones sobre los verdaderos efectos de la testosterona todavía se hallan en sus primeras fases, aun cuando un siglo atrás Sigmund Freud pareció comprender la situación. En una ocasión, durante un debate con algunos de sus estudiantes más avanzados, uno de ellos le preguntó: «¿No es cierto, doctor Freud, que la actitud de un hombre ante la vida está determinada por el tamaño de su pene?»

Freud sonrió y respondió: «No exactamente. Yo creo que el tamaño del pene está determinado por la actitud de su dueño ante la vida.»

Por muy extraño que parezca, existen pruebas científicas de que el hombre puede, mediante el pensamiento positivo, aumentar su nivel de testosterona y, si no el tamaño de su pene, por los menos el rendimiento de éste.

¿De veras? ¿Cómo?

Los tenistas que se enfrentan a un partido importante con firmeza y confianza segregan mucha más testosterona que los tenistas más apocados. Pero eso es sólo el principio. Si ganan, el nivel de testosterona se dispara. Si pierden, obviamente cae.

Y así sucesivamente. Los jugadores que ganan producen más testosterona, la cual les hace más seguros y capaces de vencer y eso, a su vez, genera más testosterona.

Freud tenía razón, y lo que es más importante, usted puede aplicar esos hallazgos a sus propias experiencias sexuales. Cuanta más confianza tenga en su próximo encuentro sexual, más testosterona producirá y mejor será su rendimiento. Eso, a su vez, tendrá un efecto positivo en las cópulas posteriores.

¿Hay algo más que aumente el nivel de testosterona en los hombres?

No mucho. Por otro lado, todos sabemos que el estrés disminuye el nivel de testosterona. Los soldados que luchan en el frente de guerra pueden perder hasta el 40 % de su testosterona. Eso es perjudicial para el ejército, porque un hombre que pierde esas cantidades de testosterona tiene menos deseos de luchar. Con todo, los ejércitos siempre han encontrado la forma de elevar los niveles de testosterona de sus soldados antes de la batalla.

¿Cómo?

Durante siglos han proporcionado prostitutas a sus soldados a fin de «hincharlos» sexualmente y, así, aumentar sus niveles de testosterona antes del combate. En los últimos años, generales de algunos países han optado por pasar películas porno y de violencia a sus soldados antes de enviarlos a luchar. No son médicos ni psiquiatras, pero a lo largo de los siglos han sabido hallar métodos eficaces.

¿Puede un nivel alto de testosterona generar problemas?

Por desgracia, sí. Los testículos tienen que trabajar duramente para producir la testosterona además de los espermatozoides que han de suministrar constantemente. Por eso, en ocasiones parecen dos pequeñas bombas de relojería.

¿Bombas de relojería?

Por desgracia, sí. Los órganos con una elevada actividad metabólica son muy vulnerables a los tumores malignos, y los testículos no son una excepción. El cáncer de testículos es el más frecuente en los hombres de entre veinte y treinta y cuatro años. Dos de cada 1.000 varones blancos contraerá cáncer de testículos en algún momento de su vida. Ésa es la mala noticia, pero también hay una buena.

¿Cuál?

Más del 95 % de los casos es curable si se detecta a tiempo, lo cual no resulta demasiado difícil. A muchas mujeres les preocupa el cáncer de mama, lo cual las impulsa a realizarse autorreconocimientos periódicos. Los hombres, por fortuna, también pueden realizar un autorreconocimiento similar en sus testículos. La próxima vez que esté en la ducha y sus testículos se hallen muy contraídos por el calor del agua y la humedad, rodee cada uno de ellos suavemente con el dedo pulgar y el dedo índice y pálpelo. Debe notar algo parecido a un huevo (por eso en España los llaman así). El «huevo» cuelga de un tallo y presenta al tacto una especie de gusano en la parte posterior. Es todo lo que debe notar. Si descubre un bulto, una dureza o cualquier cosa extraña, visite inmediatamente a su médico. No me cabe la menor duda de que desea formar parte de ese 95 %.

Pero, con suerte, ni siquiera tendrá que hacerse el reconocimiento.

¿Por qué no?

Quizá tenga una dama que lo haga por usted. Los testículos no gozan de demasiada sensibilidad sexual porque son demasiado vulnerables al tacto. La verdad es que no deberían estar ahí delante, donde es fácil darles un golpe. Al menos, cuando nuestros antepasados andaban a cuatro patas se encontraban detrás, lejos del peligro. Pero los testículos no producen buenos espermatozoides a menos que su temperatura sea inferior a la del resto del cuerpo, por eso tienen que mecerse al viento.

No obstante, aunque los testículos no sean sexualmente sensibles, el escroto sí que lo es. La piel de esa bolsa rugosa es casi tan sensible sexualmente como el pene. La mujer que realmente quiere excitar a su hombre sabe cómo explotar la sensibilidad del escroto. Y en el proceso, seguro que acaricia los testículos. Del mismo modo que muchas vidas se han salvado por maridos que han encontrado un bulto en el pecho de sus esposas, las mujeres pueden salvar a sus maridos detectándoles bultos en los testículos. Vale la pena no olvidarlo.

¿Es aconsejable la circuncisión?

Depende de muchos factores. Si forma parte de unas creencias religiosas, la decisión es personal y no resulta pertinente discutirla aquí. Desde el punto de vista médico, no obstante, consiste en lo siguiente:

La circuncisión masculina (para detalles sobre la circuncisión femenina, véase el capítulo 3) es el corte del prepucio del pene. Al nacer, la piel del falo cubre la cabeza de éste o glande, formando una envoltura holgada, como si nos pusiéramos un gorro de lana en la cabeza y tiráramos de él hacia abajo. En la punta hay una abertura, claro está, para que la orina y el semen puedan salir. El prepucio se desliza hacia atrás para dejar al descubierto el glande. Si se efectúa una incisión circular justo debajo del glande (de ahí la palabra «circuncisión», que significa «corte circular»), es posible cortar el prepucio y dejar al descubierto el glande de forma permanente.

La circuncisión es una operación extrañamente contradictoria.

¿Contradictoria? ¿Por qué?

A pesar del deseo obsesivo de muchos hombres de tener un pene largo, la circuncisión resta longitud. Aunque no se lleva nada del pene —salvo en los trágicos casos en que el cirujano comete un error—, reduce su longitud total en varios milímetros.

¿Por qué se realiza la circuncisión?

Esa pregunta es fuente de mucha polémica y discrepancias. (Pero recuerde que esta sección no hace referencia alguna a la circuncisión religiosa. Ésa es una cuestión muy personal que sobrepasa el ámbito del presente libro.)

Aunque generalmente no somos conscientes de ello, la operación de cirugía plástica que más se realiza en el mundo es la circuncisión del pene.

Esta práctica surgió mucho antes del nacimiento de Jesucristo, que fue circuncidado, al igual que los doce apóstoles. La operación ya se realizaba en la Edad de Piedra y en el antiguo Egipto, e incluso entre los aztecas era una práctica corriente. En la actualidad la llevan a cabo grupos tan diversos como los aborígenes australianos, los indios tacuna de Brasil, los etíopes, los cristianos abisinios y, obviamente, los judíos y musulmanes.

En la Biblia, la primera referencia a la circuncisión aparece en el Génesis, 17, 11:

«Circuncidaréis la carne de vuestro prepucio, en señal de la alianza contraída entre yo y vosotros.»

En aquellos tiempos el pene se remodelaba con una piedra afilada, como se explica en el Éxodo, 4, 25:

«Cogió al momento Séfora un pedernal muy afilado y circuncidó a su hijo, y tocando los pies de Moisés, dijo: "Tú eres para mí un esposo de sangre."»

El mismo instrumento, una piedra afilada, utilizan hoy en día algunas tribus primitivas; otras, un poco más avanzadas, emplean un fragmento de vidrio. Los judíos utilizan un cuchillo ceremonial que empuñan los *mohel*, cirujanos que sólo se dedican a practicar circuncisiones. El hombre opera al revoltoso bebé de ocho días a pulso, algo que pocos cirujanos modernos osarían hacer. La idea del *mohel* siempre ha creado nerviosismo, y la mejor defensa contra el nerviosismo es el humor, por eso existen tantos chistes sobre ese personaje.

¿Por ejemplo?

Un norteamericano que está de visita en Francia decide pasar la noche en un pueblo. Al día siguiente, al despertar, se da cuenta de que su reloj se ha parado. Después de recorrer varias calles, encuentra finalmente un pequeño comercio con un enorme reloj sobre la entrada. Cuando entra ve detrás del mostrador a un hombre maduro con barba.

Aliviado, deja su reloj sobre el mostrador y dice:

—Esta mañana, al levantarme, descubrí que mi reloj se había parado.

El hombre sacude la cabeza y le devuelve el reloj.

—No sé nada de relojes. Yo soy un *mohel*. Practico circuncisiones.

—¿Circuncisiones? Entonces ¿por qué tiene un reloj colgando sobre la puerta?

El tipo se encoge de hombros y contesta:

—¿Qué otra cosa quiere que cuelgue?

La circuncisión médica moderna es estandarizada y casi automática. Se ata al bebé a una rejilla —generalmente de plástico— y entre el pene y el prepucio se coloca un aparato, también de plástico, en forma de campana. Alrededor de un surco situado en la base de la campana se anuda un hilo de nailon que aprieta el prepucio. El cirujano pasa la cuchilla del escalpelo una sola vez alrededor del pene y eso es todo. La campana se deja donde está un par de días. Durante ese tiempo el bebé orina a través de un orificio hecho en la punta de la campana.

Aparte de las creencias religiosas, el origen de esta operación se desconoce. Hasta hace poco, prácticamente todos los médicos de Estados Unidos aprendían que la circuncisión era esencial y debía realizarse en todos los recién nacidos varones antes de que éstos abandonasen el hospital.

Ha dicho hasta hace poco. ¿Es que ha cambiado algo?

Sí. Como muchas otras cosas en la medicina, en los últimos años la circuncisión ha estado sometida a un cuidadoso examen y ahora existen dos escuelas de pensamiento diferentes. Una considera que la circuncisión es lo correcto. La otra, tan bien organizada y vociferante como la primera, cree que la circuncisión es una operación innecesaria, mutiladora e incluso peligrosa.

¿En qué se basan?

Quienes están a favor de la circuncisión aseguran que el cáncer de pene, salvo raras excepciones, sólo se produce en hombres no circuncidados. También afirman que las infecciones urinarias son más frecuentes en estos hombres, y que los varones circuncidados tienen menos probabilidades de contraer el sida y otras enfermedades de transmisión sexual.

El otro grupo —ambos cuentan con médicos entre sus miembros— asegura que la circuncisión no es recomendable. Alegan que el riesgo de cáncer de pene en los hombres no circuncidados es mínimo: 1 de cada 100.000. También señalan que la mayor parte de las enfermedades pueden evitarse con una «buena higiene personal» (traducción: tirar del prepucio hacia atrás y lavar el glande con suavidad, práctica que debe hacerse con regularidad).

Este grupo afirma también que la operación presenta ciertos riesgos, y tienen razón. Dicen, asimismo, que la extirpación del prepucio resta sensibilidad al pene. Alegan otros aspectos interesantes, como que la circuncisión suele hacerse sin anestesia y el bebé, por lo tanto, sufre. Existe, además, un dilema filosófico complejo: ¿tienen los padres derecho a modificar el pene de su hijo recién nacido sin consultarlo?

¿Quién tiene razón?

Una respuesta a esa pregunta no pondría fin al asunto. En Estados Unidos alrededor del 85 % de los bebés varones son circuncidados. (Es difícil conocer la cifra exacta, porque no todas las operaciones se registran.) En Europa, apenas el 10 % pierde el prepucio, mientras que a nivel mundial la cifra es del 20 %. Y quizá ahí resida el porqué de la circuncisión.

¿Cuál es?

Piense en ello. ¿Quién toma la decisión de circuncidar al recién nacido? Generalmente la madre, a menos que se trate de una decisión religiosa tomada mucho antes del nacimiento. He sido testigo de ello miles de veces. La mujer llega de parto al hospital, la enfermera anota la información de rutina y, casi por casualidad, dice: «Y si es niño, querrá que le hagan la circuncisión, ¿verdad?» Nueve de cada diez madres responden que sí.

¿Por qué las madres eligen circuncidar a sus hijos?

Esa pregunta constituyó un enigma durante mucho tiempo. Es evidente que las madres no tienen en cuenta las estadísticas y las complicaciones médicas. Sólo saben que quieren que sus hijos tengan el pene circuncidado, y he aquí la sorprendente razón: la mayoría de las mujeres estadounidenses prefieren que su pareja sexual tenga el pene circuncidado. Diversos estudios han mostrado que casi todas las mujeres creen que un pene circuncidado es más limpio, atractivo y «manejable».

Pero ahora viene lo más curioso.

¿De qué se trata?

Un estudio reveló que casi el 80 % de las mujeres creía que los penes circuncidados ¡parecen más naturales! En realidad, un falo circuncidado lo es todo menos natural; pero como todo lo demás en el sexo, depende de a lo que uno esté acostumbrado.

La cosa, sin embargo, no acaba aquí. En Estados Unidos hay menos de 200 millones de mujeres, y en el resto del mundo casi 3.500 millones. En Europa, el 90 % de los hombres no están circuncidados, y estoy seguro de que las europeas creen que un pene no circuncidado es más limpio, atractivo y «manejable». ¡Y, por supuesto, más natural!

¿Qué ocurre si un hombre circuncidado quiere recuperar el prepucio?

Desgraciadamente, el prepucio es irrecuperable, pero gracias a la magia de la medicina moderna es posible recobrar un poco de tejido.

Existen diferentes procedimientos en el campo de la cirugía plástica para construir algo parecido a un prepucio. La operación es costosa y presenta los riesgos propios de cualquier intervención. Un hombre tendría que estar muy motivado para someterse a ella. Con todo, existe un método más barato que ofrece resultados interesantes.

¿Cuál es?

Consiste en hacerse un nuevo prepucio uno mismo. Pero antes de entrar en detalles, déjeme decir: ¡no intente hacerlo!

No lo recomiendo. Repito: no lo recomiendo.

La explicación que sigue es meramente informativa, y enseguida comprenderá por qué.

La piel del cuerpo del pene es holgada (ha de serlo o la erección despellejaría literalmente el órgano). Alguien descubrió —probablemente llevado por la desesperación— que es posible estirar la piel si se pone empeño en ello. El método consiste en atar una pesas a la piel del pene, por detrás del glande, y tirar de dicha piel hacia adelante hasta que cubra la cabeza y haga que parezca un prepucio.

¿Es fácil de realizar?

Depende de lo que usted considere fácil. Necesitaría pasarse un año caminando por ahí con una pesa atada al extremo de su apéndice más delicado. Correrá el riesgo de que la pesa se suelte, generalmente durante una entrevista importante de trabajo o en el momento de conocer a los padres de su prometida. Cuando eso ocurra no tendrá más que agacharse, recoger el pequeño arreo con las bolitas de plomo que le ha caído por la pernera izquierda del pantalón y explicar su problema a su futuro jefe o suegro. Buena suerte.

Al final, si persevera, conseguirá algo parecido a un prepucio.

Pero entonces, ¿es la circuncisión una buena idea?

Sí, no y tal vez. Depende de lo que desee para sí mismo y para su hijo. Se trata de una decisión muy personal, y la Academia Estadounidense de Pediatras lo resume de este modo:

«La circuncisión practicada en recién nacidos tiene ventajas médicas potenciales, así como riesgos y desventajas. Antes de que los padres tomen la decisión de circuncidar a su bebé, es preciso informarles de las ventajas y desventajas que encierra.»

El resto depende de usted.

3

ÓRGANOS SEXUALES FEMENINOS

¿Es realmente cierto que el clítoris no es más que un pene en miniatura?

Muchos expertos consideran el clítoris un pene que nunca llegó a crecer y describen los genitales femeninos como órganos masculinos sin madurar. Lógicamente, quienes piensan así son, en su totalidad, hombres. Las mujeres expertas en el tema lo ven de otro modo. Según ellas, el pene no es otra cosa que un clítoris excesivamente desarrollado, y consideran el órgano masculino como la versión primitiva del «refinado» aparato sexual femenino.

¿Quién tiene razón?

Como siempre, todos tienen algo de razón. En las primeras fases del desarrollo el embrión humano posee órganos sexuales masculinos y femeninos. Existen en forma de *anlaje*, palabra alemana que hace referencia al tejido primitivo que más tarde se convertirá en un órgano especializado.

El embrión posee un falo bisexual que en los futuros varones se transformará en pene. En los embriones destinados a ser niñas dicho falo se convierte en un clítoris. De acuerdo con la decisión cromosómica tomada en las milésimas de segundo que dura la concepción, el diminuto embrión llegará a ser un día bailarina de club nocturno o socorrista de playa. Pero por el momento la futura fémina está tan bien dotada como los varones que, transcurridos veinte años, le introducirán billetes en el escote como reconocimiento a sus encantos femeninos. Del mismo modo, el socorrista playero posee, en potencia, las dotes pélvicas de las bellas damas en bikini que un día nadarán a su alrededor.

Por fortuna para aquellos a quienes preocupa el tema, las estructuras sexuales del género anulado se atrofian y casi desaparecen mucho antes del alumbramiento. En el momento del parto, el recién nacido posee características sexuales claramente definidas. El obstetra puede, con toda tranquilidad, comunicar a los emocionados padres si es niño o niña. Aunque, si fuera totalmente sincero, debería decir: «Felicidades, se han convertido en padres de un 98 % de niña.»

¿Por qué únicamente un 98 %?

Porque el 2 % de los órganos sexuales del hombre y de la mujer pertenecen, en realidad, al sexo opuesto. Desde esta perspectiva, los niños son un 2 % niñas y las niñas un 2 % niños. Ésta es la proporción en la gente normal; en algunos casos es mucho mayor. Los testículos pueden considerarse ovarios que han encontrado un nuevo hogar en el escroto. (Algunos expertos prefieren ver los ovarios como meros testículos que se quedaron arriba. El punto de vista suele depender de que el experto tenga una cosa u otra.)

Si el embrión ha de ser niño, los futuros testículos caerán por la cavidad pélvica, en lo que hubieran sido los labios mayores de la vulva, y ampliarán éstos hasta formar el escroto. El falo indiferenciado crece espectacularmente y en el proceso es perforado por la uretra para convertirlo en un pene.

Si el embrión ha de seguir el camino femenino, apenas se producen cambios. Los ovarios y los labios mayores permanecen donde están, y sólo se necesitan algunas pequeñas alteraciones para producir estructuras sencillas como la vagina y los labios menores.

¿Significa eso que si los órganos sexuales originales no crecen, el embrión será niña?

No exactamente. En las primeras etapas, el embrión tiene poco más que gónadas —futuros ovarios o testículos y ganglios genitales, futuros labios mayores o escroto, y futuro pene o clítoris—. Si el bebé ha de ser sexualmente masculino, su desarrollo seguirá una dirección, y si ha de ser femenino, otra. En el varón dicho desarrollo es bastante complejo. La hembra tiene un viaje mucho más corto.

Ello ha llevado a algunos investigadores, principalmente mujeres, a sugerir que todo embrión es, en un principio, femenino. Alrededor de la mitad (los desafortunados, de acuerdo con esas mujeres) se vuelven masculinos.

¿Es eso cierto?

Quizá. Existe, con todo, un elemento de superioridad femenina innegable.

En animales relativamente primitivos como el gallo, las funciones de orinar, defecar y procrear se realizan a través de un mismo orificio llamado «cloaca».

A medida que avanzamos en la escala evolutiva, aparecen diferentes orificios para las diferentes funciones. Así, dentro de los seres humanos, a los que gustamos de considerar la cumbre de la pirámide, el hombre ha progresado hasta el punto de desarrollar un orificio distinto para la defecación. Todavía está obligado, no obstante, a compartir la misma abertura para la orina y la procreación. La uretra, así pues, cumple ambas funciones.

La mujer, entretanto, ha evolucionado hasta convertirse, anatómicamente hablando, en un modelo de superlujo, pues posee tantos orificios como funciones. ¿Superioridad masculina? En fin, si a los hombres les gusta creerlo así...

¿Tienen todos los órganos sexuales femeninos un homólogo masculino?

Sí, por fuerza. Puesto que los genitales son, inicialmente, idénticos, debe haber por lo menos un resto de cada órgano femenino en el hombre y de cada órgano masculino en la mujer.

¿Significa eso que los hombres tienen vagina?

Todos los hombres guardan en su interior un pequeño recuerdo de la época en que su masculinidad no estaba definida. En los libros de anatomía se llama «vagina masculina». En un principio estaba destinada a convertirse en una auténtica vagina, pero al final no fue así. La vagina masculina es un trocito de tejido colgante unido al borde de la vejiga. Los hombres tienen, incluso, el equivalente al himen. Virgen o no, este diminuto recuerdo permanece intacto en todos los hombres para siempre. Recibe el nombre de «colículo seminal» (*colliculus* significa «pequeña elevación» en latín). No tan informativo como el himen, consiste en una pequeña elevación de tejido situada al lado de la próstata y constituye otro resto de la mujer que pudo haber sido y no fue.

Si los hombres tienen himen, ¿poseen próstata las mujeres?

Sí, o por lo menos su homólogo. En las mujeres, el equivalente de la glándula prostática son las glándulas de Skene, dos pequeñas aberturas situadas a los lados de la uretra. No se les conoce función alguna, salvo la de infectarse seriamente en las mujeres que padecen gonorrea.

Las glándulas de Bartholin, que se llevan el mérito (sin hacer el trabajo) de producir la lubricación vaginal durante el coito, se desarrollan hasta formar lo que se conoce en los hombres como glándulas bulbouretrales. Su única función es proporcionar una diminuta gota de secreción durante el coito, pero una gota sumamente importante.

¿Importante?

Sí. Imagínese la situación siguiente. La escena transcurre en la consulta de un médico que acaba de examinar a Lois, una atractiva joven de veintidós años. La muchacha se halla ahora sentada al otro lado del escritorio, totalmente desconcertada.

—¡Es imposible, doctor, imposible! No entiendo cómo pudo ocurrir.

La capa de maquillaje, arrastrada por un aluvión de lágrimas, empieza a desprenderse de las mejillas de la joven.

—Lo siento, pero no hay duda. Está embarazada de seis semanas.

—¡Pero si no hice nada! Él insistió, pero yo no le dejé porque no quería quedarme...

Otro aluvión de lágrimas.

—¿Por qué no me cuenta exactamente lo que sí le dejó hacer para ver si podemos deducir qué ocurrió?

Lois se palpa el maquillaje.

—Bueno, estábamos en mi casa y empezamos, ya sabe, a jugar, y él quiso penetrarme, pero a mí me daba miedo, así que le dije: «Te dejo que lo frotes por fuera, pero nada de meterlo...»

—¿Y luego?

—Pues eso hizo. Yo no llevaba bragas, de modo que empezó a frotarme con su... cosa. Entonces empezó a excitarse y temí que fuera, ya sabe, a ponerme toda perdida, así que le aparté.

Esa primera gota traicionera de la que hablábamos se había anotado otra víctima. La primera secreción originada en las glándulas bulbouretrales aparece poco después de la erección. Esa sola gota expectante en la punta del pene contiene 50.000 espermatozoides. Si un pene agresivo la frota contra la vulva, sólo hace falta que uno de esos intrépidos nadadores se abra paso por la vagina hasta el cuello del útero. Es entonces cuando se producen casos como el de Lois: todas las consecuencias y ninguna compensación.

¿Qué probabilidades hay de que eso ocurra realmente?

Debido a la larga distancia que media entre los labios de la vulva y el cuello del útero, pocas. Por otro lado, algunas chicas prefieren hacer eso en lugar de realizar el coito completo porque les da una falsa sensación de seguridad. Puesto que las probabilidades son directamente proporcionales al número de exposiciones, el riesgo es cada vez mayor. Un juego aún más arriesgado es la práctica corriente de introducir el pene, realizar los movimientos pélvicos y sacarlo justo antes de la eyaculación. Se trata de una forma desaconsejable de practicar el sexo y un buen método de provocar un embarazo.

¿Qué hay de los senos?

Es otro ejemplo de órgano rudimentario presente en ambos sexos. En este caso, no se desarrollan hasta que son necesarios. Eso significa que en el hombre nunca evolucionarán (en situaciones normales), mientras que en la mujer permanecen inactivos hasta la pubertad.

Durante los primeros días de vida se produce una excepción a esta regla, pues tanto los senos masculinos como los femeninos están activos y producen una secreción llamada calostro o «leche de bruja». Las glándulas mamarias segregan esta sustancia debido a la gran cantidad de hormonas sexuales presentes en el cuerpo del bebé al nacer. A los pocos días, cuando el nivel de hormonas disminuye, la «leche» desaparece.

Resulta interesante el hecho de que los senos son, en realidad, glándulas sudoríparas que han aumentado de tamaño y se han especializado en una función concreta. Eso significa que la leche es una forma de sudor enriquecido con proteínas procedentes de la sangre de la madre. Afortunadamente, este hecho tan poco romántico sólo aparece en los libros sobre embriología. Imagine la reacción de los millones de hombres que adoran los senos grandes y seductores si supieran que son glándulas sudoríparas gigantes.

¿Por qué las mujeres sólo tienen dos senos?

Es la clase de pregunta que nadie está en condiciones de responder con certeza. Está claro que algún poder superior lo decidió así. Con todo, podemos barajar algunas razones posibles: puesto que, generalmente, los seres humanos sólo tienen un hijo en cada parto, dos senos permiten dejar uno de reserva. En el reino animal, únicamente los seres humanos, los primates y los elefantes tienen dos senos. Hay especies mejor dotadas, con tres pares de glándulas mamarias e incluso más.

No obstante, existen algunas excepciones. Una de cada 200 mujeres tiene más de dos pezones. Generalmente se extienden sobre el abdomen, desde los pezones normales hasta la zona pubiana. A veces hay una o dos manchas en cada lado del pecho, debajo de los pezones, que pueden ser vestigios de otros pezones. En casos excepcionales la mujer puede tener un segundo par de senos justo debajo de la pareja original. En una cultura que tanto adora los senos, sorprende que estas damas no estén más solicitadas.

¿Qué es el himen?

El himen es una estructura que recibe una atención exagerada, teniendo en cuenta que no cumple ninguna función. Durante siglos ha sido considerado el «barómetro» de la castidad, el guardián de la pureza, el centinela de las puertas de Venus. Nada más lejos de la verdad.

Una mujer puede realizar el coito veinte veces al día y parir doce hijos sin perder ese estandarte de la virtud, el himen, ondeando en la puerta vaginal. Todo depende de la clase de himen con que se nazca.

¿Cómo funciona?

Para comprender la posición del himen en el área genital resulta útil partir de un modelo. Levante la mano y forme un círculo con el dedo pulgar y el dedo índice. El espacio interno representa el conducto de la vagina y el anillo formado por los dedos pulgar e índice constituye el himen en su posición normal. Generalmente, durante el primer coito, el pene desgarra el himen en varias zonas al penetrar en la vagina. Los coitos sucesivos siguen erosionando la membrana hasta dejar apenas unos cuantos jirones como recuerdo de su anterior posición gloriosa. En algunos casos el himen es flexible, y en lugar de romperse con el asalto del falo, simplemente se dobla. El pene lo aplasta contra el suelo de la vagina y se desliza sobre él. Lo mismo puede ocurrir durante el parto, pero al revés, si bien son raras las ocasiones en que la cabeza del bebé consigue empujar la membrana hacia afuera sin romperla.

En muchas partes del mundo el himen tiene gran importancia. Se considera el símbolo de la virginidad, y, por alguna razón inexplicable, a todos los hombres norteamericanos les gustaría mantener relaciones sexuales con una virgen. Una prostituta de aspecto joven con un himen flexible, si juega bien sus cartas, puede ganar una fortuna ofreciendo su virginidad una y otra vez a precios de superlujo.

Algunos de los locales más alegres de las ciudades europeas hacen de la ceremonia una auténtica representación. Para ello se necesita un caballero (no un cliente regular) con predilección por las vírgenes. La señora de la casa elige a la especialista en el tema (la que tiene el himen flexible) y organiza el encuentro triplicando el precio. La afortunada pareja ocupa una habitación equipada con una docena de mirillas para mirar por las cuales también se cobra. (En la actualidad se utilizan más los circuitos cerrados de televisión en color.)

La representación se llena de espectadores (hombres y mujeres) que disfrutan de estas cosas. Acompañada de los aullidos y gemidos pertinentes, el violador se sale con la suya y la joven pierde la virginidad por enésima vez. Treinta minutos más tarde, tras un baño caliente y un breve masaje, el himen vuelve a su posición original, listo para la siguiente representación.

¿Acaso no sangra el himen cuando se rompe?

Por regla general, sí, y las vírgenes profesionales lo hacen. Es posible que un análisis detenido revelara que una hora antes había brotado sangre de las venas de una gallina, pero a pocos clientes les interesa ahondar en el asunto.

Así pues, ¿un himen intacto no es una prueba fiable de virginidad?

No, no lo es. Y un himen desgarrado o inexistente no significa que la joven doncella se haya entregado ya. Algunas mujeres apenas tienen himen. Otras pierden el que tenían con la práctica vigorosa de algún deporte. Descender por postes o trepar a los árboles no es lo mejor para mantener en su lugar un tejido tan delicado. Otro enemigo del centinela vaginal es la masturbación. La introducción de uno o dos dedos en la vagina puede resultar fatal para el himen de una virgen.

Otra forma fácil de decir adiós a la frágil membrana es el tampón vaginal destinado a absorber el flujo menstrual, un invento relativamente reciente. La única prueba fidedigna de una vagina virgen es lo que los médicos llaman «himen imperforado», y generalmente sólo ellos lo ven.

¿Por qué?

Esta clase de himen cierra la entrada de la vagina por completo. Apenas se nota hasta que comienza la menstruación o, mejor dicho, no comienza.

Generalmente, si una chica no ha empezado a menstruar cuando cumple los dieciséis años, su madre, preocupada, la lleva al médico. Después de un examen rápido, es posible que éste declare que el orificio vaginal se halla totalmente obturado por un himen abultado. Puede que la menstruación comenzara seis meses atrás, pero el flujo, en lugar de salir al exterior, se ha quedado en la vagina. Con unos pocos cortes de escalpelo el problema desaparece. Y también el himen.

¿A qué edad comienza, por regla general, la menstruación?

Depende. Cada chica tiene su propio reloj biológico, de modo que no hay una edad determinada para el inicio de la menstruación. El margen se halla entre los seis y los dieciocho años, si bien a la mayoría de las jóvenes les llega entre los diez y los catorce.

Curiosamente, en Estados Unidos la edad media en que comienza la menstruación ha variado en los últimos cincuenta años. En los años setenta del siglo XIX, era de catorce años y ocho meses. En la actualidad es de doce años y ocho meses para las niñas blancas y doce años y un mes para las afroamericanas. Pero algo ha cambiado y nadie sabe por qué.

¿Qué ha cambiado?

Según un estudio médico reciente sobre más de 17.000 muchachas, a los ocho años el 50 % de las niñas afroamericanas tiene vello pubiano y/o senos desarrollados. A esa misma edad, sólo el 15 % de las niñas blancas presenta características similares. Este fenómeno puede constituir un grave problema, pues pocas criaturas de esa edad están capacitadas para afrontar los problemas del desarrollo sexual.

¿A qué se debe?

Como suele ocurrir cuando sucede algo imprevisible, nadie lo sabe. No obstante, existen un par de teorías interesantes. Algunas personas creen que podría estar relacionado con los cosméticos que contienen hormonas y con las sustancias estrógenas y los extractos placentarios utilizados en los productos destinados al cuidado del cabello negro. Y, además, hay muchas más sustancias estrógenas en nuestro entorno actual que antes. Sin embargo, ¿cómo funciona y por qué? Permanezca atento.

¿Qué es exactamente la menstruación?

La menstruación es el acontecimiento final de una serie de maniobras complejas que realiza el cuerpo con una precisión de milésimas de segundo. El proceso se desarrolla de acuerdo con un detallado guión preparado por un «ordenador» interno. El plan es revisado constantemente y actualizado mes a mes. Pese a los avances de la ciencia, nuestros conocimientos en este campo todavía son escasos.

Controlar el ciclo menstrual es como lanzar una nave espacial —el óvulo— al mismo tiempo que se construye la plataforma de lanzamiento. Simultáneamente, también es preciso preparar una zona de aterrizaje gigante —el útero— por si el pequeño viajero regresa por el espacio interior en un nuevo estado: fecundado. Al mismo tiempo, deben llevarse a cabo los preparativos para demoler todo lo construido a fin de empezar nuevamente de cero cada mes. Es como echar abajo Cabo Cañaveral el primer día de cada mes y reconstruirlo el último.

Cuando el período menstrual termina, los ovarios proceden a verter en la corriente sanguínea una de las principales hormonas sexuales femeninas: los estrógenos. La presencia de esta hormona se comunica a la unidad de control central, esto es, la glándula pituitaria, situada en la base del cerebro. La unidad de control dirige entonces la liberación de una hormona de apoyo llamada «hormona estimulante de los folículos» o FSH, según sus siglas en inglés. Esta hormona estimula la producción de estrógenos. Mientras los estrógenos actúan sobre cada órgano reproductor, la FSH dispara el crecimiento del revestimiento interno del útero.

En la superficie del ovario, el óvulo que ha de lanzarse ese mes ya está calentando motores. Entonces comienza la secreción de la otra hormona sexual femenina, la progesterona. Cuando la pituitaria detecta la presencia de progesterona, responde con una contrahormona, la «hormona luteinizante» o LH.

La mayor parte de la progesterona es transportada al útero, donde intensifica los preparativos que ya están en marcha. La unidad de control vigila constantemente los niveles hormonales en todas las zonas del cuerpo. Cuando la proporción de FSH con respecto a LH alcanza el punto crítico, comienza una rápida cuenta atrás y el óvulo es lanzado a la cavidad abdominal.

¿La cavidad abdominal? ¿No va a las trompas de Falopio?

Con suerte, sí, pero primero pasa por el abdomen. Cuando el óvulo se separa de la superficie del ovario, empieza a viajar libremente por el vasto vacío de la pelvis. En el extremo superior de las trompas de Falopio, dos enormes embudos con dedos atrapan el diminuto óvulo. La mayor parte de los óvulos se dejan atrapar «voluntariamente».

¿Y luego?

En el útero, entretanto, están ocurriendo grandes cosas. El revestimiento ha aumentado de forma espectacular. Cada célula se hincha hasta más no poder. Los vasos sanguíneos están enormes y laten rítmicamente. Día tras día su aumento prosigue mientras los sistemas de detección permanecen alerta para recibir cualquier información referente al destino del óvulo recién lanzado.

Si el óvulo no es fecundado, la unidad de control aprieta de mala gana el botón rojo de DESTRUIR y todo se desmorona. El suministro sanguíneo en el revestimiento uterino se corta bruscamente. Las células de la superficie se mueren de hambre y no tardan en caer a millones. La menstruación está en marcha.

Durante los siguientes días, entre tres y siete, los restos de la ambiciosa empresa de las últimas tres semanas se van por el desagüe. De ahí que a la menstruación se le haya llamado «el llanto del útero decepcionado». Mas no todo está perdido, pues el cuerpo humano posee un optimismo inquebrantable. El proyecto se reiniciará desde el principio el mes siguiente.

¿De qué se compone el flujo menstrual?

No de lo que la mayoría de la gente cree. Aunque puede parecer mucho más, el líquido rojo que sale de la vagina durante la menstruación apenas si equivale al contenido de una taza. Dicho líquido no se compone únicamente de sangre. Sólo la mitad lo es, mezclada con cantidades variables de mucosidad y coágulos. Estos coágulos son, en realidad, trozos del revestimiento uterino desprendido. La sangre menstrual propiamente dicha no se coagula.

¿Por qué?

El motivo fue una incógnita para los investigadores durante años, hasta que finalmente descubrieron que la sangre menstrual no puede coagularse porque ya se ha coagulado. Al desprenderse de la pared uterina, se coagula rápidamente. Poco después, como siempre, se vuelve líquida y corre libremente una vez más.

¿Es esto todo sobre la menstruación?

No. Todavía quedan algunas preguntas sin responder:

- ¿Por qué la menstruación, como las mareas, fluye con el ciclo de la luna?
- ¿Por qué la menstruación va acompañada, en ocasiones, de hemorragias nasales?
- ¿Por qué muchas mujeres se sienten inexplicablemente deprimidas durante la menstruación? (La mayor parte de los actos violentos perpetrados por mujeres se producen cuando tienen el período.)
- ¿Por qué las mujeres que viven juntas —como en los dormitorios universitarios— acaban por tener menstruaciones sincronizadas?

¿Algo más?

Sólo una cosa. ¿Por qué las mujeres se esfuerzan tanto por ocultar el hecho de que están menstruando? ¿Por qué los anuncios de tampones y compresas insisten en que sus productos pasan totalmente inadvertidos?

Rhonda, una abogada de éxito, tiene su propia opinión:

«Doctor, ¿no se ha preguntado nunca por qué las mujeres tenemos que ocultar todo lo relacionado con la menstruación como si se tratase de un crimen? Nos hemos vuelto tan susceptibles al respecto que incluso decimos estar enfermas cuando, en realidad, la menstruación significa estar sana. Sólo las mujeres sanas menstrúan. Como dice en su libro, no es más que un poco de sangre coagulada, un poco de líquido tisular y algunas células muertas de las que nos deshacemos. ¡Cualquiera diría que somos peligrosas por eso!

»¿Se ha preguntado alguna vez qué pasaría si los hombres menstruaran? En primer lugar, tendrían compresas con los colores de la liga de fútbol nacional. El gobierno invertiría miles de millones en investigaciones para encontrar la cura al síndrome premenstrual. Los deportes adquirirían una nueva perspectiva, dando lugar a titulares como: ¡FINAL DE LIGA CANCELADA! AMBOS EQUIPOS AQUEJADOS DE CALAMBRES MENSTRUALES; o: LADRÓN ROBA BANCO Y HECHA LA CULPA AL SÍNDROME PREMENSTRUAL.»

¿Asusta la menstruación a los hombres?

La menstruación asusta a todo el mundo, por lo menos al principio. A fin de cuentas, resulta bastante aterrador ver que por un orificio del cuerpo empieza de repente a salir sangre. Hasta las mujeres más experimentadas se preguntan, cuando tienen menstruaciones muy abundantes, si alguna vez dejarán de sangrar.

Y si un niño ve a su madre o a su hermana «sangrar» cada mes, es posible que se inquiete. Quizá sea ésa la razón por la que algunos hombres no quieren saber que una mujer está menstruando ni mencionar siquiera la palabra «menstruación». «Está con el período» suena mucho más seguro. He aquí la propuesta de una de mis pacientes: «Sería estupendo que cada hombre se retirara a un rincón tranquilo y gritara cien veces "¡MENSTRUACIÓN!". Así ya no se pondrían colorados al oír esa palabra.»

¿Semejante actitud hacia la menstruación es algo nuevo?

En absoluto. El tema de la menstruación ha fascinado a la humanidad durante miles de años. Hasta los primeros libros de la Biblia hacen referencia a la misma, como en Levítico, 15, 19:

«La mujer que padece la incomodidad ordinaria del mes, será inmunda por siete días. Cualquiera que la tocare, quedará inmundo hasta la tarde.»

¿Qué significa?

Como toda cita bíblica, está abierta a muchas interpretaciones. Con todo, sólo necesitamos unos cálculos rápidos para obtener una respuesta.

Supongamos que el comienzo de la menstruación se considera el primer día. El flujo dura, digamos, siete días. Si durante otros siete días la mujer está «inmunda», es decir, no es apta para el acto sexual, el primer momento disponible desde el inicio de la menstruación será catorce días después, o sea, el momento más probable en que se produce la ovulación. El coito realizado ese día tiene excelentes probabilidades de devolver un óvulo fecundado al útero.

¿Qué garantías hay de que la mujer realice el coito ese día concreto?

Ninguna, evidentemente. No obstante, si ella y su marido han estado esperando con impaciencia durante dos semanas, es probable que pongan manos a la obra a la primera oportunidad. Sincronizar la bajada de la barrera sexual con el día más fecundo del mes fue un golpe genial por parte de los antiguos hebreos.

¿Por qué desaparece la menstruación durante el embarazo?

No siempre lo hace. En un número reducido de casos la menstruación continúa a lo largo de la gestación. Tampoco es extraño tener flujo menstrual durante el primer mes o el segundo. Generalmente, el aumento del nivel hormonal durante el embarazo, reforzado por las hormonas de la nueva placenta, basta para impedir que el revestimiento uterino se descomponga. La lactancia también puede retrasar la reaparición del período.

¿Por qué?

Otra pregunta difícil. La lactancia es un fenómeno que no se comprende del todo. Después del parto, ambos senos están preparados para proporcionar leche en abundancia. Cuando el niño empieza a mamar, los pezones transmiten unos impulsos nerviosos a la unidad de control de la glándula pituitaria. Esto produce otra hormona, la lactógena, que hace que la leche fluya y esté disponible hasta que el período de lactancia finalice. Al mismo tiempo, la menstruación se detiene. Casi como por arte de magia, cuando el bebé deja de mamar, la leche deja de correr.

En ese caso, ¿puede quedar embarazada la mujer que no está menstruando?

Por razones desconocidas, el embarazo es menos probable durante la lactancia, pero en lo referente a la reproducción, todo es posible. La fecundación puede producirse antes, después y durante el período menstrual. Muchos chicos solteros con hijos que mantener pueden dar fe de ello.

¿De qué modo cambian los órganos genitales femeninos cuando se preparan para el coito?

La erección del pene es relativamente poca cosa al lado de lo que ha de tener lugar antes de que las chicas estén preparadas para la cópula. Iremos de abajo arriba.

En primer lugar, los vasos sanguíneos que alimentan la vulva se dilatan y producen el equivalente femenino de la erección del falo. Los tejidos esponjosos que rodean los labios menores se hinchan y se vuelven turgentes. El clítoris crece e incluso puede asomar por el diminuto prepucio. Los labios mayores aumentan de tamaño, mientras que las glándulas de Bartholin, los dos centinelas que flanquean la entrada de la vagina, permanecen inactivas. Consideradas en otros tiempos como la principal fuente de lubricación —«linimento del amante»—, quedaron degradadas cuando estudios médicos descubrieron una nueva y fascinante fuente de estos jugos esenciales. Las paredes de la propia vagina destilan una sustancia sumamente resbaladiza que suaviza el camino a las parejas impacientes. En el laboratorio, mediante una cámara especial de plástico transparente en forma de pene, es posible observar la formación de unas gotas brillantes en la pared vaginal.

Entretanto, el aumento de la vulva ha formado una suerte de antesala sexual delante de la vagina que alarga la longitud efectiva del canal vaginal y, por lo tanto, del pene que puede acoger. Más importante aún, acerca al pene las estructuras sexualmente sensibles, es decir, el clítoris y los labios menores.

¿Cuál es la función del clítoris?

El clítoris es el centro de la sensibilidad sexual de las mujeres. Aunque en comparación con el pene es minúsculo, tiene, cuando menos, el mismo número de células y fibras nerviosas, y todas apiñadas en un espacio mucho menor. El clítoris es una bomba sexual de relojería provista de un «fusible». Bueno, en realidad dos.

Como dos crestas de gallo, los labios menores están unidos a la capucha o prepucio del clítoris. Al tirar de ellos también se tira de éste. Con el vaivén de los labios el prepucio se desliza sobre la cabeza del clítoris hacia adelante y hacia atrás. El roce hace que el clítoris se hinche aún más y que cada tirón resulte más delicioso que el anterior.

¿Qué provoca el tirón de los labios?

Si imagináramos que la vagina es un cilindro y el pene un pistón, los labios menores serían el cigüeñal. Cada impulso hacia adelante del pene dentro de la vagina empuja consigo los extremos de los labios, lo que hace que el prepucio y el clítoris sean arrastrados hacia abajo. Al retraer el pene, los labios se liberan y el prepucio regresa sobre el clítoris. Simultáneamente, el pene proporciona un masaje a los labios, la vagina y las estructuras circundantes. Si todo va bien, el resultado es el orgasmo.

¿Qué ocurre durante el orgasmo?

De todo. Todas las líneas y los circuitos de transmisión del cuerpo se sobrecargan de forma súbita y deliciosa. Los cables se ponen al rojo vivo, los fusibles saltan y las campanas repican.

Cuando la mujer se acerca al orgasmo el ritmo de su cuerpo se acelera. El corazón alcanza las 160 pulsaciones o más. La respiración da paso a jadeos y gemidos. La tensión arterial puede duplicarse. Entretanto, la pelvis se vuelve loca. Todas la venas de la zona pélvica están a punto de estallar. La vulva palpita rítmicamente casi hasta el extremo de adherirse al candente pene. Los nervios sensoriales, entretanto, absorben hasta la última sensación. Las estructuras sexuales arrastran tanta corriente que las luces del cerebro se debilitan. La mujer pierde de vista el mundo y toda su atención se centra en ese 5 % fundamental de su cuerpo.

De repente el interruptor principal se conecta y unas sensaciones indescriptibles corren de la vulva, la vagina y el clítoris hasta el sistema nervioso. Las zonas primitivas del cerebro se hacen con el control. La espalda se arquea, la pelvis embiste hacia adelante, los músculos que rodean la vulva se dilatan y contraen y envían oleadas de sensaciones por todo el cuerpo. Las venas pélvicas se vacían rápidamente, gotas de sudor brotan de la piel y una sensación de relajación se apodera de todo el cuerpo.

¿Cuántos orgasmos puede tener una mujer?

Nadie lo sabe con exactitud. No hace mucho unos investigadores detuvieron un experimento después de cincuenta orgasmos consecutivos. La técnica era bastante ingeniosa. Bajo condiciones cuidadosamente controladas, con observadores formados, focos, grabadoras y cámaras de vídeo, una voluntaria mantenía relaciones sexuales con un voluntario. Copulaban hasta que ella alcanzaba el orgasmo, debidamente captado por electrodos aplicados a varias partes del cuerpo, así como por las cámaras y las grabadoras. El caballero desaparecía inmediatamente de la escena y era sustituido por otro. El proceso continuó hasta que cincuenta intrépidos personajes habían dado lo mejor de sí a la ciencia. La dama seguía más o menos en forma, pero los investigadores tenían hambre, apenas quedaban cintas de vídeo y esposas preocupadas habían empezado a telefonear a sus esposos al laboratorio.

¿La mujer no estaba cansada?

Los informes oficiales la describían como «cansada pero feliz». Me pregunto cuántos orgasmos habría podido tener sin los focos, las cámaras, las grabadoras y los observadores.

En realidad, existen diversas clases de orgasmo en la mujer. Los orgasmos masculinos suelen ser todo o nada: una tremenda acumulación de tensión seguida de una explosión liberadora. Las mujeres tienen esa clase de orgasmo, pero también son capaces de experimentar otra clase que consiste en una serie rápida de puntos álgidos con explosiones igualmente rápidas. El efecto es el de una piedra plana rozando la superficie de un río. Estos puntos álgidos no siempre son tan intensos como un orgasmo completo, pero al parecer constituyen una experiencia sumamente gratificante. La mayor parte de los orgasmos múltiples femeninos son de esta clase.

¿Cómo puede una mujer alcanzar un orgasmo tras otro cuando el hombre está exhausto después del primer asalto?

Por las diferencias en la estructura sexual y su funcionamiento. La erección del hombre depende del aumento de las venas del pene. Cuando la tensión sexual amaina tras el primer orgasmo, la sangre procede a abandonar el órgano y la erección cae. Aunque la estimulación sexual continúe, una vez que la erección ha desaparecido el pene ha de pasar otra vez por todo el ciclo de relajación, descanso y nuevamente erección. A veces es posible acelerar el proceso, pero los pasos han de seguir en ese orden.

La mujer no tiene estas limitaciones. Las venas grandes de la zona pélvica y las de los órganos sexuales no necesitan vaciarse por completo después del orgasmo. La sangre puede fluir y refluir según el grado de excitación sexual.

Inmediatamente después del orgasmo, la excitación suele disminuir y el cerebro y la médula espinal envían la orden de abrir las válvulas de drenaje. Si la actividad sexual se reanuda, envían una contraorden y los genitales internos y externos se llenan otra vez de sangre.

¿Significa eso que el orgasmo lo causa la corriente sanguínea de los órganos sexuales?

No exactamente. La experiencia orgásmica consta de tres elementos, y si alguno de ellos falta, el orgasmo no se produce.

El primero, y más importante, es el elemento nervioso. Cada parte envía sensaciones a un grupo de nervios de la médula espinal, que constituye una especie de central de control orgásmico. Antes del coito, mientras el hombre acaricia los senos de la mujer, las sensaciones llegan al plexo nervioso espinal. Cuando ella posa una mano en el pene, la sensación pasa a través del cerebro a la «central orgásmica». También los ruidos y palabras excitantes son enviados a los centros espinales. Cuando el hombre entra en la vagina de la mujer y comienza a deslizar el pene, el número de mensajes nerviosos se multiplica por cien. Los mecanismos sensores captan sensaciones como el roce de las respectivas pieles, el olor del cuerpo del otro, la unión de ambos pechos, la palpitación del pene contra los labios menores y la entrada de la vagina, y las envían a la central orgásmica.

A partir de ese momento el mecanismo se autoalimenta. Los impulsos nerviosos comienzan a circular en dos direcciones, hasta y desde los centros espinales. Eso es lo que conduce al orgasmo. Es como un lanzador de béisbol a la antigua usanza que gira y gira, aumentando en todo momento la tensión, hasta liberar de forma explosiva la energía acumulada.

Los impulsos de la vagina, el clítoris, los labios e incluso las estructuras pélvicas internas se multiplican por mil mientras el pene se desliza. Finalmente se llega a un punto en que no es posible soportar más sensaciones y la central orgásmica da la orden.

Aquí es cuando el segundo elemento del orgasmo entra en escena. Los impulsos nerviosos de los centros espinales provocan fuertes contracciones musculares. La red de músculos del túnel vaginal se contrae y dilata una y otra vez. Hasta el útero se convulsiona bajo la intensa estimulación nerviosa. Algunas personas han sugerido que en el momento del orgasmo, el útero puede incluso succionar el esperma que el pene vierte en la vagina. Un experimento realizado años atrás demostró que el útero de una yegua, al experimentar ésta el orgasmo, era capaz de succionar una enorme cantidad de líquido en menos de seis segundos. Este fenómeno todavía no se ha demostrado en los seres humanos.

Luego hay un tercer elemento, el vascular. Las contracciones musculares vacían de sangre las venas. Los tejidos de la vulva se desangran y la tensión sexual disminuye rápidamente. Por el momento, claro está.

¿Qué papel desempeña el útero en el coito?

La sensibilidad sexual se concentra principalmente en el clítoris, los labios menores y la pared anterior de la vagina. El resto posee una sensibilidad mucho menor, y el cuello del útero o cérvix apenas «siente». Durante los reconocimientos médicos, el cuello del útero suele sujetarse con un instrumento de dientes afilados y la paciente raras veces lo nota. Este detalle es importante, pues la mayoría de los hombres (no así las mujeres) conceden mucha importancia a la longitud del pene. Casi todos los logros sexuales se producen en los primeros siete centímetros del aparato reproductor femenino. Son muy pocos los hombres que no pueden estar a la altura.

Con todo, existe una excepción. Hay mujeres, sobre todo aquellas que han tenido varios hijos, que reaccionan sexualmente con la presión pélvica profunda. Posiblemente se deba a que han desarrollado una sensibilidad especial en el útero y la cérvix durante el embarazo y el parto. Estas mujeres experimentan mayor placer durante el coito y, sobre todo, durante el orgasmo, si el pene penetra profundamente en la vagina y hace presión contra el cuello del útero. Pero ni siquiera en este caso se necesita un pene largo. Si la mujer dobla las piernas, puede acortar la longitud de su vagina y obtener el resultado que desea.

Si la mujer puede tener muchos más orgasmos que el hombre, ¿por qué hay mujeres que no pueden alcanzar el orgasmo?

Existe una gran diferencia entre tener la posibilidad de alcanzar un orgasmo y alcanzarlo. Lo único que se interpone entre una mujer y un número ilimitado de experiencias orgásmicas es un kilo de tejido: el cerebro. La decisión de tener un orgasmo no se toma en la vagina, sino en el cerebro, o sea, en el otro extremo del cuerpo. La naturaleza no exige que haya placer sexual para procrear, sólo que el semen consiga llegar a la vagina. De acuerdo con las leyes de la naturaleza, el gozo durante el acto sexual es optativo y se deja a juicio de los participantes.

¿Hay alguna forma de que el hombre pueda saber si la mujer ha tenido verdaderamente un orgasmo?

Puesto que la mayoría de las mujeres saben lo que los hombres quieren oír, sobre todo en el terreno sexual, siempre están dispuestas a acusar recibo de un orgasmo aun cuando no lo hayan tenido. No les cuesta nada, y con ello consiguen inflar el ego masculino. Muchos hombres de nuestra sociedad se sienten más viriles si su pareja tiene orgasmos. Raras veces indagan en profundidad; si ella dice «sí», es suficiente. De ese modo es más sencillo, al menos por el momento. No obstante, si el hombre de verdad quiere saberlo, hay dos indicadores aproximativos.

Inmediatamente después del orgasmo algunas mujeres experimentan lo que se denomina «rubor sexual». Es una suerte de sarpullido que cubre todo el tórax. Aparece de repente, dura unos minutos y se va. No todas las mujeres lo experimentan, y lo mismo ocurre con la erección de los pezones. En el momento del orgasmo, los pezones de algunas mujeres se endurecen y los de otras no.

Lo importante es recordar que el orgasmo se produce en el cerebro, no en la vagina, el clítoris o el pene. Este último ya puede dar a la vagina el mejor masaje del mundo, que si la mujer no tiene el cerebro conectado, es como si no ocurriera nada.

¿Qué diferencia existe entre un orgasmo vaginal y un orgasmo clitoriano?

Ninguna, absolutamente ninguna. Sigmund Freud elaboró la teoría de que las mujeres experimentaban dos clases diferentes de orgasmo: vaginal y clitoriano. El orgasmo clitoriano provenía, presumiblemente, de la masturbación durante la infancia, y se consideraba inmaduro. El orgasmo vaginal se relacionaba con los órganos sexuales «adultos», y el doctor Freud lo consideraba «maduro». Del orgasmo vaginal se decía que era una experiencia más intensa y gratificante. Basándose en esta teoría, que era fundamentalmente un concepto filosófico, el pensamiento psiquiátrico se endureció como el cemento. Pocos psiquiatras pensaban en preguntar a las mujeres qué sentían realmente, aun cuando fueran ellas quienes tenían los orgasmos.

Si en aquellos tiempos hubiese sido posible realizar experimentos y observaciones, quizá Freud también hubiera sido un pionero en este campo. Pero dado que el análisis realmente científico de la sexualidad humana ha tenido que esperar a nuestros tiempos, las ideas de Freud deben ser revisadas y dar paso a una Declaración de Derechos Orgásmicos.

¿Declaración de Derechos Orgásmicos?

Sí. «Todos los orgasmos nacen iguales.» Años de meticulosas observaciones y análisis de miles de hombres y mujeres que copulaban, se masturbaban y participaban en casi todas las variaciones de lo mismo dentro del laboratorio científico, han proporcionado importantes respuestas sobre el orgasmo femenino.

A menos que el clítoris participe de alguna manera, el orgasmo no se produce. Recuerde que el clítoris se halla unido a la vagina, ésta a los labios menores y éstos al clítoris. Todos estos órganos se encuentran conectados entre sí por una vasta red de nervios, y la colección al completo está conectada directamente a la médula espinal y, por lo tanto, al cerebro. Por eso es imposible decir que el orgasmo depende enteramente de un órgano u otro.

¿Importa que el orgasmo sea vaginal o clitoriano?

En absoluto. Una vez más, el principio básico debería ser la Declaración de Derechos Orgásmicos. Y ello constituye una buena noticia para las mujeres, porque así pueden dejar de preocuparse por el asunto. Un orgasmo es un orgasmo. Pueden variar en frecuencia e intensidad, pero todos comienzan y terminan en el mismo lugar: el eje vaginal-labial-clitoriano. Del mismo modo que los planetas giran alrededor del Sol, la vagina, los labios de la vulva y el clítoris giran en torno al orgasmo. Las mujeres pueden, pues, desprenderse de los sentimientos de culpa creados por psiquiatras bien intencionados. Todo orgasmo que resulta del coito entre pene y vagina es, por definición, maduro.

¿Qué ocurre si se estimula la vagina sin excitar el clítoris?

Es muy difícil. Todo objeto lo bastante largo para estimular la vagina también estimula el clítoris al tirar de los labios. Aún más. Los nervios del clítoris se extienden por toda la vulva y llegan a las paredes de la propia vagina. Cuando el pene penetra en ésta haciendo presión contra las paredes, estimula el clítoris. Incluso este pequeño detalle ha sido medido científicamente mediante experimentos minuciosos.

¿Qué demostraron esos experimentos?

Que al aumentar la presión en el tercio inferior de la vagina —donde tiene lugar toda la acción— se producía un espectacular incremento de la corriente sanguínea en el clítoris. Tras uno o dos segundos de presión en la parte inferior de la vagina, la corriente sanguínea en el clítoris aumenta hasta un 1.000 %. Lo mismo le ocurre al glande. Por tanto, cuando éste presiona con fuerza la vagina, el clítoris reacciona y en el pene entra aún más sangre. Cuando el glande se hincha, genera más suministro sanguíneo en el clítoris. Un ejemplo perfecto de trabajo en equipo.

Si una mujer pierde el clítoris, digamos en una operación, ¿puede tener orgasmos?

Desde luego. Algunas mujeres han sufrido esa clase de operación debido, por ejemplo, a un cáncer. No obstante, los nervios y los vasos sanguíneos del clítoris se extienden a toda la vulva. Aunque el clítoris sea extirpado, las conexiones nerviosas que permanecen son más que suficientes para generar un orgasmo.

Con todo, a algunas mujeres se les extirpa el clítoris por razones que no tienen nada que ver con la salud.

¿Extirpar el clítoris por razones que no tienen nada que ver con la salud? ¿Por qué iba alguien a hacer una cosa así?

Es un problema complejo. Entre ciertos grupos religiosos, la «circuncisión femenina» es un rito comparable a la masculina. Y las creencias religiosas de la gente deben respetarse.

Existen muchas clases de operación. Una técnica consiste en

extirpar sólo la punta del clítoris y/o el diminuto prepucio. Otra técnica más drástica es la «clitoridectomía», que consiste en extirpar todo el clítoris, incluido el prepucio. La operación suele realizarla gente sin formación médica y sin empleo de anestesia, y huelga decir que es muy dolorosa. Actualmente en Estados Unidos y en algunos países europeos está teniendo lugar una importante corriente de opinión contraria a esta práctica.

¿Por qué?

Muchas personas —sobre todo en Estados Unidos— consideran una atrocidad que a las niñas se les opere o extirpe el clítoris. Lo llaman MGF o mutilación genital femenina. El problema se complica aún más porque son muchas las familias que llegan a Estados Unidos procedentes de países donde la circuncisión femenina total o parcial es una práctica corriente. Al llegar a Estados Unidos, dichas familias insisten en mantener sus costumbres. A muchos estadounidenses les parece cruel e irracional, pero les falla la memoria.

¿Les falla la memoria? ¿Por qué?

No hace tanto que la extirpación del clítoris se realizaba diariamente en Estados Unidos. Y casi nadie se enteraba. Influenciados por especialistas europeos, en torno a 1890 algunos médicos estadounidenses decidieron que la masturbación femenina era un problema grave que causaba muchas otras enfermedades. Puesto que casi todas las mujeres se masturban frotándose el clítoris, la solución era bien sencilla: ¡cortarlo! Y eso es lo que hicieron.

Durante un cuarto de siglo, miles de mujeres adultas vieron rebanado su exquisito y sensible órgano en los hospitales. La amputación del clítoris era un tratamiento aprobado, recomendado y efectuado por los médicos. Así pues, la MGF se practicaba en Estados Unidos hasta hace bien poco.

¿Significa eso que la circuncisión femenina es recomendable?

Ni mucho menos. Sólo significa que los órganos sexuales están tan poderosamente entretejidos con los sentimientos y las actitudes más íntimos de la sociedad que todo es posible. Ello, además, puede dar lugar a extrañas contradicciones.

¿Como cuáles?

Como la perforación o *piercing*, por ejemplo. Mientras en Estados Unidos aumentan las protestas contra la circuncisión femenina por considerarla una distorsión y deformación de los genitales femeninos, a nadie parece inquietarle el *piercing*. Y algunas de sus técnicas se acercan mucho a las de la MGF.

¿Por ejemplo?

La operación suele realizarla gente que carece de formación médica, y por lo general sin utilizar anestesia de ningún tipo. Normalmente se lleva a cabo en locales especializados, por *piercers* o perforadores, esto es, hombres o mujeres que venden alhajas para *piercing* y perforan a los clientes que compran sus productos.

El procedimiento es muy doloroso. La perforación femenina parece una tortura en toda regla. Generalmente consiste en atravesar el clítoris con un instrumento afilado y punzante. A veces el perforador atraviesa el prepucio, por encima o por debajo del clítoris, de arriba abajo o de lado a lado. Luego introduce en el tejido sangrante una argolla de acero con una bolita en cada extremo. En lenguaje *piercing* se le llama «anillo cautivo». Cuando todo ha terminado, la dama baja de la mesa y se aleja caminando como un pato.

¡Qué horror! ¿Es eso todo?

No, hay más. Algunas mujeres también se atraviesan los labios menores con aros. Muchas mujeres tienen hasta tres y cuatro pares de anillos en la entrada vaginal. La idea de introducir un aro en el prepucio que cubre el clítoris o en los labios asusta a mucha gente. Si se atara a una mujer a una mesa contra su voluntad y se le horadaran sus delicados órganos sexuales para llenarlos de anillos, sus gritos se oirían en el país vecino. La policía llegaría a los diez minutos y tendríamos un caso de violación de los derechos humanos, acoso sexual y tortura.

Pero, por extraño que parezca, cada día muchas mujeres de Estados Unidos y Europa pagan elevadas sumas de dinero por eso. Y algunas llegan aún más lejos. Si posee lo que hace falta, una mujer puede llegar a lo más alto en el mundo del *piercing*.

¿Qué hace falta?

Un clítoris de al menos seis milímetros de grosor que se mueva libremente dentro del prepucio. Si la madre naturaleza la ha dotado con semejante órgano, puede hacer lo último en *piercing*, esto es, perforarse el propio clítoris. Luego le meten un anillo cautivo u otro tipo de «joya» y se va cojeando a casa.

¿Hay algo de malo en ello?

No necesariamente. Es una decisión personal, y si una mujer quiere hacérselo, nadie puede impedírselo. Con todo, existe una paradoja interesante: aunque en la actualidad hay gente que protesta contra la mutilación genital involuntaria de las mujeres, menos de cien años atrás los médicos recomendaban y realizaban justamente esa técnica. Y hoy en día hay mujeres que pagan para que les atraviesen los labios de la vulva y el clítoris con aros de metal.

¿Por qué lo hacen?

Por dos razones fascinantes. En primer lugar, un anillo o una bolita bien colocados chocan constantemente contra el clítoris cuando la mujer se mueve. Si se hace bien, provoca la erección y excitación de ese órgano. La mujer puede disfrutar de una secreta y placentera masturbación en el trabajo, al salir a comer, viendo la televisión e incluso al cruzar las piernas. Si le sorprende, lea lo que Jenny, una paciente de 23 años, de profesión bailarina, me dijo:

«¿Que por qué tengo una bolita de acero rebotando en mi clítoris cada vez que me muevo, doctor? ¿Es ésa la pregunta? Bueno, lo único que puedo decirle es que no debe hablar mal de algo que no ha probado.»

¿Cuál es la otra razón?

El sadomasoquismo. Una argolla en el clítoris o los labios es ideal para los juegos sadomasoquistas. La gente que gusta de mezclar el sexo con el dolor se divierte si alguien le tira del anillo o engancha a éste una cadena y le arrastra por la habitación. Cada vez que alguien le pega un tirón, el dolor se apodera de todos los órganos genitales.

¿Que no es su idea de la diversión? Bueno, tampoco la mía, pero en lo que a sexo se refiere, ya lo dijo Shakespeare en *Hamlet*: «Hay más cosas en el cielo y la tierra, Horacio, de las que imaginamos.»

En los próximos capítulos seguiremos viendo cosas que jamás habría creído posibles.

4

EL COITO

¿Qué es el coito?

Magia, pura magia. Si contempláramos el coito por primera vez en la vida, ésa sería la única palabra capaz de describirlo.

Imagine que una noche, en medio de una explosión de luz azulada, una pareja de marcianos aparece de repente en su dormitorio. Son un varón y una fémina altos y delgados. Visten monos plateados y hay algo que les tiene intrigados.

—¿Cómo practican el sexo los terrícolas? —le preguntan.

Usted, deseoso de ayudar, responde:

—Pues verán, un hombre y una mujer se reúnen en un lugar y se miran a los ojos. Luego se hablan y se acarician. De repente, sus órganos sexuales empiezan a hincharse. El pene del hombre se vuelve duro, caliente y sumamente incómodo. El clítoris de la mujer se endurece, los labios de la vulva se hinchan y la entrada de la vagina se torna húmeda y resbaladiza. La pareja no puede evitar que todo eso ocurra; de hecho, escapa a su control.

Los marcianos escuchan anonadados.

—¿Qué ocurre después?

—El hombre no puede aguantar más. Tiene que penetrar a la mujer, que está deseando tener ese pene duro y rígido dentro de su vagina.

—Muy interesante —dicen los marcianos—, pero ¿por qué?

—Nadie lo sabe. Sencillamente tienen que hacerlo. No pueden resistir la tentación. ¡Es como una droga!

—¿Y luego?

—El hombre introduce el pene en la vagina y empieza a deslizarlo hacia adelante y hacia atrás sin llegar a sacarlo por completo. Ambos órganos se rozan lentamente al principio y más rápidamente después. De pronto, el frotamiento hace que el pene empiece a palpitar como loco hasta que expulsa el equivalente a una cucharada de líquido blanquecino.

—¿Y luego?

—Luego la pareja sufre algo parecido a un ataque epiléptico, unos espasmos musculares salvajes durante los cuales pierden la conciencia de cuanto los rodea.

Los marcianos se miran incrédulos.

—Pero ¿por qué hacen eso?

—¡Porque les encanta! Porque es lo más excitante y placentero del mundo. ¡Es lo que más les gusta hacer!

—¿A las personas les gusta hacer eso?

Los marcianos se miran, sacuden la cabeza y desaparecen envueltos en otra explosión de luz azulada.

En eso consiste más o menos el coito, y es el acto más increíble, maravilloso y gratificante que puede realizar el ser humano.

¿Tan importante es el sexo?

Sí. Dejando a un lado el hecho de que sin él usted no estaría aquí leyendo este libro, el sexo puede ser el aspecto más constructivo, positivo y gratificante de la existencia humana. El sexo, sin embargo, es como un martillo.

¿Un martillo?

Exacto. Puede utilizarlo para construir un hermoso Templo del Amor o para golpearse el dedo pulgar. Puede utilizarlo para reforzar los vínculos que le unen a su pareja o para hacer daño. La violación, el abuso de menores y las enfermedades de transmisión sexual deliberadamente extendidas constituyen un empleo delictivo del sexo. Pero la culpa no la tienen ni el pene ni la vagina, como tampoco lo es el martillo. El culpable es la persona que maneja esas herramientas. Para disfrutar al máximo del sexo y utilizarlo de la forma más positiva posible, usted ha de conocer las diferentes clases de coito.

¿Cuántas clases de coito existen?

El coito comprende, en realidad, tres experiencias distintas que a veces se producen simultáneamente, otras sucesivamente y muy a menudo de forma separada.

¿Cuáles son?

El primer tipo de coito es el reproductor. Es un coito sencillo, directo y, relativamente hablando, impopular. Cada año la gente se gasta miles de millones de dólares en productos destinados a evitar el coito reproductor. A lo largo de la vida de una persona el coito reproductor se produce, por término medio, unas cinco veces o menos. Esta clase de coito puede realizarse en tres o cuatro minutos y es probable que lo efectúe más eficazmente una tercera parte desinteresada, como es la inseminación artificial. El coito reproductor consiste, sencillamente, en introducir a don Espermatozoide en doña Óvulo. Lo que ellos hagan después es cosa suya.

El coito reproductor cuenta con la aprobación de curas, líderes morales y tías solteronas. Aunque es probable que no lo practiquen personalmente, lo recomiendan para las masas.

El coito reproductor es del todo impopular entre los adolescentes, los amantes célibes, los solteros jóvenes y despreocupados, las solteras y las mujeres con diez o más hijos. Los principales gobiernos del mundo aprueban o desaconsejan esta variedad de coito de acuerdo con las provisiones de población del momento.

¿Cuál es la segunda clase de coito?

El sexo también puede ser un medio de expresar amor. Después de las palabras, el profundo vínculo emocional que produce la fusión de dos cuerpos y dos espíritus puede ser la forma más profunda de decir «Te quiero». Se da en hombres y mujeres de todas las edades, tiende a ser perecedero si no se cuida y quienes lo han experimentado aseguran que se intensifica con el paso del tiempo. El matrimonio no es un requisito indispensable, y algunos cínicos incluso aseguran que el matrimonio mata el amor. Todo el mundo está a favor del «coito por amor», especialmente los autores de canciones románticas y los vendedores de postales, aunque no todas las personas tienen la oportunidad de experimentarlo.

¿Y la tercera clase?

Esta clase de coito ha adquirido mala reputación a lo largo de los años. Numerosas religiones de Occidente lo desaprueban, los educadores morales lo condenan unánimemente, muchos padres están en contra de él y todo el mundo desea practicarlo tanto como sea posible. Es el coito por placer, por el puro regocijo físico y emocional de sentir las fantásticas sensaciones que brinda una experiencia sexual completa. Casi todo el mundo menor de veinticinco años lo defiende abiertamente, y el resto lo anhela, aunque en silencio. El coito por placer no tiene nada de malo. Los seres humanos —y de hecho todos los mamíferos— están dotados ya sea de un pene o de una vagina y del deseo compulsivo de utilizarlos. No hay razón por la que no debiera ser así, sobre todo si lo hacen de forma tal que les brinde el máximo placer sin causarles problemas.

Se han dedicado bibliotecas enteras a acumular argumentos contra el goce responsable del sexo. No obstante, tras siglos de insidiosos lavados de cerebro, la mayoría de los seres humanos siguen sin estar convencidos. Con todo, existe un obstáculo importante a la hora de obtener el máximo placer sexual.

¿Cuál?

Para gozar al máximo del coito hay que estar informado. Nuestra sociedad moderna se ocupa de enseñar a las personas a manejar el coche pero evita deliberadamente enseñarles a manejar sus órganos sexuales. Lo que pretende pasar por educación sexual recuerda al chiste francés: «¿Qué es la masturbación mutua? Cuando la mano está dentro de eso que ya sabes y eso que ya sabes está dentro de la mano pero eso que ya sabes nunca está dentro de eso que ya sabes.»

El adolescente sale del curso de educación sexual con la idea de que dos «eso que ya sabes» encajan de alguna manera. Sé que suena a chiste, pero no tiene gracia. Si las escuelas no perdieran tanto tiempo enseñando fisiología de la reproducción —con todos esos maravillosos dibujos de espermatozoides frenéticos que a nadie importan— y pasaran más tiempo enseñando fisiología del orgasmo —que a todo el mundo importa—, viviríamos en un mundo más feliz.

Como es natural, en la actualidad existe otro gran problema relacionado con la educación sexual.

¿Cuál es?

Las enfermedades. Debido a la epidemia descontrolada de enfermedades de transmisión sexual, tanto nuevas como antiguas, la educación sexual se concentra en enseñar a evitar, diagnosticar y tratar las terribles enfermedades relacionadas con el sexo. El sistema educativo actual, por otra parte, invierte mucho tiempo en formar a los estudiantes en la colocación, funcionamiento y mantenimiento del preservativo. No hay duda de que es un aspecto importante, pero se pasa por alto un detalle fundamental. Si usted practica el sexo con un pene o una vagina, correrá un gran riesgo de contraer alguna enfermedad, sobre todo hoy en día. Pero si realiza el coito —sexual y emocional— con un ser humano, reducirá significativamente sus probabilidades de infectarse. Si usted forma parte de la vida de la otra persona y viceversa, ninguno de los dos querrá exponer al otro a ningún mal y aún menos a una enfermedad mortal.

¿Qué puede hacer la gente para disfrutar más el sexo?

La respuesta a esa pregunta tiene ocho letras: A-P-R-E-N-D-E-R. La clave del goce sexual está en aprender qué es el sexo, cómo funciona y qué hacer para ajustarlo a los gustos personales. Dicha información no la encontrará en un manual de bricolaje sexual escrito por una ex corista o un saxofonista en paro. Títulos como *99 formas de convertir a su dentista en un esclavo del amor* o *Cómo hacer que todas las mujeres de su escalera le deseen vehementemente en sólo siete días*, no son reales. Si lo piensa, la persona que mejor puede ayudarle a comprender la sexualidad humana debería poseer vastos conocimientos de anatomía, fisiología, bioquímica, patología, bacteriología, medicina interna, psiquiatría y otra docena de disciplinas. Resulta útil si, además, dicha persona ha diagnosticado y tratado a varios miles de pacientes con problemas sexuales. (Bailar desnudo sobre las mesas de un bar o acostarse con mil hombres no coincide exactamente con la definición de «diagnóstico y tratamiento».)

Por lo tanto, antes de depositar su confianza en un libro sobre sexo —la parte científico-médica más compleja de la existencia humana— pregunte al autor o autora dónde adquirió sus conocimientos.

¿Por qué es tan importante estar informado sobre el sexo para disfrutar de él? ¿No puede uno, simplemente, limitarse a practicarlo?

Desde luego. Mucha gente lo hace. Y mucha gente conduce un coche sin saber qué está haciendo. Entonces tienen accidentes. Hieren a otras personas. Van a la cárcel y acaban odiando los coches y la gente.

Muchas personas manejan sus órganos sexuales sin saber qué están haciendo. Entonces tienen accidentes. Hieren a otras personas. Van a la cárcel y acaban odiando el sexo y la gente.

Dedicar tiempo a informarse sobre el sexo y comprenderlo es probablemente la tarea más útil y valiosa que una persona pueda hacer en toda su vida. El sexo es placentero. Pero es más que eso. Mientras disfruta del sexo está comunicando cariño, fortaleciendo su relación con la otra persona, mejorando considerablemente su salud y aumentando su esperanza de vida (véase capítulo 6, «Sexo en la tercera edad», para más detalles sobre cómo el sexo puede mejorar su salud). Y, evidentemente, el sexo también ejerce otra función: preservar la especie humana.

Pero no es posible hacer todo eso si no comprende qué es el sexo. Cuanto más sepa, más capaz será de disfrutar de él.

¿Por dónde empiezo?

Por aquí. El primer paso consiste en ver al ser humano desde el punto de vista sexual, tal como los científicos lo ven. Imagine que la persona tiene dos polos sexuales como los de la Tierra: el polo Norte y el polo Sur. El polo Norte es la cabeza, formada por el cerebro y unas extensiones directas poco conocidas pero fundamentales llamadas «nervios craneales». (La mayor parte de libros sobre sexo hacen caso omiso de este polo.) El polo Sur lo forman los órganos sexuales. En el hombre estos órganos son el pene y los testículos. En la mujer son el clítoris, la vagina, los labios de la vulva y las estructuras adyacentes. Pero hay más. El polo Sur de las mujeres abarca la misma zona que unos pantalones cortos; ello implica que por detrás comprende el área que va de la cintura a las nalgas y el perineo. El polo Sur al completo es como una pendiente inclinada: la sensibilidad es menor en torno a la cintura y aumenta rápidamente a medida que nos acercamos a los órganos sexuales. Existe también una zona en forma de V en el pecho que abarca los pezones y los senos. Si la cabeza y los nervios craneales son el polo Norte, los senos son Canadá.

El mapa sexual de los hombres es parecido pero posee menos sensibilidad que las mujeres en la zona del abdomen y las nalgas. La mayor parte del suministro nervioso masculino se concentra en el «misil balístico primario», esto es, el pene. Algunos hombres gozan de sensibilidad en los pezones y alrededor de éstos, pero es menos intensa que en las mujeres.

Uno de los grandes problemas del coito es que el polo superior —la cabeza— está en guerra constante con el polo inferior —los órganos sexuales.

¿Por qué?

Marlene, una chica de diecisiete años que acaba de entrar en la universidad, nos da su opinión:

«A veces, doctor, me cuesta controlar la situación con mi novio. Al principio, cuando empezamos a... ya sabe, a besarnos y acariciarnos, todavía controlo. Pero cuando empieza a acariciarme los pechos me caliento y empiezo a estar húmeda. Él, que también se excita mucho, se me sube encima y empieza a frotarse contra mí. Entonces noto que mi clítoris se pone duro y siento que mi cerebro se derrite, y ya sólo me importa lo que ocurre entre mis piernas...»

En este caso el polo inferior ha ganado la guerra al polo superior.

También puede ocurrir al revés. Nancy, que tiene veintinueve años y lleva seis casada, nos cuenta lo que ella siente:

«No lo entiendo. Al principio, cuando Bill y yo empezamos a besarnos y acariciarnos, me excito mucho, pero en cuanto empieza a tocarme ahí abajo...»

Nancy se detiene y echa una mirada furtiva a la zona entre el ombligo y las rodillas.

«Me pongo tensa, y aunque le dejo hacer, no siento nada. En ese momento empiezo a preguntarme si está bien lo que hacemos, si voy a quedarme embarazada y cosas así.»

El polo Norte de Nancy ha vencido al polo Sur.

¿Cuál es la solución?

Hacer las paces. Enseñar a ambos polos a trabajar juntos para que ambos miembros de la pareja puedan disfrutar al máximo del sexo. Hay que empezar por la cabeza.

Los órganos sexuales —tanto del hombre como de la mujer— son meros receptores. Sienten del mismo modo que las yemas de los dedos. Evidentemente, la punta del pene es más sensible que la yema de un dedo, y ya no digamos la punta del clítoris. Pero el principio es el mismo. Todas las sensaciones que los órganos/receptores sexuales acumulan son enviadas al cerebro. El cerebro, en el momento en que es bombardeado con toda esa dinamita de sensaciones sexuales, puede gritar de repente «¡NO!» y desconectar.

He aquí un ejemplo. Es medianoche y los esposos están practicando un sexo salvaje. El marido tiene el pene duro como una roca y ella está a punto de experimentar un orgasmo sensacional. De repente se dan cuenta de que su hija de tres años se halla a los pies de la cama observando la escena con sumo interés. Ahí es cuando el cerebro aprieta el freno, el pene hace «plof», la vagina hace «clac» y eso es todo por esa noche.

Hay otros momentos en que el cerebro puede desconectar.

Supongamos que el hombre acaba de introducir su pene erecto en la vagina cuando la mujer dice: «Oh, cariño, olvidé decirte que esta tarde vinieron dos hombres a casa preguntando por ti. Dijeron que eran del FBI o algo así...»; o: «Caray, el sexo con usted es genial, señor Wilson. Estoy deseando cumplir los dieciocho para que sea legal...»; o: «El doctor dijo que tendría los resultados de mi prueba del sida mañana mismo.»

Todo se resume a una cosa: si desea disfrutar al máximo del sexo, debe tener su principal órgano sexual, el cerebro, conectado. Ni el pene más duro ni el clítoris mejor frotado ni la vagina más estrecha conseguirán nada si el polo Norte sabotea al polo Sur. El secreto del éxito sexual es hacer que el cerebro y los órganos sexuales trabajen conjuntamente en todo momento.

¿Cómo se consigue?

Deben hacerse dos cosas. En primer lugar, evitar situaciones sexuales que generen miedo o peligro. Hay un viejo dicho italiano que reza: «No es hombre quien no ha fornicado sobre un árbol, bajo el agua o con un marido celoso aporreando la puerta.»

Si realmente quiere disfrutar del sexo todo lo posible, es preferible que evite esas tres situaciones y cualquier otra que se le parezca.

Lo segundo que debe hacer es practicar el «coito completo». Es la mejor forma de superar las limitaciones autoimpuestas por el cerebro. El objetivo es proporcionar a los órganos/receptores sexuales y al cerebro el mayor número posible de sensaciones positivas para hacer del sexo y del orgasmo algo excitante y sensacional.

El coito completo presenta otra maravillosa ventaja. Cuanto más se práctica, más se entrenan los reflejos sexuales. A medida que pasan los meses, las respuestas sexuales se vuelven más rápidas e intensas.

¿Cómo se inicia el coito completo?

Para empezar, hay que tener en cuenta algunos conceptos básicos.

El primero es recordar que, cuando se trata de sexo, las caricias son una calle de dos sentidos e incluso tres. Por ejemplo, cuando la mujer acaricia el pene del hombre, la sensación de éste viaja hasta el cerebro y produce un aumento de la excitación sexual. A medida que el hombre se excita, los impulsos del cerebro sensibilizan el pene y las caricias son cada vez más deseadas. Esta sensación intensificada se transmite al cerebro y se suma a las anteriores. Hasta aquí, la calle de doble sentido.

Algo más, no obstante, está ocurriendo. Al sentir el calor, el aumento y las pulsaciones del pene, la mujer también se excita. Su cerebro comienza a recibir impulsos sexuales y a disparar órdenes al clítoris y la vagina. El clítoris se hincha y la vagina segrega líquido lubricante. De repente, a la excitación de doble sentido se suma otro carril. Pero la cosa no termina aquí.

Si el hombre acaricia entonces el clítoris de la mujer con la yema del dedo índice, notará la extraordinaria suavidad de la piel contra su dedo y el pulso del clítoris como reacción a las caricias. La mujer recibe otro aluvión de excitación sexual y la calle es ahora de ¡cuatro carriles!

A partir de aquí las cosas ocurren por su propio impulso. Las caricias en el clítoris son tan agradables que la mujer empuja toda su zona genital hacia la mano del hombre. La excitación de ambos, por lo tanto, aumenta. Hasta ese momento sólo se han utilizado caricias. Si ahora ella le susurra al oído: «¡Oohh, sí, sigue así!», entra en escena el sentido de la audición. La excitación del hombre aumenta y el cerebro envía mensajes que le instan a estimular aún más a la mujer. La calle es ahora una superautopista de veinticuatro carriles. A medida que la pareja sube de un nivel de excitación sensorial a otro, su capacidad para disfrutar también aumenta. El siguiente concepto es igualmente importante.

¿De qué concepto se trata?

El concepto psicosexual conocido como «reclutamiento», que sólo significa que a medida que la persona acumula fuentes de excitación sensorial, más células nerviosas lanza al cerebro, lo cual, a su vez, incrementa enormemente la intensidad de la experiencia sexual. Cuanto más cerca están las sensaciones del cerebro, más poderoso es su efecto. Aquí es donde los nervios craneales ejercen su magia.

Aunque la mayoría de «expertos» aficionados que escriben esos libros de «bricolaje sexual» no ha oído hablar de ellos, los nervios craneales pueden contribuir enormemente a alcanzar el máximo placer sexual.

¿Cómo?

Los nervios craneales son doce pares de nervios que parten del cerebro, atraviesan unos agujeros especiales del cráneo y desembocan en puntos clave del cuerpo. Son muy importantes porque conectan el cerebro directamente con ciertas estructuras. Es como una línea de conexión privada con la unidad de control central sin semáforos, cruces ni obstáculos. Los impulsos entran y salen del cerebro instantáneamente. De los doce nervios craneales, tres resultan fundamentales para el disfrute del sexo. Son el olfativo, el trigémino y el óptico, y apenas se hayan a unos centímetros del cerebro. A continuación explicaré cómo funcionan:

El nervio olfativo va del cerebro a la nariz y termina en una protuberancia llamada «bulbo olfativo». En la mayoría de mamíferos dicho nervio también está conectado con un órgano sexual diminuto pero poderoso situado dentro de la nariz conocido como «órgano vomeronasal». Este órgano detecta los olores especiales del sexo opuesto y los transforma en estímulos sexuales. En muchos animales el efecto es espectacular.

Un ejemplo sorprendente son las erecciones sin contacto. Si una hembra excitada se oculta del macho de modo que éste no pueda verla ni oírla, el mero olor que aquélla desprende provoca una erección instantánea en el pene de éste. Por otro lado, si varios ratones hembras permanecen juntos, producen un olor químico que bloquea la excitación sexual en todo el grupo. Pero eso no es todo. Los ratones machos —y otros roedores— pueden producir olores que hacen que los roedores hembras adolescentes maduren sexualmente con mayor rapidez. ¡Imagine qué ocurriría si los seres humanos pudieran hacer lo mismo!

¿Pueden?

Tal vez. Todo depende de ese especial órgano vomeronasal que se halla dentro de la nariz. Algunos investigadores creen que los seres humanos también lo tienen. Existen ciertos indicios, pues las mujeres que viven juntas —como en los dormitorios universitarios— acaban teniendo menstruaciones sincronizadas, algo que probablemente se deba al intercambio de mensajes olfatorios sutiles.

Lo importante aquí para nosotros es que el sentido del olfato aumenta la intensidad de la excitación sexual. La vida sexual de todos los mamíferos salvo el hombre está claramente influenciada por el sentido del olfato. El hombre se concentra tanto en sanear y desodorizar su cuerpo que al final ya no hay nada que oler. O casi nada. Por suerte, el cuerpo no se rinde tan fácilmente. El aparato detector de olores sigue siendo una extensión directa del cerebro.

El siguiente nervio craneal que nos ayuda a intensificar la experiencia sexual es el trigémino. Una parte de él, llamada «rama lingual», va directamente a la lengua y nos permite gozar de todos esos sabores maravillosos que tanto nos gustan. Y no es una coincidencia que la nariz esté situada justo encima de la boca, porque gusto y olfato caminan de la mano. Si no hay olfato, no hay gusto. (Haga la prueba y cómase una manzana con la nariz tapada.)

Los nervios craneales que transmiten el olor y el gusto son los que hacen de los besos algo tan placentero. Al besar, el gusto ligeramente salado de los labios, su olor y el de la piel circundante (mezclada quizá con perfume o con loción para después del afeitado), contribuyen a aumentar la excitación. Cuando un hombre besa los pechos de una mujer, el olor de la piel y el sabor del pezón intensifican el ardor sexual.

El otro nervio es el óptico. Como su nombre indica, va directamente desde el cerebro hasta el ojo. De hecho, los ojos son, en realidad, una extensión directa del propio cerebro que sobresale de la cara a través de dos orificios. Los ojos desempeñan un papel tan poderoso como misterioso en el sexo. Si un hombre ve el cuerpo desnudo de una mujer y viceversa, el polo superior —el cerebro— envía un aluvión de mensajes al polo inferior —los órganos sexuales— diciéndoles que se preparen para la actividad sexual. Nadie comprende cómo una simple imagen proyectada sobre la retina puede desatar un torrente de sangre y producir un pene rígido o un clítoris palpitante. También resultan excitantes las películas donde aparecen miembros del sexo opuesto desnudos. Nadie sabe por qué, pero así es, y deberíamos sacarle el máximo partido a ese hecho.

¿Cómo podemos aprovechar al máximo esos tres nervios craneales?

La mejor forma de sacar el máximo partido de nuestros receptores sexuales —y prepararse para el coito completo— es obvia. La práctica sexual que utiliza todos los sentidos es el sexo oral. Si lo piensa, tiene su lógica. A diferencia de los seres humanos, los demás miembros de la familia de los mamíferos no padecen impotencia en el caso del macho ni ausencia de orgasmo en el de la hembra. En muchas especies, una parte rutinaria de la relación sexual consiste en alguna forma de sexo oral. No hay técnica que despierte los reflejos sexuales y prepare a la persona para disfrutar del sexo como el sexo oral.

¿Es el sexo oral una práctica aceptable?

Depende de lo que para usted signifique «aceptable». Hasta no hace mucho el sexo oral era ilegal en muchas partes de Estados Unidos, y un estado incluso tenía una ley que prohibía estrictamente el sexo oral con pájaros. El Tribunal Supremo de Estados Unidos, no obstante, ha decidido sabiamente que lo que un hombre y una mujer hagan dentro de su dormitorio es asunto de ellos y de nadie más. Pero sí debería preguntarse quién, dentro de la sociedad, es apto para proclamarse «experto» sobre lo que los seres humanos deberían poder hacer y lo que no.

Sea como fuere, el sexo oral es legal en casi todo el mundo, salvo, quizá, con pájaros.

¿Es una práctica higiénica?

¿Por qué no iba a serlo? La idea de que los órganos sexuales y el sexo oral son «sucios» es absurda. La vagina es, junto con el oído, el único órgano del cuerpo humano «autolimpiable». La vagina de una mujer sana carece de bacterias nocivas y contiene, principalmente, lactobacilos, la misma bacteria que se encuentra en el yogur que más de doscientos millones de personas comen cada día para mejorar su salud. Un pene sano también es un órgano «limpio», y el semen sano es estéril, es decir, no tiene bacterias. (Evidentemente, el disfrute del sexo parte de que ambas partes se han lavado a conciencia.)

Cuando hablamos de sexo oral, la gran pregunta que ha de hacerse no es si debería practicarse.

¿Cuál es, entonces, la gran pregunta?

Cómo debería practicarse. Para disfrutar al máximo del sexo hay que conocer la anatomía, la fisiología y la neurología de los órganos sexuales del ser humano. La felación —introducción del pene en la boca de la pareja— es un buen ejemplo de ello.

Cuando la mujer estimula oralmente el pene, intensifica la experiencia sexual de una forma que no tiene rival. Ella, por su parte, experimenta el olor, el sabor, el tacto y la visión del órgano. También puede oír las reacciones del hombre, que pueden ir de simples gemidos a palabras excitantes y alentadoras. Es lo que más se acerca a la excitación sexual total, salvo por dos situaciones de las que hablaremos más adelante.

Para que el sexo oral sea realmente placentero, la mujer tiene que saber qué hacer y dónde hacerlo. Debe saber que el pene es, en cierta manera, como un polo: la verdadera acción tiene lugar en la punta. Hay dos zonas de gran sensibilidad, pues en ellas se concentra la mayor parte de los nervios. Son la corona y el frenillo.

La corona es el cordoncillo que rodea el glande. Si éste fuera un sombrero, la corona sería el ala. Si la mujer desliza los labios por la corona, obtendrá resultados increíbles en un tiempo récord.

El frenillo es el pequeño pliegue tisular situado justo debajo del glande que une a éste con el cuerpo del pene. (Frenillo viene de la palabra latina *frenulum*, que significa «pequeña brida».) Para notarlo, recorra con la yema del dedo desde la uretra —el orificio por donde salen la orina y el semen— hasta la parte inferior del glande. Ahí está el frenillo. Si la mujer concentra sus esfuerzos en estas dos zonas, proporcionará un gran placer a su pareja.

La boca de la mujer es ideal para estimular el pene, pues reúne todas las cualidades de la vagina y, además, está bajo un control consciente. Además, posee una lengua juguetona. La lengua puede deslizarse a lo largo y ancho del pene, puede empujar el orificio de la uretra (suavemente), puede hacer cosquillas al frenillo y muchas otras cosas maravillosas.

Por cierto, existe una anécdota curiosa sobre la relación entre la boca y la vagina, y tiene que ver con el pintalabios. Algunas personas creen que la costumbre de pintarse los labios de color rojo intenso nació en el siglo XIX, cuando ciertas mujeres quisieron darle a la boca la apariencia de unos labios vaginales rojos e hinchados, listos para el contacto sexual. Interesante…

¿Y el hombre?

El hombre, evidentemente, ha de hacer por su pareja lo que ésta hace por él. La práctica del sexo oral en una mujer es un poco más complicada y exige algo más de información científica. Si hacemos un viaje y queremos estar seguros de que vamos por buen camino, necesitaremos un mapa. El cunilingus («de vagina a lengua» en latín) no es una excepción. A diferencia del pene, que permanece al descubierto como un faro, la anatomía femenina es un poco más compleja. He aquí un rápido repaso de sus puntos fundamentales para que los caballeros refresquen su memoria.

Imagine que el equipo sexual femenino es como un teatro. El telón principal son los labios mayores, y una vez abierto el escenario aparece al completo. Arriba está la estrella principal, el clítoris, dominando el espectáculo envuelto en una preciosa capa de piel rosada llamada prepucio (el homólogo del prepucio masculino pero mucho más elegante). Tumbados a los lados del clítoris, y cubriendo parcialmente el orificio vaginal, están los delicados labios menores. Debajo del clítoris hay una zona llana y extensa denominada «vestíbulo». Se compone de piel rosada muy delicada y sensible debajo de la cual hay un tejido eréctil. Dos estructuras importantes pasan por el vestíbulo. La primera es la uretra, que va de la vejiga al exterior, y debajo está la vagina. Todas estas estructuras poseen un extraordinario suministro nervioso, y el clítoris es el órgano sexual más sensible que un ser humano puede tener. A su lado, el pene se queda corto. Todo ello significa que el cunilingus debe realizarse con suma sensibilidad y partiendo de algunos principios.

¿Por ejemplo?

Que el sexo oral con una mujer ha de ser una apreciación de sus cualidades femeninas únicas, no un asalto lingual al clítoris. Piense en los labios mayores como dos preciosas puertas que se abren a un mundo de placeres; tal vez por eso en algunas sociedades orientales se conocen como «las puertas del cielo». Y a las puertas del cielo se llama con suavidad, no se entra sin más preguntando por el dueño.

Un ligero empujón de los labios del hombre contra los labios mayores de la vagina hacia el clítoris, unos golpecitos de la lengua también en dirección al clítoris y uno o dos lametones (o más si la situación lo pide) dirigidos al vestíbulo —situado entre el clítoris y la uretra— deberían bastar para que las puertas del cielo se abran de par en par.

A algunas mujeres les gusta que les laman el clítoris con fuerza, mientras que otras prefieren un toque más suave. Para estar seguro, lo mejor es preguntárselo. Es un momento y no entorpece el proceso.

El viejo chiste de «¿cómo voy a decirte que te quiero si apenas puedo respirar aquí abajo?» no es más que eso, un chiste.

Hay tiempo de sobras para respirar y asegurarse de que se está haciendo lo correcto. El cunilingus no es un deporte competitivo, al menos por el momento. (Nadie ha organizado todavía una liga nacional de cunilingus.) Relájese, disfrute y sea creativo. Sólo hay una cosa que nunca, absolutamente nunca, debe hacer en el sexo oral.

¿Qué?

Soplar. El útero tiene un suministro de sangre muy abundante y en determinados momentos —por ejemplo, durante el embarazo— es muy vulnerable al aire bajo presión. Un soplido en la vagina puede inflarla y enviar el aire al útero. Si este aire entra en las venas uterinas, puede provocar la muerte repentina de la mujer. Es un fenómeno poco frecuente pero posible. Recuerde: jamás se le ocurra soplar en una vagina.

El resto depende del instinto y de la orientación que le brinde su pareja. Toda estimulación realizada con la boca, la lengua y los labios proporciona un gran placer, pero cada mujer es diferente y lo que es genial para unas no lo es para otras.

Además, el sexo oral es la mejor forma de tensar el arco.

¿Tensar el arco?

Exacto. Como la gente que lo ha experimentado sabe, el orgasmo es una liberación tremenda de energía, una explosión de calor, pulsaciones, espasmos musculares, sudor y placer insoportable. Esa energía proviene del aumento gradual de la tensión durante todo lo que acontece antes de que el pene y la vagina se unan. Es como el arquero que tensa el arco. Cuanto más tire de la cuerda, con más fuerza llegará la flecha a su objetivo: el orgasmo. El sexo oral es la mejor técnica para tensar el arco.

El hombre, al realizar el sexo oral, puede ver los formidables atributos sexuales femeninos, puede notar el clítoris duro y caliente latiendo contra su lengua y sus labios, puede oler el especialísimo perfume sexual que desprende la mujer excitada, puede saborear la vagina y el clítoris, puede oír los gemidos y suspiros de su pareja. Poco a poco los tres nervios craneales masculinos se sobrecargan de sensaciones y el hombre está listo para un orgasmo explosivo.

Hay otras cosas creativas que puede hacer.

¿Como qué?

Como la «mariposa de Venus» o la «tortuga de tres cabezas». Oriente lleva miles de años desarrollando las técnicas sexuales más refinadas. La «tortuga de tres cabezas» es una de ellas.

Teniendo en cuenta que el clítoris y la pared anterior de la vagina son parte del mismo Centro de Excitación Sexual, puede aprovecharse este fenómeno estimulando ambos órganos al mismo tiempo. En el sexo, la excitación suele ser acumulativa. Si acaricia el clítoris al tiempo que introduce y desliza uno o dos dedos en la vagina, la excitación es mayor que si hace ambas cosas por separado.

Si da un paso más llegará a lo que los orientales llaman la «tortuga de tres cabezas». Mientras el dedo índice frota la pared anterior de la vagina y el pulgar acaricia el clítoris, el dedo corazón o anular acaricia el perineo o, si la mujer lo prefiere, el ano. La mano es el cuerpo de la tortuga y los tres dedos las cabezas. Si todo va bien, el resultado se conoce como «tocar el cielo». ¿Le parece demasiado poético? Pruébelo y luego me lo cuenta.

¿Y la «mariposa de Venus»?

La «mariposa de Venus» se ha convertido en una suerte de leyenda que vuelve a la mujer loca de excitación. La técnica se parece a la «tortuga de tres cabezas», pero es un poco más ambiciosa. Con las palmas de las manos unidas, ambos dedos índices penetran en la vagina mientras los pulgares acarician el clítoris y los corazones o anulares frotan el perineo o el ano.

El clítoris, la vagina, el perineo y el ano comparten las mismas terminaciones nerviosas, y la excitación simultánea de estas zonas es el preámbulo ideal para el acto principal.

¿Debería saber algo más?

Sí. Que para obtener el máximo placer hay que tener en cuenta un aspecto muy importante.

¿Cuál?

El coito es «hidráulico». Aunque suene poco romántico, la unión perfecta del pene y la vagina depende de la entrada de líquido en estructuras hinchables hasta que la presión alcanza su punto máximo. Entonces, de forma repentina y explosiva, esa presión se libera y baja casi a cero. Si eleva esa presión hasta el punto máximo, el pene se pone duro y tenso. El clítoris aumenta de tamaño, los labios menores y los tejidos del vestíbulo y la vagina se llenan de sangre hasta casi reventar. Toda esa inflamación los vuelve aún más sensibles. Es como si el pene y la vagina adquirieran un picor sublime que es preciso rascar, y cuanto más rascamos, más pica. El picor y la hinchazón aumentan hasta que se produce el Big Bang y todo vuelve a la normalidad. La sangre se retira. El pene, el clítoris y la vagina se desinflan, y la excitación amaina hasta la siguiente ocasión.

Hasta aquí el aspecto físico del sexo, y aunque es sensacional, aún se puede mejorar.

¿Cómo?

Una forma es cambiando de posturas. El modo en que el pene y el conjunto vagina-clítoris hacen fricción puede influir notablemente en la rapidez y la intensidad con que se produce el orgasmo. Para obtener el máximo placer, el frenillo de la cabeza del pene debe estar en estrecho contacto con la pared superior de la vagina, en dirección al bolsillo que hay entre dicha pared y el cuello uterino. Ello estimula las áreas más sensibles del hombre y de la mujer. La postura del «misionero» es, probablemente, la peor forma de conseguir un buen orgasmo. (Por cierto, ¿es eso lo que los misioneros enseñaban a los nativos? ¿O era lo que los nativos enseñaban a los misioneros?) Teóricamente, una de las mejores posturas es la del «perro», y se produce cuando el hombre introduce el pene en la vagina de la mujer por detrás y el frenillo frota la pared inferior. La postura, sin embargo, representa demasiada presión para las rodillas de la mujer, entre otras cosas. Una solución es que la mujer se tumbe de costado y el hombre la penetre por detrás. Ambos pueden hacer los ajustes necesarios para obtener el máximo placer.

Naturalmente, cada persona es diferente, y aquí es donde comienzan los deberes. Pruebe con su pareja todas las posturas y técnicas hasta que encuentren las que más les gusten. El pene encaja en la vagina prácticamente en todas las posturas: sentados, levantados, inclinados, la mujer encima del hombre, etc. Nadie puede saber de antemano qué es lo mejor para usted. Y estará de acuerdo conmigo en que estos deberes son mucho mejores que los que le ponían en la escuela.

¿Hay algo más que una pareja puede hacer para aumentar el placer durante el coito?

Sí. Se trata de un secreto que ha permanecido guardado en varios países asiáticos durante mucho tiempo. Algunas mujeres lo han convertido en una profesión lucrativa. En algunos países del Extremo Oriente los turistas varones son invitados a demostraciones que, en realidad, resultarían sumamente interesantes para las damas.

Dichas mujeres suben al escenario y fascinan al público por fumarse tranquilamente un cigarrillo, una pipa o un puro.

¿Qué tiene eso de inusual?

Que sostienen el cigarrillo, la pipa o el puro en la entrada de la vagina y se los fuman contrayendo y dilatando los músculos vaginales.

Pero eso no es todo. Las hay que pueden beberse un refresco por la vagina con una caña. Y algunas jóvenes especialmente talentosas pueden disparar una flecha con la vagina y dar en una diana colocada a varios metros de distancia.

Puede que la demostración más convincente sea la chica que sostiene un lápiz con la vagina y escribe versos. Tan sorprendente habilidad hizo que un inglés que se hallaba entre el público se levantara y exclamara: «¡Diantre, tiene mejor letra que yo!»

Con todo, lo que estas damas han conseguido es importante para las mujeres y para los hombres que tienen relaciones sexuales con ellas.

¿Por qué?

Porque demuestra sin lugar a dudas que la mujer puede conseguir el control casi total de los músculos que rodean la vagina. Con la práctica es posible llegar a controlar dichos músculos y apretar, acariciar y bombear el pene con ellos cuando éste se encuentra dentro de la vagina.

Todo depende de la anatomía de los músculos sexuales de la

mujer. La vagina está sostenida por un muro de fuerte tejido muscular. Aunque la función principal de este muro es sostener la vagina y las estructuras adyacentes, es posible darle un uso más estimulante.

Todas las mujeres tienen dos grupos de músculos sexuales, que pueden desarrollar con mucho menos esfuerzo del que necesitarían para hacer aeróbic.

El primer grupo está formado por dos clases de músculos. El par más externo es el bulbocavernoso, o músculo esfínter vaginal. Rodea la entrada de la vagina y, al contraerse, casi la cierra. El movimiento es el mismo que hacen los labios al pronunciar el sonido «bu». Imagine la sensación que ello representa para el pene.

El segundo par de músculos son los esfínteres uretrales. La función principal de estos músculos es cerrar el paso urinario al terminar de orinar. También comprimen la vagina en la zona situada justo en el interior de la entrada.

La mayoría de las mujeres pueden controlar ambos músculos haciendo un ejercicio sencillo que consiste en intentar contener la orina y luego soltarla. Ello contrae y relaja los músculos pélvicos. Si lo hace veinte veces al día y mantiene cada contracción unos segundos, no tardará en advertir interesantes resultados. (Este ejercicio, además, aumenta el control de la vejiga.)

El segundo grupo de músculos que es posible ejercitar para intensificar el placer sexual son los elevadores del ano. Se trata de tres músculos: el pubococcígeo, el iliococcígeo y el puborrectal. Van de la zona anal a la zona púbica y rodean la parte más profunda de la vagina. Al contraerlo, las paredes de la vagina se unen firmemente y estrujan el pene en toda su longitud. Es un grupo muscular muy poderoso y puede aumentar mucho el placer sexual.

El mejor ejercicio para desarrollar el grupo elevador del ano es el mismo que el anterior, esto es, simular que detiene la orina. El control y desarrollo de estas estructuras musculares se produce con la práctica. Si la mujer realiza veinte contracciones al día durante varias semanas, adquirirá un buen nivel de control.

¿Cómo se utilizan estos músculos durante el coito?

El efecto que produce en el hombre y la mujer es enorme. Si la mujer contrae los esfínteres anales cuando tiene el pene en su interior, aumenta la erección y la excitación del hombre.

Al mismo tiempo, estimula las terminaciones nerviosas de la

entrada vaginal e intensifica su propia sensación. Los músculos, al contraerse, también expanden el clítoris, y al relajarse lo contraen. Es el equivalente a un masaje clitoriano constante. La mujer, por otro lado, puede abrazar y dejar ir el pene utilizando los músculos elevadores del ano.

El empleo simultáneo de ambos grupos musculares produce efectos interesantes. Con cierta práctica, la mujer puede dar al pene un masaje suave y rítmico desde la base hasta la punta, contrayendo primero los músculos externos y luego los más internos. Si practica a conciencia, con el tiempo la mujer será capaz de invertir la dirección y acariciar el pene desde la punta hasta la base. Eso a veces basta para hacer que el hombre tenga un orgasmo explosivo.

¿Hay algo que pueda intensificar aún más el coito?

Sí: no olvidar nunca que el sexo es un juego. En todas las especies, incluida la humana, el sexo tiene un lado juguetón que abarca bromas, risas, sorpresas y a veces momentos de intensa emoción. Ni siquiera en nuestra sociedad superregulada existe una ley que diga que hay que hacerlo con el-hombre-encima-la-mujer-debajo-a-las-22.23 h.-los-martes-a-la-luz-de-la-lámpara-rosa-de-la-cómoda-enchapada. Puesto que el acto sexual es sumamente emotivo y simbólico, hay muchas experiencias que pueden hacer del mismo algo mucho más gratificante y excitante.

Por ejemplo, al principio, cuando el sexo era una novedad, resultaba misterioso y emocionante. Sexo en el asiento trasero (o delantero) del coche, en la piscina, en la playa por la noche... La forma en que el pene entraba y salía de la vagina era exactamente la misma, pero lo que lo hacía tan excitante era el contenido emocional. Para obtener la máxima satisfacción sexual, es posible recuperar la emoción de aquellos tiempos siempre que quiera.

¿Cómo?

Bueno, no hace falta que conduzca hasta el lago el sábado por la noche, aparque en la arboleda y haga el amor con su pareja en el asiento trasero del coche, aunque, si quiere hacerlo, adelante. Pero sí puede recuperar el lado lúdico.

Por ejemplo, pueden nadar desnudos por la noche en la playa, en el lago o en su propia piscina, si tienen. La luz de la luna, los cuerpos desnudos y el agua templada le trasladarán a miles de años atrás, a tiempos más pastorales, lo cual es fantástico para los reflejos sexuales.

Otro enfoque que puede añadir emoción al sexo consiste en crear un «guión». Se trata de representar pequeñas historias como «El doctor y la paciente seductora» o «La enfermera y el atractivo paciente». Los títulos deberían bastar para excitarle. Puede utilizar su imaginación y las fantasías que todo el mundo tiene cuando ve a un médico o una enfermera. Para darle una idea de cómo millones de personas utilizan este método para añadir emoción a su vida sexual, existen empresas que ofrecen guiones completos con disfraces incluidos.

¿Disfraces?

Exacto. Seguro que ha visto tiendas y catálogos ofreciendo uniformes muy cortos de enfermera o doncella con bragas horadadas. Pues tales uniformes no son para el desfile del Cuatro de julio ni las enfermeras precisan de más ventilación que otras profesiones. Están diseñados para tener relaciones sexuales más excitantes llenándolas de fantasía y emoción. Las posibilidades son ilimitadas. «La reina amazona y el científico extraviado», «El rey y la esclava», «La sargento y el nuevo recluta», «La danzarina y el jeque». Usted también puede crear sus propios guiones.

La rutina es el enemigo de la satisfacción sexual. ¿Está impaciente por cepillarse los dientes cada mañana? ¿Se acelera su corazón cuando piensa en el contacto de la pasta con las encías? Lo dudo. Tiene que hacer todo lo posible para que el magnífico y trascendental encuentro que llamamos «sexo» nunca se convierta en algo tan rutinario como... cepillarse los dientes.

¿Significa eso que lo único que importa en el sexo es que todo el mundo se divierta?

No exactamente. El acto sexual ideal abarca reproducción, amor profundo y placer físico intenso. La mayoría de la gente experimenta esta combinación menos de una docena de veces en su vida. Si tienen suerte, serán capaces de combinar con frecuencia la expresión de amor con el auténtico placer sexual. No obstante, el coito debería proporcionar, cuando menos, el máximo de satisfacción sexual a ambas partes. Si pueden conseguirlo, será el primer paso para obtener el resto.

5

AFRODISÍACOS

Los siguientes párrafos pertenecen a la primera edición de este libro. Nadie podía prever lo que iba a ocurrir desde entonces. He aquí el texto original, seguido de una fascinante puesta al día.

He oído muchas veces la palabra «afrodisíaco». ¿Qué significa?

Un «afrodisíaco», palabra derivada de Afrodita, la diosa griega del amor, es todo aquello que aumenta el deseo o la excitación sexual. Generalmente, el término se refiere a drogas como la mosca de España y demás, pero también apunta a libros y películas sexualmente estimulantes, exposiciones con el sexo como tema y hasta la cirugía plástica en los órganos sexuales.

¿Cirugía plástica en los órganos sexuales? ¿Es frecuente?

Depende de dónde viva. En Estados Unidos, por ejemplo, más del 50 % de la población se ha sometido a algún tipo de operación genital. En algunas áreas el porcentaje es aún mayor. Hay países o regiones del planeta donde constituye una práctica corriente y una persona no es considerada socialmente aceptable mientras no se opere los órganos sexuales. Hoy día existe más de una docena de operaciones destinadas a remodelar el aparato sexual para que el sexo sea más placentero.

¿En qué consisten esas operaciones?

Van desde complejas intervenciones realizadas en la clínica Mayo hasta operaciones llevadas a cabo con fragmentos de vidrio roto en la selva africana. Un ejemplo intermedio es el *ampallang* realizado en el sudeste asiático.

Los varones más atractivos de la comunidad se hacen varios cortes sobre el pellejo de la cara externa del pene, cerca de la punta. Los cortes tienen unos tres milímetros de diámetro y están dispuesto perpendicularmente al cuerpo fálico. Justo antes del coito, el hombre introduce en cada incisión una varilla corta. Generalmente son trocitos de alambre de cobre, fragmentos de marfil o, entre la alta sociedad, trocitos de oro y plata. El objetivo, naturalmente, es agrandar el extremo del pene para aumentar el frotamiento contra la vagina.

¿Qué obtiene el hombre con eso?

Más placer desde luego que no. La única recompensa a su sacrificio es, probablemente, la popularidad entre las damas. Si éstas consiguen hacer que los hombres se perforen el pene de ese modo, significa que el afecto que sienten hacia ellas debe de ser espectacular.

Existe otra técnica algo más elegante para quienes deseen ir más lejos. Consiste en realizar un círculo de incisiones pequeñas alrededor del glande. En cada abertura se introduce una piedrecita y se deja que la piel cicatrice sobre ella. Un mes más tarde, el resultado es un pene coronado con un guirnalda rocosa.

Una vez cicatrizado, el valiente caballero sale a exigir su recompensa, pues presumiblemente las chicas están haciendo cola para beneficiarse de su nuevo equipo. A su lado, un pene estadounidense debe de parecer un palo reseco.

¿Existe alguna operación de este tipo que aumente el placer del hombre?

Sólo si ama la música. Los birmanos han añadido una nota estética a esta técnica. Utilizan el mismo procedimiento de corte, pero en lugar de piedrecitas entierran cascabeles de bronce. Un amante birmano talentoso puede complacer a su amada al tiempo que le dedica una rítmica melodía. Pero ésa no es la única ventaja. Si el marido llega a casa inesperadamente y sigue el sonido de los cascabeles, el espectáculo está asegurado.

(Hasta aquí el texto de la edición original. Le sigue ahora la fascinante actualización que en aquella época nadie podía prever.)

¿Se realiza esta operación en otros países?

Nada más y nada menos que en Estados Unidos. Hoy en día la técnica recibe el nombre de *piercing* o perforación, pero es el mismo *ampallang* aunque sin cascabeles. Actualmente, la perforación del pene forma parte de la parafernalia sexual.

¿Por qué se practica?

No sólo se realiza en Estados Unidos, sino también en Gran Bretaña, Francia, España y muchos otros países «modernos». Una de mis pacientes le dijo a su novio: «¡Arthur, debes de odiar mucho a tu pene para perforarlo de ese modo!»

El novio, sorprendido, respondió: «En absoluto. ¡Lo quiero tanto que hasta le compro joyas!»

Lo de las joyas es una cuestión de gusto personal.

La técnica más sencilla es la perforación del frenillo, el pequeño pliegue de tejido que hay justo debajo del glande. El perforador horada el tejido de izquierda a derecha, luego lo atraviesa con una varilla de metal y, por último, enrosca una bolita metálica en cada extremo. El hombre ya está oficialmente perforado.

¿Cómo empezó todo?

En los países occidentales la perforación del pene empezó entre los homosexuales y los sadomasoquistas (tanto heterosexuales como homosexuales). La introducción de varillas y aros en el pene permite toda clase de juegos. Los amigos (?) pueden atarle una cuerda al aro y tirar de ella, por ejemplo.

Probablemente se esté preguntando usted a quién le gustan estas cosas. Hablaremos de ello en el capítulo 10.

¿Hay más modalidades de perforación del falo?

Sí, y algunas de ellas son fascinantes. Existe, por ejemplo, el *piercing* «príncipe Alberto». Muchos hombres se ponen a temblar sólo de imaginarlo. Le explicaré cómo se hace, pero le ruego que no intente hacerlo en casa. Como médico he visto los resultados finales de operaciones de cirugía plástica caseras y le aseguro que no son agradables.

Primero se coloca la yema del dedo índice sobre la punta del pene. Luego se desliza el dedo por la cara externa unos dos centímetros y medio y se hace un agujero hasta perforar la uretra. (Insisto: ¡no lo intente!)

La uretra es el conducto que va desde la vejiga y la glándula prostática hasta el exterior. La orina y el semen viajan por ella y salen por la punta del pene. El nuevo agujero constituye una fístula artificial, de modo que al orinar o eyacular, parte del líquido escapa por él.

Pero aquí no termina la cosa. Por la punta del pene se introduce una argolla de metal parcialmente abierta y se empuja (¡ay!) hasta que sale por el nuevo orificio. Es como meter un anillo en la nariz de un cerdo, pero en lugar de hacerlo lateralmente, se hace de adelante hacia atrás.

¡Enhorabuena! Acaba de dañar permanentemente su irremplazable pene e introducido una argolla en la herida para asegurarse de que no cicatrice. ¡Ahora ya tiene un «príncipe Alberto» cuando orina!

El nombre debe su origen a una explicación difícil de creer. Al parecer, en tiempos del príncipe Alberto de Inglaterra, en el siglo XIX, los caballeros se hacían colocar un anillo en el pene para poder atárselo a un lado a fin de que no resaltara por debajo de los ajustados pantalones. Si se cree eso, puede creérselo todo.

La cosa, sin embargo, no termina aquí. Entre los fanáticos más devotos la perforación del pene a menudo alcanza cotas muy sofisticadas. Existe la gran final llamada *apadravya*. Es como el *ampallang*, pero la varilla de metal perfora el pene a lo largo en lugar de a lo ancho. Se introduce por el mismo agujero que el del príncipe Alberto. (¡Por favor, no lo intente!)

Pero ¿por qué lo hacen?

Por diversión. Algunos hombres creen que cuanto más grande y tosco sea el pene, más excitará a la mujer cuando esté dentro de la vagina. Ése es el principio del sistema primitivo de las piedrecitas. Cuando los cortes cicatrizan, las piedrecitas y el tejido cicatrizado hacen que el pene sea más grueso y tosco y, teóricamente más excitante para la mujer.

¿Le parece increíble? Lo es, pero en el mundo cada día ocurren cosas más extrañas, y no lejos de donde usted está sentado ahora mismo.

Para los hombres que no quieran llegar tan lejos existen los preservativos con protuberancias. A algunas mujeres les encantan, otras no notan nada y muchas se abstienen de opinar porque sus compañeros los encuentran muy excitantes y no están dispuestas a pincharles el globo.

¿Existe alguna operación afrodisíaca para las mujeres?

Una gran parte de las reconstrucciones sexuales se realizan en mujeres. Un ejemplo es el «nudo del marido», una técnica que los esposos agradecen, aunque sea la primera vez que oyen hablar de ella.

A casi todas las mujeres que dan a luz en los hospitales se les practica una incisión en la vagina llamada «episiotomía». Cuando la cabeza del bebé está a punto de salir de la vagina tira del delicado tejido vaginal. Si prosigue su camino, probablemente lo desgarrará. En algunos casos la presión de la cabeza puede incluso rasgar los músculos que rodean la vagina y el recto.

Finalizado el parto, la madre queda con un enorme vacío vaginal y los tejidos desgarrados y sangrantes. Para evitar eso, antes del parto el médico realiza un corte diagonal de 45 grados en la base de la entrada vaginal que permite que la cabeza del bebé salga sin desgarrar los tejidos. En cierto sentido se trata de un desgarro «controlado» que impide un daño involuntario.

Inmediatamente después del parto el médico procede a reparar el corte suturando los tejidos. La operación completa dura unos cinco minutos. Si el médico también es experto en sexualidad, invertirá otro minuto en realizar una pequeña operación de cirugía plástica que consiste en calibrar cuidadosamente el tamaño y la ubicación de los puntos de modo que, además de cerrar la herida, suprima la flojedad de la vagina causada por años de penetración así como por la presión de la cabeza del bebé. En sesenta segundos devuelve al más fundamental de los espacios sexuales dimensiones casi precopulatorias. Finalmente hace un nudo fuerte que mantiene la estrechez de la vagina. De ahí que se le llame el «nudo del marido».

¿Cede la vagina con cada nuevo parto?

Desde luego, pero si el médico tiene la aguja preparada, no supondrá ningún problema para los esposos. Al final, todo debería encajar como un guante, o incluso mejor.

¿Qué ocurre si el médico no lleva a cabo esa pequeña operación?

La vagina irá cediendo cada vez más con los coitos y los partos, y al final ya no podrá sostener el pene con firmeza. El pobre pene, empequeñecido por la enorme vagina, caminará sin rumbo por su antiguo hogar y desarrollará la desafortunada tendencia a salirse en los momentos más inoportunos.

Por suerte, hace unos años un cirujano compasivo concibió una solución al problema. La operación, llamada «reparación plástica anterior y posterior» o «reparación A-P», es sencilla y resuelve varios problemas al mismo tiempo: frena la incontinencia urinaria —ese molesto goteo que experimenta la mujer cuando ríe o tose— y refuerza, reconstruye y reorienta la vagina.

Eso cuando la vagina es demasiado grande, pero ¿qué ocurre cuando es demasiado pequeña?

Las vaginas demasiado pequeñas son excepcionales. Generalmente el problema dimensional está en la entrada o «introito» y la culpa suele tenerla el himen. El pequeño tejido que vigila las puertas de Venus a veces hace su trabajo demasiado bien. Hasta el novio más enérgico tendría problemas la noche de bodas para hacer que la entrada vaginal cediera, y al día siguiente una novia llorosa y un novio avergonzado aparecerían en la consulta del médico. En estos casos el escalpelo es más eficaz que el pene, y con un simple corte las puertas se abren. ¡Un defecto de la naturaleza reparado por el hombre!

Pero ¿existen casos en que la vagina es demasiado pequeña?

Muy pocos. Por lo general sólo hay dos posibilidades: que la vagina no sea lo bastante grande (tal vez necesite un pequeño estirón) o que no exista. En la actualidad es posible ayudar a las jóvenes que nacen sin vagina. Estas chicas poseen una extraña deformidad que las deja con una bolsita diminuta o, en los casos más graves, un simple hoyuelo. Empleando un método ingenioso se puede fabricar una vagina sexualmente útil, si bien existen dos inconvenientes: el embarazo, como es natural, queda descartado, y es preciso realizar el coito con regularidad y vigor para mantener la nueva vagina abierta.

Últimamente se habla mucho de las operaciones en los senos. ¿En qué consisten?

Los senos están diseñados, en un principio, para alimentar a los bebés. No obstante, en algunas sociedades representan un órgano sexual importante. El equipo sexual femenino principal —la vagina, el clítoris y las estructuras adyacentes— está escondido entre las piernas. Los senos, sin embargo, están ahí delante, como dos faros libidinosos, recordando a todo el mundo que los porta una mujer. Y en los últimos años, al igual que los faros, los senos han sido objeto de muchas remodelaciones por parte de ingeniosos cirujanos plásticos.

¿Qué clase de remodelaciones?

Básicamente los senos se remodelan para ajustarse a las fantasías sexuales masculinas. Los senos son en su mayor parte grasa salpicada de tejido glandular que puede segregar leche y se sostienen mediante ligamentos. Cuando la mujer es joven, los senos parecen dos globos con una curva ligeramente ascendente y unos pezones que apuntan al frente. A medida que el tiempo, la fuerza de la gravedad y los embarazos van haciendo mella, los senos empiezan a ceder y poco a poco los pezones tienden a apuntar hacia abajo. Ello no supone ningún problema para la mujer ni para el bebé, pues las glándulas mamarias caídas pueden alimentar perfectamente a una criatura. Sin embargo, no pueden alimentar las fantasías de los hombres.

¿Qué fantasías tienen los hombres respecto a los senos femeninos?

¿Por dónde quiere que empiece? Dicen que la idea que tiene el hombre medio de la mujer ideal es una ninfómana cuyo padre posee una tienda de licores y que, después de una velada de sexo salvaje, al dar las doce se convierte en pizza. Algo parecido esperan los hombres de los senos. Quieren que unos senos de 36 años parezcan de repente de 18. Y los cirujanos plásticos están más que dispuestos a hacer realidad ese deseo.

La técnica más popular durante muchos años consistía en introducir una bolsa de plástico —no muy diferente de las bolsas herméticas que se utilizan para los bocadillos— detrás del tejido mamario. La bolsa se llenaba de un líquido —silicona— que empujaba el pecho hacia arriba y hacia adelante. La operación dejaba cicatrices, unas veces debajo del seno y otras debajo de la axila, según la técnica utilizada. (Algunas personas temían que dejara algo más.) Finalmente, unos informes sobre graves efectos secundarios hicieron que la Agencia de Alimentos y Medicamentos de Estados Unidos interrumpiera el uso de implantes de silicona en 1992 salvo con fines empíricos.

191100

La operación sigue haciéndose, pero las bolsas se llenan ahora con agua salada. La idea es que, en el caso de que la bolsa se rompa, el agua salada es menos dañina que la silicona.

¿Las bolsas pueden romperse?

Por supuesto. Después de todo, son de plástico. Pero existen otros problemas más serios. Si después de la intervención se forma tejido cicatrizal, los senos se ponen duros como una roca. Las bolsas pueden reventar y hacer que los senos caigan, por lo que la paciente necesita una intervención urgente para retirarle el plástico. Otra posibilidad es que las bolsas se muevan, haciendo que un seno apunte hacia el noroeste y el otro hacia el sudeste. (Pese a los constantes cambios de la moda, todavía no se han diseñado vestidos que se adapten a esa característica corporal.) Existe, sin embargo, un problema aún más molesto.

¿Cuál?

A veces los pechos adquieren un aspecto fantástico —grandes, firmes y bien separados— pero la mujer no siente nada en los pezones ni en el tejido mamario circundante. Es como si hubiera pagado ocho mil dólares por un par de rellenos. La mayoría de estas mujeres preferiría recuperar sus antiguos senos, los de los pezones sensibles.

Otro problema —más peligroso que molesto— es que los implantes pueden confundir la interpretación de las mamografías (radiografías que muestran la presencia de tumores en la mama). Ello podría demorar el diagnóstico de cáncer de mama con el consiguiente riesgo. Antes de la mamografía, es fundamental que la mujer comunique a su médico que tiene «bolsitas» en los senos.

En ese caso, ¿es una buena idea que la mujer se agrande los pechos?

La mujer es libre de elegir, pero yo jamás se lo recomendaría a mis pacientes. Creo firmemente en la Primera Ley de Satisfacción Sexual del doctor Reuben: «Si funciona, no intente repararlo. Si lo rompe, no le darán uno nuevo.» Las mujeres son personas, no un par de senos zangoloteando por la calle. Dios le dio los pechos que tiene, así que disfrute de ellos, alimente con ellos a sus hijos y no deje que se los rajen si no es estrictamente necesario.

¿Y las chicas con senos demasiado grandes?

Parece que en el departamento de pechos siempre se peca por muy poco o por demasiado. Los senos muy grandes no sólo pueden resultar poco estéticos, sino incómodos. Durante el día son agotadores, y por la noche olvídese de dormir boca abajo. Los detalles de la técnica resultan un poco inquietantes, pero los resultados suelen ser aceptables. Lo primero que hace el cirujano es cortar los pezones y depositarlos en un recipiente con una solución salina. Luego rebana un pedazo de tejido graso de cada seno junto con cierta cantidad de piel, coloca de nuevo los pezones y los cose. Si se hace con cuidado, la principal señal es una cicatriz fina debajo del seno, apenas visible incluso en una bailarina *topless*.

¿Existen operaciones de esta clase para hombres?

En la actualidad hay operaciones para todos los gustos. En otro capítulo ya hemos hablado de las operaciones de falo. También es posible operar los testículos. Aunque no intervienen directamente en el coito, desempeñan un importante papel simbólico y psicológico. Lo cierto es que a ningún hombre le haría gracia no tener testículos. Aunque las hormonas que producen pueden ser sustituidas por inyecciones, una noche de pasión con un escroto vacío no es lo mismo.

El escroto puede estar vacío por dos razones. A veces, después de nacer, los testículos no descienden del abdomen e incluso se resisten a todos los intentos quirúrgicos de bajarlos. Otras veces se dedican a entrar y salir del escroto como un yo-yo. Hay casos más trágicos en que los testículos se pierden para siempre, ya sea accidentalmente o como resultado de un tumor maligno.

Con todo, el cirujano puede introducir en el escroto un par de testículos de plástico o metal ligero en forma de huevo. Nadie notará la diferencia. Bueno, casi nadie.

¿Qué hay de los «auténticos» afrodisíacos como, por ejemplo, la mosca de España? ¿Qué efecto tienen?

La mosca de España, curiosamente, proviene de una mosca española. O casi. Se fabrica con unos escarabajos pequeños e iridiscentes que se encuentran en España y en el sur de Francia. El cuerpo de estos insectos se seca y pulveriza y luego se trata químicamente para extraer una droga llamada «cantaridina». A partir de este momento es cuando, teóricamente, empieza la diversión. Lo único que tiene que hacer, según cuentan, es introducir unas gotas en la bebida de su novia. Por muy fría que se haya mostrado con usted en el pasado, de repente se transformará en una maníaca sexual insaciable y le rogará que calme su furor vaginal.

¿Conoce la historia del tipo que puso mosca de España en la copa de su novia y luego la llevó en coche a un lugar apartado para esperar los resultados? La joven se puso a cien, agotó las energías de su novio después de hacerlo cuatro veces y procedió a hacerlo con la palanca del cambio de marchas. Una historia muy bonita, pero fantasiosa.

He aquí una versión más probable. A los diez minutos de beberse la «pócima del amor», la chica empieza a sufrir convulsiones e ingresa en el hospital. Casanova, entretanto, va a parar a la trena. Si la joven sobrevive (50 % de probabilidades), la condena será leve. Si muere, será homicidio en segundo grado.

Si la mosca de España es tan peligrosa, ¿de dónde salió la idea de utilizarla como afrodisíaco?

La mosca de España es un gran afrodisíaco... para el ganado. En los seres humanos, la dosis que tiene efecto y la dosis que asesina es la misma. Si una muchacha de 18 años, 1,58 metros de estatura y 50 kilos de peso toma una gota de más, la palma. A una vaca de 800 kilos esa gota de más apenas le afecta.

Por otro lado, si a su cita de esa noche no le gusta la idea, al día siguiente siempre puede probar con otra. Pero si tiene una vaca de diez mil dólares que se empeña en permanecer virgen, al final tendrá que correr el riesgo.

¿Cómo funciona en los animales?

La cantaridina es increíblemente irritante. Una vez engullida, se abre paso hasta la vejiga y se expulsa con la orina. Por el camino abrasa el revestimiento de la vejiga y la uretra y estimula los órganos sexuales. En las hembras produce erección del clítoris, hinchazón de los labios de la vulva y hormigueo vaginal. En el macho provoca una erección enorme y dolorosa. Los animales que toman esta sustancia copulan, principalmente, para deshacerse del intenso malestar. Nadie que los ve actuar desea probarlo personalmente. La mosca de España tiene, no obstante, una utilidad importante en los seres humanos. En forma muy diluida, es un buen sustituto del sinapismo.

¿Es cierto que algunos alimentos, como las ostras, son estimulantes sexuales?

Eso sería demasiado sencillo. El hombre, en su eterna búsqueda del mejor y más intenso y frecuente orgasmo, ha probado cientos de alimentos, algunos de ellos por el parecido que guardan con los órganos sexuales. Por ejemplo, los huevos y las cebollas se asemejan a los testículos. El apio, las salchichas y los espárragos recuerdan un pene. La teoría, al parecer, es que «de lo que se come se cría». Podría funcionar, pero no necesariamente de la forma que se pretende. Una dieta a base exclusivamente de apio quizá haga que el pene se parezca a un tronco de apio... hervido.

Uno de los problemas de los afrodisíacos es que no todos son iguales.

¿Qué quiere decir?

Algunas personas dan a las sustancias que producen una erección en los hombres o una hinchazón en las mujeres el atributo de afrodisíacas. Pero estos afrodisíacos son, en realidad, locales, esto es, que no están dirigidos a toda la persona sino a sus órganos sexuales. Un verdadero afrodisíaco va mucho más lejos. Puede provocar la erección del pene y el clítoris, pero también enciende el fuego de la pasión y el deseo sexual.

Existen docenas de afrodisíacos locales falsos, la mayoría de origen herbario y con nombres exóticos, como *panga-wonga* y *zulú-whiz*, y van acompañados de textos excitantes y románticos como éste:

«En la selva remota de Burundi, los jefes de las tribus pasan el secreto del *panga-wonga* a sus hijos primogénitos. Esta raíz mágica tiene el poder de despertar el fuego sexual en cualquier hombre. Un comprimido tomado seis veces al día le proporcionará la potencia de un guerrero burundi de 21 años.»

¿Funciona?

Lo mejor será preguntárselo a alguien que lo haya probado. Harold tiene 56 años y es dueño de una compañía de servicios de limpieza. He aquí lo que le ocurrió:

—No es ningún secreto, doctor, que ya no tengo las erecciones de antes y que con el tiempo la cosa va empeorando. Incluso se me pasó por la cabeza escribir al ejército.

—¿Quería contarle al ejército que sus erecciones ya no son las de antes?

Harold frunció el entrecejo.

—Exacto, doctor. Cuando hice el servicio militar treinta años atrás, los soldados rasos teníamos la sospecha de que el ejército nos ponía salitre en la comida para calmar nuestro apetito sexual. Aunque creía que era cierto, en aquellos tiempos no noté absolutamente nada. Quería escribir al ejército para decirles que, aunque con retraso, el salitre que me dieron empezaba, por fin, a tener efecto. —Harold rompió a reír—. Al menos todavía me queda sentido del humor, y con ese *panga-wonga* realmente me hizo falta. Pagué 75 dólares por un frasco de 25 comprimidos, que me tomé como indicaba el prospecto. Al tercer frasco todavía no había notado nada (salvo un bocado en mi cuenta bancaria), de modo que decidí hacer un experimento. Me dije que si, como decía el frasco, el *panga-wonga* aumentaba la corriente sanguínea del pene, tal vez consiguiera algún efecto si frotaba el polvo de las cápsulas directamente sobre él.

Harold hizo una pausa.

—Y lo conseguí —añadió—. Una noche, justo antes de acostarme, bajé con el frasco al sótano, donde tengo mi taller. Abrí algunas cápsulas y mezclé el polvillo con aceite mineral. Luego me saqué el pene y empecé a untar la mezcla en el glande. Tenía la luz apagada y en el proceso derribé una lata de pintura. Mi perro, que estaba arriba, empezó a ladrar. Mi esposa Gladys, preocupada, bajó lentamente las escaleras del sótano y de repente, ¡bang!, noté una enorme linterna apuntándome.

»Y ahí estaba yo, con los pantalones bajados y una enorme erección de tanto frotarme. Tenía el pene verde por el color de las cápsulas, yo diría que casi iridiscente. Empecé a tartamudear, incapaz de pronunciar palabra.

»Superado el susto, Gladys rompió a reír con tanta fuerza que tuvo que sentarse en el sofá. Entonces se puso seria, me agarró el pene y dijo: "No vamos a desperdiciar esta maravilla, ¿verdad, Harold?"

»Lo hicimos allí mismo, en el sofá del sótano, y desde entonces me cuesta menos tener una erección. Así que puedo decir que el *panga-wonga* funciona, ¡pero no del modo que anuncian!

¿Existe, no obstante, algún afrodisíaco local de confianza?

Por fortuna, hoy en día sí. Y no tiene que bajar al sótano para probarlo. Hay un fármaco del grupo de las prostaglandinas que puede aplicarse directamente en el pene ya sea mediante inyección o introduciendo un supositorio diminuto directamente en la uretra. Hasta la fecha, este fármaco de aplicación directa es el afrodisíaco local más eficaz disponible en el mercado.

¿Y los «auténticos» afrodisíacos?

Es el ideal que los hombres llevan persiguiendo desde hace siglos. Ojalá pudieran encontrar un producto que les hiciera irresistibles. Ojalá hubiera algún polvo o pastilla que volviera a las mujeres locas de deseo. De vez en cuando aparece un producto que promete a la mujer esto último.

Durante los dos últimos años han surgido no uno sino dos candidatos. Uno de ellos es el Rohypnol (R), conocido vulgarmente como *roofies*. En los periódicos y la televisión se anunció como el famoso fármaco violador. Su nombre químico es flunitrazepam y es pariente de un fármaco llamado diazepam, más conocido como Valium (R).

Al parecer, funciona del siguiente modo: usted introduce un comprimido en la bebida de su novia (o novio) y media hora más tarde le puede hacer lo que quiera porque no se acordará de nada.

Cuando lee más allá de un titular del tipo: ¡NUEVO FÁRMACO VIOLADOR!, se da cuenta de que *roofies* no es más que un tranquilizante que adormece. Si la persona toma más de la cuenta, pierde el conocimiento. Si se adormece, es probable que se muestre más relajada y accesible sexualmente, como cuando está borracha.

Pero lo más sorprendente de todo es que hoy en día el fármaco violador lo toman las adolescentes.

¿Por qué iba una chica a tomarlo voluntariamente?

Porque la adormece, como muchas otras drogas. Las chicas las compran y las toman en las fiestas.

Cuando la gente empieza a consumir drogas que afectan a la mente, nadie sabe cómo acabará la cosa.

¿Hay otros fármacos «violadores»?

Sí, el butirato gamma-hidroxi, o BGH, conocido también como «polvo fácil» por razones obvias.

La verdadera historia del BGH es un ejemplo interesante de la confusión que rodea a las drogas y el sexo. El butirato gamma-hidroxi es lo que los médicos llaman un hipnótico. Eso no significa que hipnotiza, sino que duerme. Es un fármaco legal en Europa, donde se utiliza como anestésico y para otros fines médicos legales. Curiosamente, en Estados Unidos se vendió durante años sin receta a la gente que hacía culturismo. Uno de sus efectos peculiares es que estimula la secreción de hormonas del crecimiento, las cuales ayudan a desarrollar la musculatura. (No es recomendable, pues igual que los esteroides, puede causar serios problemas además de músculos grandes.)

Si introduce un BGH en la bebida de su novia, ésta se mostrará relajada y sumisa, como si se hubiera tomado varios martinis o tranquilizantes. Puede que incluso pierda parte de su inhibición sexual. Tiene un efecto parecido a los sedantes, pero es mucho más peligroso por una razón que no tiene nada que ver con sus efectos físicos.

¿Qué razón?

Se puede elaborar fácilmente en casa. Cualquier idiota puede comprar la mayor parte de los ingredientes necesarios, como vinagre y lejía, en la tienda. El ingrediente clave, por fortuna, es más difícil de conseguir, pero una vez ese idiota lo tiene, puede mezclarlo todo y hacer una hornada en dos días. Si la dosis es lo bastante alta, el producto final derribará o incluso matará al que lo beba. La droga ilegal que puede comprarse en la calle o en las discotecas suele elaborarse de ese modo. El comprador ignora quién la hizo y cómo, lo que plantea otro problema: si el químico casero comete un pequeño error de elaboración, estará vendiendo un veneno mortal. La polémica que rodea al *roofies* y el BGH pasa por alto dos detalles.

¿Cuáles?

En primer lugar, ¿qué gracia tiene practicar el sexo con una mujer inconsciente? Salvo algunos hombres que gustan de acostarse con cadáveres, la mayoría desea una pareja que responda a sus ardientes esfuerzos, aunque sólo sea un poquito. ¿Y qué clase de hombre es el que necesita adormecer a una chica antes de que ésta se muestre tierna con él?

El segundo detalle es igualmente importante. No resulta prudente salir con alguien a quien no se conoce bien o en quien no se confía, ya sea hombre o mujer. (No sólo los heterosexuales han oído hablar del BGH.) Si no confía plenamente en sus amigos, no deje que le preparen una copa. Tampoco coma ni beba nada a menos que sepa exactamente qué es. Pero eso es lo que papá y mamá nos dijeron durante años, ¿no es cierto? Hay algo más.

¿Qué?

El BGH y el *roofies* no son un fenómeno nuevo. La introducción de drogas en las bebidas ya se hacía hace cientos de años. En los viejos tiempos, los raptores de mujeres (un término poético para referirse a los violadores) y los delincuentes utilizaban láudano (un derivado del opio) e hidrato de cloral para adulterar la bebida de sus víctimas. Los efectos eran parecidos. Como todos los médicos saben, existen como mínimo cien fármacos que pueden producir los mismos efectos que el BGH y el *roofies*.

Como reza el dicho: «El frío no está en las cobijas.»

El problema no son los fármacos, sino las personas que los utilizan para hacer daño a otras personas. Así pues, asegúrese de que sabe adónde va y con quién.

¿Hay algo más parecido al BGH y el *roofies*?

Desde luego. El alcohol, la marihuana, la cocaína, la heroína, las anfetaminas y todas las nuevas pastillas y polvos que alteran la mente y entorpecen el entendimiento. ¿Sexo y drogas? ¿Por qué? El sexo es demasiado divertido para estropearlo con drogas. Sobre todo en la actualidad.

Cuando la vida era más sencilla, la mezcla de sexo y drogas podía significar un embarazo no deseado (el hombre se olvidaba de ponerse el condón). Hoy, unas cuantas pastillas y el olvido del condón pueden significar contraer el sida, y el sida es para toda la vida, o el tiempo que usted dure.

¿Qué puede decirme de los afrodisíacos tradicionales como el ginseng y la yohimbina?

Esta clase de sustancias plantean un serio problema. El sexo es un acontecimiento tanto mental como corporal. Si administramos comprimidos de ginseng a cincuenta hombres y comprimidos exactos en apariencia pero de azúcar a otros cincuenta, el 25 % de este último grupo declarará que los comprimidos le estimulan sexualmente. Así pues, es difícil de precisar. Algunos hombres toman yohimbina —sustancia elaborada a partir de la corteza de un árbol africano— y dicen que les beneficia. Otros la toman y no notan nada. Lo mismo ocurre con el ginseng, la sangre de serpiente, el pene de ciervo y muchos otros afrodisíacos antiguos.

Hay alimentos muchos más eficaces. Alimentar a su chica preferida con un filete jugoso en un restaurante elegante puede poner en marcha los engranajes mentales que les hagan aterrizar en la cama. El ingrediente secreto está en la atmósfera, no en el filete.

¿Y el polvo de cuerno de rinoceronte?

También está basado en el principio «de lo que se come se cría». Es fácil imaginarse a un pobre asiático soñando despierto: «Ojalá mi pene pareciera el cuerno de un rinoceronte...» Si echara un vistazo al otro extremo del animal, vería que también tiene algo grande ahí. Curiosamente, entre los asiáticos la demanda de cuerno de rinoceronte supera en tal medida las existencias que la mayor parte del producto que llega a los mercados es colmillo de jabalí o hueso de cerdo pulverizados.

Un auténtico afrodisíaco es la hormona sexual masculina, la testosterona. Al actuar en todo el cuerpo, provoca un deseo sexual casi irresistible, y funciona tanto en hombres como en mujeres. El comienzo resulta lento, pero el efecto es intenso y duradero. Es una de las razones por las que la testosterona y los fármacos relacionados con ella eran tan populares entre los culturistas. El deseo sexual aumenta en consonancia con la musculatura.

Con todo, existe un inconveniente. En los hombres produce atrofia testicular. A medida que los testículos encogen, la próstata crece, por lo que al final es muy difícil orinar. En las mujeres puede provocar una masculinización. Entre otros cambios indeseables, el clítoris aumenta de tamaño, aparece vello en la cara y la voz se hace más grave. También causa alteraciones mentales, como ira y agresividad incontroladas.

Su consumo, cuando no lo dirige un médico autorizado, es, por fortuna, ilegal. Aunque no representa un peligro tan inmediato como la mosca de España u otros fármacos, puede provocar problemas muy graves si no se utiliza bajo supervisión médica.

¿Cómo debería ser el afrodisíaco ideal?

Seguro, barato, inocuo, obtenible sin receta y que funcione tanto en mujeres como en hombres.

¿Existe?

Por supuesto. Desde hace al menos cinco mil años. Lo utilizan gentes de todas las naciones y culturas y nadie duda de su eficacia. La prueba de que funciona está en el hecho de que haya sido prohibida, condenada y destruida en muchas ocasiones. A veces, la mera posesión de este afrodisíaco ha enviado a gente a la cárcel e incluso ante pelotones de fusilamiento.

¿Cómo se llama?

Pornografía —que viene de *porne*, prostituta en griego, y *graphein*, que significa «escribir»—. Hasta aquí el origen de la palabra, pero no lo que en realidad es. Llamar pornografía a unas imágenes y textos de contenido explícitamente sexual es un término inexacto. Es como afirmar que un martillo es un arma asesina.

¿Qué quiere decir?

Quiero decir que un término más exacto sería el de *sexografía*, esto es, «imágenes y textos sobre sexo».

No todo el sexo se practica con prostitutas ni todo el material sexual es pornografía.

Examinemos científicamente qué es la sexografía antes de llegar a una conclusión.

Los seres humanos están programados para responder a la excitación directa de los órganos sexuales. Acariciar un clítoris o un pene causa excitación sexual. Los nervios sensibles de la superficie de estos órganos transmiten la sensación al cerebro, que automáticamente pone el mecanismo en marcha. El ritmo cardíaco aumenta, la respiración se acelera, las pupilas se dilatan, el campo de visión se estrecha y los órganos sexuales de ambos sexos empiezan a segregar líquidos lubricantes.

A eso se le puede llamar un afrodisíaco directo. Pero existe otro «programa» en el cerebro humano que ninguno de nosotros puso ahí. Si un ser humano ve a un miembro del sexo opuesto desnudo con los atributos sexuales al descubierto, se produce la misma serie de reacciones. El solo hecho de mirar provoca en el hombre la erección, la lubricación, la aceleración cardíaca y todo lo demás. La mujer experimenta la misma respuesta, si bien en algunas sociedades están tan reprimidas que la ahogan. Con todo, bajo circunstancias naturales las mujeres reaccionan sexualmente ante un hombre desnudo. (Más adelante veremos una prueba irrefutable de ello.)

Si analizamos la situación, es lógico que así sea. El ser humano vivió durante millones de años sin hospitales, obstetras, antibióticos ni incubadoras, y la mujer tenía diez hijos y nueve de ellos fallecían durante la infancia. Era esencial que los hombres y las mujeres tuvieran un poderoso e irresistible instinto sexual que les llevara a copular y así evitar la extinción de la especie. En 1348, una fecha no tan lejana, una sola epidemia mató a la mitad de la población de Europa.

Los hombres y las mujeres también se excitan sexualmente al ver imágenes del sexo opuesto desnudo. El cerebro procesa la imagen como si fuera de carne y hueso. Lo mismo ocurre con los textos que describen actividades sexuales. El lector produce una imagen mental que desencadena el proceso sexual en el cerebro. Hoy día, naturalmente, la televisión y las películas hacen el trabajo por usted.

¿Significa eso que está a favor de la pornografía?

No. Personalmente detesto la pornografía, y más adelante explicaré por qué. Las imágenes de gente desnuda y gente practicando el sexo pueden ser, al igual que el martillo, una herramienta constructiva o un arma asesina.

He aquí un ejemplo. Supongamos que un hombre casado tiene la costumbre, cuando llega a casa del trabajo, de encerrarse en su habitación y masturbarse contemplando fotos de chicas desnudas. Eso equivale a golpearse a sí mismo y golpear a su mujer con el martillo.

Pero es posible que un hombre casado tenga erecciones muy débiles —por infinitas razones— y utilice la sexografía como un estimulante sexual —afrodisíaco— para conseguir erecciones que le permitan mantener relaciones sexuales gratificantes con su esposa.

Si le prohíbe el uso de ese estímulo visual no podrá cumplir, su mujer estará sexualmente insatisfecha y el matrimonio naufragará. En la vista del divorcio, ¿tendría el valor de elogiar su conducta ejemplar por no mirar fotos de chicas desnudas aunque eso hubiera podido salvar su matrimonio?

También ocurre al revés. A muchas mujeres —cada vez son más las que están dispuestas a admitirlo en público— la sexografía las excita y motiva. El sexo se vuelve más estimulante, lo que hace que la relación sexual con la pareja sea más gratificante para ambos.

Pero ¿no ha dicho que detesta la pornografía?

Así es. Pero la pornografía no son hombres y mujeres encantadores que posan solos o compartiendo la magia del sexo. La pornografía dura es una enfermedad, es el martillo utilizado como arma asesina. Son imágenes de abuso sexual infantil, de sexo con animales, de gente degradando y abusando de otras personas.

Las personas que no quieren ver sexografía merecen un respeto. Es un derecho en una sociedad libre. No obstante, ello no significa que hombres y mujeres inteligentes no puedan utilizar imágenes sexuales para recuperar y reforzar su vida sexual. Mírelo de este modo: los caballos y las vacas no reaccionan ante imágenes de otros caballos y vacas copulando. Así pues, para excitarles sexualmente y evitar su extinción tenemos que introducirles fármacos afrodisíacos. El ser humano, sin embargo, es diferente. Reacciona ante las imágenes, de modo que ¿por qué recurrir a drogas o fármacos cuando puede obtener resultados similares sólo con contemplar imágenes?

¿Cómo debería emplearse entonces la sexografía?

De manera inteligente. Las imágenes sexuales, por muy simples que sean, pueden impresionar a los niños. Con todo, los médicos saben que los niños, a medida que se acercan a la pubertad, buscan textos e imágenes sexuales por curiosidad y por otras cosas. Observe en un puesto de revistas quiénes contemplan los pósters centrales.

También la sexografía adulta tiene un ingrediente de educación sexual. Uno de los secretos mejor guardados por los medios de comunicación es que cuando los aparatos de vídeo salieron por primera vez al mercado, casi todo el mundo los compraba no para ver la boda del tío Lester, sino cintas de vídeo X que adquirían en el videoclub.

Hoy en día las cosas han cambiado. Observe el espejo de la sociedad moderna, Internet. Se sabe que la gente pasa muchísimo tiempo en la red mirando lo que todavía llaman pornografía. No es de extrañar, pues una gran parte es gratuita: fotos, dibujos, historias e incluso vídeos con sonido. (Así es, puede oír los gemidos y susurros desde su pequeño ordenador.)

Si se fija se dará cuenta de que la mayor parte de estas fotos en color gratuitas muestran mujeres con los labios mayores abiertos para enseñar los labios menores, el clítoris, la uretra y el orificio de la vagina. Aparecen de frente, de espaldas, de rodillas, de costado, de pie, sentadas y de cuclillas. Aparecen con los sujetadores abiertos, las faldas subidas y las bragas bajadas. Y las mismas posturas se repiten una y otra vez. Lo único que cambia es la modelo.

¿Por qué?

La respuesta puede resumirse en dos palabras: EDUCACIÓN SEXUAL.

Los millones de hombres —y mujeres— que pasan en conjunto millones de horas mirando esas fotos buscan una cosa: educación sexual básica.

Si quiere una experiencia interesante, pida a un hombre que dibuje con detalle los órganos sexuales femeninos. El resultado le dejará atónito. Probablemente no se parecerá en nada a los órganos sexuales de las mujeres de este planeta. La mayoría de los hombres no tienen una imagen clara del aparato sexual femenino. Por esa razón, entre otras, están siempre buscando fotos y descripciones de la sexualidad femenina.

Como es natural, también buscan un estímulo sexual y algo que desencadene las conexiones neurales del cerebro que disparan los reflejos sexuales del pene. Pero eso es el sexo, interés, excitación, estimulación, interacción, placer y emociones muy humanas y positivas.

Las mujeres también se interesan —más de lo que muchas están dispuestas a reconocer— por las imágenes y descripciones de hombres y mujeres desnudos. Satisface su curiosidad y deseo de compararse con lo que ven y con todas las cosas que excitan sexualmente a los hombres. Después de todo, si el sexo sólo interesara a los hombres, ¿cuánto tardaría en extinguirse la especie humana?

Existe otro aspecto interesante en Internet respecto a la sexografía. Son las imágenes dirigidas al *voyeur* o mirón, y hay miles de ellas. Generalmente muestran mujeres que se levantan el vestido sin llevar ropa interior debajo, mujeres que abren las piernas de par en par cuando se sientan en una hamaca de la playa o mujeres que entran en un local y se abren el abrigo para mostrar su cuerpo desnudo. Lo interesante sobre estas páginas es que casi todas las mujeres retratadas son amas de casa, secretarias, ejecutivas o profesionales, no prostitutas. Es evidente que mostrar sus atributos personales a más de cuarenta millones de usuarios de Internet les produce algún tipo de satisfacción sexual.

¿Cómo puede un hombre o una mujer utilizar la sexografía de forma constructiva?

Si un hombre siente que la necesita, puede leer libros o contemplar imágenes o películas sobre sexo. Un buen momento es una hora antes de tener relaciones sexuales con su pareja. La estimulación visual permanece en las conexiones nerviosas por lo menos durante ocho horas.

La mujer puede hacer lo mismo, si bien algunas prefieren leer novelas con tema sexual a ver películas. Por eso las novelas románticas tienen tanto éxito. Aunque no es sexografía pura, la mayoría de las mujeres son capaces de utilizar la imaginación. Por ejemplo, cuando la heroína dice: «Noté cómo su fuerte mano alcanzaba mi centro de placer y reaccioné», la lectora sabe que el héroe ha deslizado una mano por debajo de la falda para acariciarle el clítoris, y que ella está húmeda.

La mayoría de los hombres, en cambio, necesitan expresiones más directas para reaccionar.

¿No es una injusticia que las mujeres se exciten con las novelas y los hombres con las películas de vídeo en lugar de hacerlo con sus parejas reales?

Quizá, pero ¿qué es mejor, que un hombre consiga una erección viendo una película sexográfica o que se inyecte en el pene un fármaco que le provoque una erección totalmente artificial?

¿Es preferible que una mujer tenga relaciones sexuales sin orgasmo ni placer a fin de obedecer los principios puritanos de alguien que no ha conocido y nunca conocerá, y que su matrimonio naufrague en el proceso?

Si una foto o una película proporcionan felicidad sexual a un matrimonio, ¿por qué oponerse a ello? Al igual que el martillo, la sexografía puede utilizarse para construir en lugar de destruir.

¿Acaso las imágenes sexuales no fomentan agresiones como la violación?

Y la luna es un gran queso gruyère. Realmente, ¿deberíamos creer que una persona normal que ve una foto de una pareja copulando se volverá loca de deseo y correrá hasta el centro comercial más próximo en busca de una víctima?

La realidad es otra. Los agresores sexuales son personas mentalmente enfermas. Es la enfermedad lo que les lleva a cometer violaciones, no la foto de una mujer desnuda. Además, la mayor parte de las agresiones violentas, incluidas las sexuales, tienen que ver con el consumo de alcohol. ¿Es la Ley Seca la respuesta?

Para los curiosos, está científicamente comprobado que la pornografía —y no digamos la sexografía— no aumenta el número de agresiones sexuales.

En cuatro países se llevó a cabo un minucioso estudio científico cuando un cambio de ley permitió que la pornografía y la sexografía estuvieran súbitamente disponibles para el público. Los países eran Estados Unidos, Dinamarca, Suecia y Alemania occidental. En ninguno de ellos la incidencia de agresiones sexuales aumentó más que la de agresiones no sexuales.

¿Qué me dice de la marihuana como afrodisíaco?

Uno de los grandes enemigos del rendimiento sexual es la preocupación, y hay muchas cosas sobre el sexo que pueden preocupar a una persona.

He aquí algunas que afectan a los hombres:

- ¿Tendré una erección?
- ¿Perderé la erección?
- ¿Estoy dando placer a mi pareja?
- ¿Hubo alguien antes que lo hacía mejor?
- ¿Eyacularé antes de que ella llegue al orgasmo?

Y he aquí algunas que preocupan a las mujeres:

- ¿Le importo como persona o sólo le interesa mi cuerpo?
- ¿Podrá mantenerlo erecto el tiempo suficiente para que yo alcance el orgasmo?
- ¿Me llamará mañana?
- ¿Qué pensará de mí si no tengo un orgasmo?
- Si finjo tenerlo, ¿se dará cuenta?

La marihuana relaja y hace que disminuya la tensión relacionada con el sexo. Eso puede mejorar el rendimiento sexual de algunas personas, pero el alcohol y los tranquilizantes con receta también. Además, la marihuana es una droga ilegal en la mayor parte de los países y no es aconsejable quebrantar la ley. Conocer cómo funciona la sexualidad humana y gozar de una buena relación con la pareja hace que las drogas resulten innecesarias.

¿Cuál sería para usted el mejor afrodisíaco?

El poeta escocés sir Walter Scott escribió acerca de ello hace 170 años:

> *El amor rige la corte, el campamento, la arboleda,*
> *y a los hombres en la tierra y a los santos en lo alto;*
> *pues el Amor es el Paraíso y el Paraíso es el Amor.*

El mejor afrodisíaco es, pues, el AMOR.

6

IMPOTENCIA

¿Qué es la impotencia?

La impotencia es un pene que no obedece. Pese al complejísimo sistema de control copulatorio del cuerpo, el pene puede desoír las órdenes en los momentos más inoportunos, hecho que entorpece la precisa sucesión de los acontecimientos necesarios para llevar a cabo el coito, por lo que el intento fracasa. La frustración generada por un pene en huelga es tremenda.

¿Es la impotencia un problema serio?

Puede serlo, y a continuación expondré una de las razones.

A finales de la Segunda Guerra Mundial, la esposa de un distinguido general francés que estaba visitando a los soldados heridos en un hospital del ejército se detuvo junto a la cama de un oficial.

—¿Dónde han herido a este joven? —preguntó al médico que la acompañaba.

El hombre vaciló un instante antes de responder.

—En el pene, señora. Lo atravesó una bala.

La mujer le miró consternada.

—¡Dios mío, espero que no le haya roto el hueso!

El médico se quedó atónito, pero enseguida recuperó la calma. Se inclinó ligeramente hacia la dama y dijo:

—Señora, si su marido le ha hecho creer que tiene un hueso en el pene, permítame expresarle mi admiración hacia el general por su excelente rendimiento.

Un rendimiento excelente, desde luego, pero en realidad al general le faltaba algo que todo mapache, coyote y visón americano poseen.

¿Qué es?

Un huesecito de no más de cinco centímetros de largo llamado «baculum». Lo importante no es tanto qué es, sino dónde está. El baculum se halla dentro del cuerpo del pene. Si el general, o cualquier otro hombre, gozase de la fortuna de poseer uno, jamás tendría que preocuparse de sus erecciones. Podría tenerlas siempre que quisiera. (Es cierto que algunos hombres poseen algo parecido a un baculum, pero hablaremos de ello más adelante.)

Casi todos los animales carnívoros tienen este huesecillo en el pene, y por una razón muy especial. Cuando realizan el coito, es la presencia del pene en la vagina lo que desencadena la ovulación de la hembra. Eso significa que el pene tiene que dar a conocer su presencia de forma enérgica y permanecer el tiempo suficiente para hacer salir los óvulos de los ovarios. Las mujeres, en cambio, no necesitan la intervención del pene para ovular.

Como ya hemos visto, la erección del macho es básicamente hidráulica. La sangre entra a presión en el pene a través de una serie compleja de válvulas. Se trata de un proceso frágil y complicado y muchas cosas pueden entorpecerlo. Así pues, mientras el ser humano no desarrolle su propio baculum, la impotencia será un problema capaz de influir de forma negativa en la vida y la felicidad de ambos sexos.

¿Qué ocurre exactamente cuando hay impotencia?

Existen varias clases de impotencia, pero todas tienen una cosa en común: si el hombre la padece, es difícil, si no imposible, realizar el coito.

La impotencia más frustrante es la absoluta. En este caso, el pene cuelga como si estuviera muerto. Ninguna clase de estimulación consigue endurecerlo. El hombre, cuanto más lo intenta, menos lo consigue. Como es lógico, la penetración queda descartada; sería como intentar abrir un candado con un espagueti hervido. No hay nada como un hombre que padezca esta clase de impotencia para obtener una descripción exacta de la misma.

Jerry, de cuarenta y un años, es ese hombre. Se ha casado tres veces y está desesperado.

«He sufrido mucho, doctor. Casarse tres veces y divorciarse dos lo deja a uno hecho polvo, pero mi situación nunca había sido tan grave como ahora. ¡Ya no funciono! Ayer por la noche, Arlene, mi esposa, se perfumó, se puso un salto de cama negro transparente y preparó un par de copas. Debo decir que mi mujer está de miedo. Cualquier hombre daría su brazo derecho por hacerlo con ella. —Sacudió la cabeza y añadió—: ¡Incluido yo, maldita sea, si todavía fuera un hombre! Le dejé jugar con mi órgano, lo froté contra ella, hice de todo con él salvo pintarlo de verde. Y cada vez parecía más pequeño. ¡Pensé que iba a desaparecer!»

¿Puede un pene desaparecer?

No, pero algunos hombres, obsesionados por su implacable impotencia, empiezan a creerlo. En Oriente este fenómeno se considera una enfermedad y la llaman *kuru*. El hombre impotente puede desarrollar el temor obsesivo de que su pene retroceda hasta desaparecer en el interior del cuerpo. La idea de perderlo para siempre le aterroriza. Llevado por el miedo, recurre a medidas desesperadas, como establecer una vigilancia de veinticuatro horas sobre su pene por parte de los miembros de la familia. Otra medida consiste en perforar el órgano con alfileres y atarlo al poste de la cama mediante una cuerda. En ocasiones, el hombre confía el extremo de la cuerda al miembro más responsable de la familia, a quien ordena que tire con fuerza en el caso de que el pene intente retroceder hacia el interior del cuerpo.

¿Es el *kuru* una enfermedad real?

Tanto como la impotencia para el hombre que la padece. En realidad es imposible que el pene desaparezca en la vasta cavidad abdominal, pero convencer de ello a la víctima no es tarea fácil.

La mayor parte de las veces la impotencia absoluta es sólo una mala pasada que juegan las emociones. La víctima, sin embargo, no lo entiende así.

Dejemos que Jerry termine su historia:

«Llevamos dos semanas seguidas intentándolo. Cada noche quedo eliminado antes de arrancar siquiera. Si mi mujer no consigue pronto un poco de acción, éste será mi tercer divorcio.»

La situación de Jerry no es más que un ejemplo del modo en que la impotencia puede influir en la esposa, el marido y el matrimonio.

¿Es la impotencia un fenómeno frecuente?

Nadie lo sabe con seguridad porque quien lo padece no se dedica a anunciarlo a los cuatro vientos. Se calcula que hay entre

15 y 30 millones de hombres impotentes en Estados Unidos, y por extraño que parezca el 90 % no busca tratamiento. Probablemente el 10 % de la población mundial masculina tenga problemas de impotencia lo bastante serios para que afecten su capacidad de disfrutar del sexo.

¿Qué porcentaje de hombres experimenta la impotencia absoluta?

El ciento por ciento, pero es algo muy normal. Todo hombre padece de impotencia en algún momento. Tal y como está diseñado el aparato sexual masculino, después de la eyaculación la erección del pene suele desaparecer (quizá permanezca levantado unos cuatro o cinco minutos más, pero al final desaparece). Eso significa que durante cierto margen de tiempo la erección es imposible y, por lo tanto, también el coito. Se trata de una impotencia absoluta temporal.

Sin embargo, incluso esta experiencia transitoria resulta inquietante. A ningún hombre le gusta la sensación de que su falo esté desconectado de su voluntad. La mayor parte de las veces el pene vuelve a reaccionar transcurridos quince o veinte minutos. De hecho, esta relajación forzosa ayuda a que los mecanismos sexuales no trabajen más de la cuenta. Puede decirse que actúan como un interruptor automático. Cuando el orgasmo sobrecalienta el circuito nervioso que controla el coito, el interruptor automático salta y corta la corriente eléctrica dirigida al pene. Cuando la situación se enfría, la corriente se restaura y otro cohete reproductor se prepara para el lanzamiento. El tiempo normal de inactividad está entre veinte minutos y una hora, a veces más.

¿No es cierto que hay hombres capaces de tener orgasmos más seguidos?

Todo el mundo ha oído hablar de hombres superpotentes que tienen tres y cuatro orgasmos en una hora. Ello puede ocurrir bajo tres circunstancias.

La primera, después de un largo período de abstinencia sexual, digamos que de dos o tres meses. En este caso el tiempo de reposo de los reflejos sexuales se acorta y tras la eyaculación la erección puede reproducirse al cabo de cinco minutos. Se trata de una situación relativamente excepcional que muy pronto es sustituida (con pesar) por un período de espera más prolongado.

La segunda, en una situación de excitación sexual especialmente intensa, en la cual es posible que se produzcan varias erecciones y eyaculaciones en el espacio de una hora. Al principio de una nueva relación sexual o ante la relación con una mujer particularmente excitante, el hombre puede «turbocargarse» orgásmicamente. También esta conducta tiende a amainar a medida que la novedad de la situación desaparece.

Un ejemplo es la historia de una pareja de mediana edad que estaba visitando la granja de unos amigos. Se hallaban en el corral cuando la esposa dio un codazo al marido y señaló a un gallo que estaba montando una gallina tras otra.

—¡Mira eso, Henry! No se para como tú tras el primer asalto.

El marido miró al gallo y las gallinas y respondió:

—Tienes razón, Ethel. Pero ¿te has fijado en que va cambiando de gallina?

La tercera explicación a un rendimiento orgásmico excepcional es la que corresponde a la mayoría de los casos.

¿Cuál?

Muchos hombres esperan de sus genitales mucho más de lo que éstos están en condiciones de dar. Sus frágiles estructuras están controladas por mecanismos delicadamente sintonizados y orientados hacia la calidad y no la cantidad. En la Olimpiada del Coito no existen categorías, al menos por ahora.

Sin embargo, a los hombres que compiten intensamente en otras áreas de sus vidas les cuesta aceptar el sexo por lo que es. La televisión (implícitamente), las películas (explícitamente) y las cintas de vídeo X (muy explícitamente) le refriegan continuamente por las narices el fenómeno de la superpotencia. Entonces empiezan a creer que quien no puede hacerlo cada once minutos tiene un grave problema. Su propio promedio les parece, por aceptable que en realidad sea, sumamente limitado en comparación, de modo que dicen lo que los seres humanos suelen decir cuando se sienten inseguros: mentiras. Las mentiras, sin embargo, agravan el problema en lugar de suavizarlo.

¿Por qué?

Supongamos que Charlie realiza el coito dos veces a la semana y eyacula en cada ocasión. Por desgracia, en muchos de los libros que lee se describen proezas de superhombres con superpenes, y no puede evitar compararlas con su propio rendimiento. No sabe que su vida sexual está dentro de la media. Así pues, cuando sale el tema en los vestuarios del club de golf (cada semana), dice:

—No ha habido una sola noche de mi vida que no haya repetido.

Mike, su compañero, que tiene suerte si consigue un orgasmo a la semana, responde:

—¡La mitad de las veces no paro en toda la noche!

Charlie sabe que ha mentido, y aunque cree que Mike también, no puede estar seguro de ello. Eso le lleva a perder aún más la confianza en su capacidad sexual, por lo que la siguiente vez dice mentiras aún más gordas. El problema se agrava cuando su inseguridad empieza a hacer mella en su capacidad sexual. A partir de ese momento, cuando los muchachos fanfarronean, él calla.

En el terreno sexual vale la pena ser sincero, como los dos ingleses de ochenta años que estaban charlando en el club después de una partida de golf y uno de ellos dijo:

—Yo practico el sexo una vez al mes salvo en agosto.

Su compañero levantó la vista.

—Mmm, ¿demasiado calor en agosto?

El hombre frunció el entrecejo.

—Qué va, pero en agosto el tipo que me sube y me baja se toma vacaciones.

A la hora de afrontar la impotencia, la sinceridad es la primera regla y la confianza en uno mismo la segunda.

¿Influye la autoconfianza en la potencia?

Más que cualquier otro empeño humano, la sexualidad masculina es una cuestión de confianza. La regla es: «Si cree que puede, es que probablemente puede.»

La erección es de naturaleza tan perecedera que un ruido repentino, una crítica e incluso una mirada de rechazo pueden desmoronarla. Uno de los verdaderos problemas de la impotencia es el «círculo vicioso».

¿En qué consiste?

Supongamos que el hombre no consigue una erección en una ocasión determinada por alguna razón insignificante, por ejemplo porque está cansado, resfriado o preocupado por algo. Si su pareja le ridiculiza o compara desfavorablemente con otros hombres, el mal está hecho. En la ocasión siguiente el hombre se verá envuelto en un auténtico apuro. «Si fallé una vez, podría fallar de nuevo.» El solo hecho de preocuparse por cómo actuará su pene impide que éste actúe, confirmando así sus peores temores. Entonces le da por pensar de este modo: «¿Cuándo empieza la impotencia? La primera vez que no puedes hacerlo una segunda vez. ¿Cuándo se convierte en un problema grave? ¡La segunda vez que no puedes hacerlo una primera vez!»

¿Es eso cierto?

Por supuesto que no. La potencia de un hombre no está determinada por un dicho ingenioso, sino que depende del funcionamiento del cerebro y de los órganos sexuales. Ante todo, hay que ser realista. En lo referente al rendimiento sexual de un hombre, nadie lleva la cuenta y nadie tiene que llevarla.

El sexo tiene tres objetivos: la reproducción, la expresión afectiva y el placer. Como habrá observado, la palabra «competición» no aparece en la lista. Muchas veces, si el hombre no funciona una vez y se lo toma a la tremenda, el impacto es doble, pues se establece un nuevo reflejo condicionador: en cuanto se acerca a una mujer desnuda, empieza a ponerse nervioso y su falo pierde altura. La experiencia puede ser terrible. Éste es el testimonio de Simon:

—Aunque ya ha pasado casi un año, todavía recuerdo la primera vez como si fuera ayer. —Simon sacudió la cabeza y exclamó—: ¡Maldita sea! He estado tan preocupado desde que perdí mi virilidad que apenas duermo. La culpa es mía. Conocí a una mujer en un bar de solteros y la invité a casa. Ojalá no hubiese salido esa noche. Estábamos en la cama, un poco achispados, cuando la mujer me agarró el miembro. Estaba bastante duro, teniendo en cuenta lo que había bebido, pero entonces ella dijo: «¿Esto es todo lo que tienes?» Fue como si me hubiese clavado una aguja en el pene, porque se desinfló por completo.

Simon se enjugó el sudor que le cubría la frente.

—La mujer debió de darse cuenta de lo que había dicho —prosiguió—, porque a partir de ese momento hizo lo posible por resucitar mi miembro. Se lo puso en todas partes, y se le ocurrían muchas. Pero por mucho que hiciera, seguía pareciendo un espagueti hervido. ¡Esa mujer mató mi pene! —Dio un golpe en la mesa con el puño y añadió—: Desde entonces el miedo me puede. En cuanto saco el pene, temo que esté demasiado pequeño. A veces las chicas no dicen nada, pero estoy seguro de que lo piensan. Cuanto más lo intento, peor es.

—¿Tiene erecciones? —le pregunté.

Simon sonrió tristemente.

—Oh, desde luego, cada noche, siempre y cuando esté solo. Puedo hacérmelo solo cuando quiera, pero intenté abandonar ese hábito a los catorce años.

¿Cuál era el problema de Simon?

Se había metido en un callejón emocional. Simon no había perdido su «virilidad», simplemente estaba asustado. Después de unas cuantas explicaciones, empezó a comprender los aspectos básicos de la fisiología sexual masculina y su funcionamiento. Cuando por fin comprendió que cada experiencia sexual no era un examen final, la situación empezó a mejorar.

¿Existen otras clases de impotencia?

Sí. He aquí cómo ocurre una de ellas: la erección se produce sin problemas. Raudo, duro e impaciente, el pene se acerca a la vagina, pero en cuanto establece contacto, ¡boom!, eyacula. Diez segundos pasan para el hombre entre el acercamiento a la vagina y el orgasmo. Para la mujer, no pasa absolutamente nada. Las disculpas de la pareja no pueden subsanar su deseo de un orgasmo.

¿Cómo se llama este fenómeno?

El nombre científico es «eyaculación precoz», si bien las mujeres a quienes el compañero deja perdidas lo llaman de muchas otras maneras. Tiene numerosas variantes y todas igual de frustrantes. A veces el hombre eyacula incluso antes de quitarse la ropa, un fastidio para los sentimientos y para los calzoncillos.

Otras veces el proceso transcurre a las mil maravillas hasta que llega el momento de empezar a mover la pelvis, y el hombre eyacula a la primera embestida. Las variaciones son casi infinitas, pero todas tienen una cosa en común: la eyaculación se produce mucho antes de que exista la más remota posibilidad de dejar a la mujer satisfecha.

¿Es la eyaculación precoz una anormalidad?

Las mujeres, en su mayoría, así lo creen. Después de estimularlas hasta alcanzar un grado elevado de excitación, su recompensa es un chorro de semen caliente y pegajoso sobre la vulva. Algunos hombres intentan justificarse insistiendo en que la velocidad a la hora de eyacular es sinónimo de potencia. «¡Soy demasiado caliente!», dicen.

Si se tratara de una carrera contrarreloj, probablemente tendrían razón. Pero en el coito el pene debe ir al ritmo de la vagina. Si los dos sistemas sexuales avanzan codo con codo y llegan a la meta casi al mismo tiempo, la carrera tiene dos ganadores. Si el hombre llega a la meta cuando su chica todavía está en los primeros quinientos metros, ambos pierden.

Uno de mis pacientes comentó irónicamente en una ocasión:

«Doctor, la única ventaja que veo en la eyaculación precoz es que puedes aparcar delante del apartamento de tu novia en doble fila.»

No parece un gran consuelo...

Los animales eyaculan muy deprisa. Si eso es normal para ellos, ¿por qué no para los hombres?

Ésa fue la lógica aplicada por algunos «expertos» en temas sexuales en los años cincuenta del siglo XX. A la vista de los numerosos casos declarados de eyaculación precoz, compararon la conducta del hombre con la de los animales. Observaron que algunas especies eyaculaban rápidamente y decidieron que en los hombres también era normal. Eso condujo a la falsa ilusión de que la eyaculación rápida era signo de virilidad.

A dichos expertos, sin embargo, se les pasó algo por alto. El perro, por ejemplo, eyacula enseguida, pero también corre detrás de los coches, bebe de los charcos y muere a los doce años. Si es normal ser como un perro en un aspecto, ¿por qué no en todos los demás?

Otro detalle que suele pasarse por alto es que durante el coito el pene del perro queda atrapado en la vagina de la hembra. Por muy pronto que eyacule, su pareja no lo suelta hasta que queda satisfecha.

Una diferencia más entre el hombre y los animales es que en las hembras de los animales que se parecen al ser humano, la ubicación del clítoris permite un contacto directo e intenso con el pene. Un mínimo de estimulación por parte del macho garantiza el orgasmo de su pareja.

Hay un grupo de mujeres que adora a los hombres que padecen eyaculación precoz: las prostitutas. Si la mujer tiene la suerte de dar esa noche con doce caballeros de raudo gatillo, puede estar en casa antes de las diez.

¿Existe algún tratamiento para la eyaculación precoz?

Como en el caso de la impotencia, muchos. Puesto que la eyaculación precoz supone un serio obstáculo para el placer sexual tanto del hombre como de la mujer, se han probado toda clase de remedios posibles y algunos claramente imposibles.

El método más primitivo consiste en realizar el coito varias veces para que los reflejos sexuales se fatiguen y eso retarde la eyaculación. Es una técnica tediosa que permite a la mujer ir a comprar una pizza mientras el hombre aguarda a que se produzca la siguiente erección. Algunos hombres se masturban antes de la relación y de ese modo lo que parece el primer orgasmo de la noche es, en realidad, el segundo. Con este enfoque, la masturbación puede convertirse en el clímax y el coito en el anticlímax. Como dijo un sufridor: «Después de hacérmelo solo, ¿para qué necesito una novia?»

Otros hombres intentan retrasar el orgasmo «pensando en otras cosas» durante el coito. Es la técnica que recomiendan algunos «expertos» matrimoniales que no saben de lo que hablan. Nos la explica un joven que la puso en práctica:

«Sólo tenía veinticuatro años, pero me sentía como si tuviera setenta y cuatro. Hiciera lo que hiciera, siempre descargaba demasiado pronto. Ninguna chica quería salir conmigo una segunda vez, de modo que fui a ver a un consejero. Me dijo que lo único que tenía que hacer era "controlarme". No necesitaba pagar noventa pavos para saber eso. Luego me sugirió que en cuanto introdujera el pene en la vagina, me pusiera a pensar en mi trabajo.

»Soy vendedor de coches, de modo que empecé a pensar en mi clientela, sobre todo en la femenina. Hay una clienta que está para comérsela, así que en cuanto me vino a la mente su minifalda descargué aún más deprisa de lo habitual. Volví a mi consejero y me dijo que hiciera problemas de aritmética mentales. No soy muy bueno multiplicando, de modo que empecé a hablar en voz alta, trece por once... La chica con la que estaba me oyó, se enfadó y se marchó.»

Otro método consiste en pensar en algo realmente «asqueroso» para retrasar el orgasmo. Si el paciente lo consigue, es probable que resuelva su problema perdiendo la erección y vomitando. La idea es, siempre, la autoderrota. ¿Qué hay de divertido en practicar el sexo mientras se piensa en ratas muertas?

Existen otras dos técnicas que precisan la participación de la esposa o la novia. En una, la mujer masturba al hombre y se detiene cuando éste está a punto de eyacular. Debe hacerlo varias veces, hasta que él no pueda más. Se supone que esa técnica le enseñará a durar más. Lo cierto es que encierra una ventaja oculta: permite a la mujer vengarse del hombre por las veces que la ha decepcionado y enseñarle lo que se siente cuando te dejan con las ganas. En cuanto a curar el problema, no da mucho resultado.

La otra técnica consiste en que la pareja se tumbe desnuda en la cama y ambos miembros piensen en otras cosas. Deben evitar toda estimulación sexual. Según sus defensores, este método «calma a los hombres superexcitables que tienden a la precocidad». Para el hombre que padece eyaculación precoz y la mujer que lucha con él para superarla, tumbarse en la cama y pensar en otras cosas en lugar de copular no suele ser muy divertido. Eso es lo que han estado haciendo la mayor parte del tiempo, después de todo.

¿Existe algún método que funcione?

Existen algunas técnicas que «casi» funcionan. El objetivo es disminuir la sensibilidad del pene cuando roza la vagina. Es, por desgracia, el equivalente físico de pensar en otras cosas, pues anula el placer casi por completo. Hay dos formas de hacerlo. La más fácil (y barata) consiste en que el hombre se ponga dos (o más) preservativos. Es posible que tantas capas de látex atenúen la sensibilidad lo bastante para retrasar el orgasmo, pero también dan al hombre la sensación de estar haciendo el amor con un guante de goma.

Si eso no funciona, puede poner su pene a dormir. En las últimas páginas de algunas «revistas para hombres» hay anuncios de algo llamado «insensibilizador». El producto no es más que una pomada de benzocaína, un anestésico local que duerme los receptores sensoriales del pene y a veces retarda el orgasmo. También podría evitar por completo el orgasmo y la eyaculación precoz, al menos por esa noche.

Otra desventaja es que algunos hombres son alérgicos a la benzocaína y el pene se cubre de ampollas rojas e irritantes. La alergia funciona estupendamente, pues retrasa la eyaculación una semana o dos. El producto puede tener el mismo efecto en la inocente vagina.

El verdadero problema de las pomadas anestésicas es que, a largo plazo, tienden a empeorar la eyaculación precoz, pues el pene necesita cada vez menos estímulos para tener un orgasmo. Después de pasar unos meses utilizando la pomada, una sola caricia de la pareja en el pene puede hacer estallar un chorro de semen.

La eyaculación precoz es fundamentalmente un problema emocional, aunque no demasiado complejo. Muchos hombres que la sufren sienten un resentimiento inconsciente hacia las mujeres en general o hacia una en particular. Algunos, simplemente, las temen. En ambos casos utilizan el sexo como una forma sutil y gratificante de vengarse, siempre de modo inconsciente. Llevan a su víctima al borde del orgasmo y luego vierten sobre ella todo lo que guardan dentro. Luego el pene se desinfla y se deshacen en disculpas. Se sienten realmente mal, pero han tenido su orgasmo mientras que ellas se han quedado con las ganas. Misión cumplida.

¿Cuál es la solución?

Psicoterapia con un buen profesional. No tiene que ser un psicoanálisis en toda regla. Basta con lo que se denomina una terapia «orientada hacia un objetivo». Unas cuantas sesiones dedicadas a tratar el problema en cuestión pueden hacer maravillas. Pero a veces ni siquiera eso es necesario. Pruebe lo siguiente:

La próxima vez que esté a punto de copular y le preocupe eyacular demasiado pronto, repita para sus adentros, de forma enérgica y decidida, las palabras que le diré a continuación. Se basan en una fórmula psicoanalítica muy eficaz que ha ayudado a mucha gente. Si se siente extraño, no se preocupe. Véalo como una «fórmula mágica» y deje que le ayude. Funciona el 70 % de las veces, y eso es lo que importa.

Dígase lo siguiente: «¡No derramaré leche! ¡No quiero derramar leche! ¡No voy a derramar ni una gota de leche!»

¿Existe otra forma de impotencia además de la eyaculación precoz?

Sí, y se halla a medio camino entre la impotencia absoluta y la eyaculación precoz. Se llama «impotencia copulatoria», un trastorno especialmente desagradable porque todo parece ir bien hasta que, de repente, deja de ir bien. La erección y la penetración transcurren con toda normalidad, incluso los movimientos de la pelvis comienzan sin problemas, hasta que, de repente, el pene pierde rigidez.

La pobre víctima tiene dos opciones: o retirar el pene o esperar unos segundos a que salga por sí solo. Ninguna de las dos resulta agradable. Continuar el coito con un pene fláccido es imposible. Esta forma de impotencia, como las demás, no es contagiosa. La mujer permanece excitada y con ganas de guerra, para su desazón y la de su pareja. Una vez que el pene se desinfla, ya no hay nada que hacer. Con suerte, puede que consiga otra erección pasada una hora.

Por fortuna, la impotencia copulatoria es el segundo tipo de impotencia menos corriente. Resulta difícil tratarla porque pocos hombres reconocen que la padecen. La atribuyen a que están cansados y esperan tener mejor suerte la próxima vez. A veces lo consiguen y otras no.

¿Cuál es el tipo de impotencia menos corriente?

Uno que puede pasar por un problema de superpotencia. Pero no hay nadie como la esposa de quien la padece para describirlo:

«Durante los dos primeros años de matrimonio pensé que tenía algún problema. Era incapaz de satisfacer a mi marido. Chuck experimentaba unas erecciones increíbles y me rogaba que hiciéramos el amor con una frecuencia que me dejaba atónita. Copulábamos durante horas. Yo tenía un orgasmo, y luego otro, y a veces dos más, pero él seguía duro como una roca. Para entonces eran las tres de la mañana y yo estaba agotada. Cuando al final sacaba el pene, lo tenía tan duro como cuando me había penetrado.

»Por la mañana insistía en intentarlo de nuevo, y otra vez la misma historia. Al final me alegraba de que tuviera que irse a trabajar. Los fines de semana eran un infierno. Consistían en sexo, sexo y más sexo durante horas y horas. Finalmente conseguí que fuera a un psiquiatra, y al cabo de unas semanas el problema desapareció. Para serle sincera, no lo habría soportado mucho más. Mi marido estaba a punto de acabar conmigo.»

Este dramático trastorno recibe el nombre igualmente dramático de «aspermia psicógena», o AP, y es exactamente como lo explica la paciente esposa. El hombre funciona sexualmente a la perfección, pero nunca eyacula. No sólo no eyacula, sino que jamás alcanza el orgasmo. Es el equivalente masculino de la frigidez femenina. El pene permanece rígido, la sensibilidad más o menos intacta (salvo por el dolor después de la primera hora), pero para el hombre no hay final. Paradójicamente, los casos de AP navegan casi en el mismo barco que los de impotencia absoluta: ni los unos ni los otros pueden completar el coito.

Algunos de los «amantes» más famosos del mundo eran hombres que padecían este trastorno. En el mundo de la moda, del espectáculo y de otros ambientes enrarecidos siempre hay media docena de tipos con este problema. A las mujeres les encanta acostarse con ellos... al principio. Como dijo una:

«Pueden correr y correr y correr, pero nunca llegan a la meta.»

Al cabo de un tiempo la mujer se da cuenta de que algo no va bien y se busca un hombre más normal.

La ventaja del que padece AP es que con ayuda psiquiátrica puede recuperar rápidamente el funcionamiento sexual normal. La cura de otros tipos de impotencia generalmente tarda más tiempo.

¿Qué tratamientos existen para otras clases de impotencia?

Los hombres que sufren de impotencia absoluta o copulatoria son una auténtica mina de oro para vendedores ambulantes de panaceas y remedios de curandero. Cien años atrás era el aceite de serpiente, hoy día son «cápsulas de enzimas activadas», «esencia de dedo de sapo» o «raíz de pergillium». La lista de supuestos remedios es infinita y todos tienen un denominador común: no funcionan.

Casi todos los casos de impotencia tienen una causa física, pero lo que no debemos olvidar es que el efecto del problema puede ser del 1 % o del 100 %. Por ejemplo, si un hombre padece una fuerte gripe, tal vez le cueste conseguir una erección durante una semana o dos. Ésa es una causa física de impotencia que, no obstante, desaparece a largo plazo. Por otro lado, un hombre con la médula espinal dañada puede ser totalmente impotente, es decir, incapaz de tener erecciones ni sensibilidad. El efecto físico en este caso es del 100 % y debe tratarse debidamente. El tratamiento psiquiátrico no devolverá la potencia a un hombre cuya médula espinal no puede transmitir impulsos nerviosos entre el cerebro y el pene.

¿Existe, con todo, alguna esperanza para esos casos?

Por fortuna, sí. En los últimos años los tratamientos médicos para tipos graves de impotencia física han brotado como champiñones. Existen diferentes categorías, pero todos coinciden en que dependen de los reflejos en o cerca del pene, no de los mensajes enviados entre el cerebro y el pene. Por ejemplo, un fármaco oral nuevo y muy buscado actúa sobre los pequeños músculos involuntarios situados alrededor de las arterias que transportan sangre al pene para hacer posible la erección. El fármaco permite que aumente la concentración de óxido nítrico, lo que hace que los anillos musculares que rodean las arterias se relajen. Las arterias, por lo tanto, crecen en diámetro y pueden transportar más sangre al pene.

Puesto que el cerebro no tiene que intervenir, esta clase de fármaco funciona en hombres que tienen la médula espinal dañada a causa de un accidente (como colisiones de coches o caídas en picado en aguas poco profundas). También puede ayudar a los diabéticos que sufren impotencia debido a las alteraciones de la médula espinal. Con todo, este fármaco presenta algunas limitaciones.

¿Cuáles?

No puede devolver la sensibilidad al órgano si la médula espinal está cortada o seriamente dañada. Las caricias en el pene pueden producir una erección lo bastante firme para permitir el coito, pero el hombre no sentirá nada. La esposa, sin embargo, sentirá mucho, y ya sólo eso puede salvar muchos matrimonios. Los hombres con la médula espinal parcialmente dañada gozan de una sensibilidad parcial. Cada caso es diferente.

Los fármacos que intensifican el efecto del óxido nítrico no son afrodisíacos, pues el hombre sigue necesitando la estimulación sexual. La única diferencia es que puede responder con mayor rapidez y con una erección más firme. Con todo, el hecho de que el fármaco aumente la concentración de óxido nítrico inquieta a algunos hombres que sufren impotencia, tanto homosexuales como heterosexuales.

¿Por qué?

Recuerde que el nitrito de amilo, el nitrito de butilo y otras sustancias similares son populares entre los homosexuales y también entre algunos heterosexuales. Se utilizan para prolongar el orgasmo y relajar los músculos del ano a fin de facilitar el sexo anal. Pero estas drogas —*poppers*— destilan óxito nítrico y nitroso. ¿Qué le ocurre a la persona que consume al mismo tiempo *poppers* y comprimidos que favorecen la erección? ¿Tendrá una supererección? ¿Se relajarán en exceso sus músculos? ¿O no pasará nada?

Como todo en el campo de la medicina, el tiempo dirá. También existe un problema potencial para los hombres que consumen otros fármacos que influyen en el metabolismo del ácido nítrico y nitroso del cuerpo, como los medicamentos para problemas cardíacos. Si añade una sustancia que dilata los vasos sanguíneos hasta convertirlos en nitroglicerina, puede tener serios problemas. Siempre es preferible consultar al médico antes de tomar cualquier tipo de fármaco.

Existe otro aspecto interesante. Ciertos medicamentos —entre ellos algunos antibióticos corrientes— pueden aumentar la concentración en la sangre de los fármacos que incrementan el óxido nitroso hasta un 150 %. Hable con su médico sobre este tema si no quiere llevarse sorpresas desagradables.

Hay otros productos del grupo de las prostaglandinas que producen una erección de forma muy directa. Casi cada semana sale al mercado un nuevo fármaco capaz de fomentar la erección. El problema está en el lugar donde debe aplicarse para que funcione mejor. Algunos hay que inyectarlos directamente en el pene, pero no es tan horrible como parece. Con una aguja diminuta —más pequeña que un alfiler— el hombre se inyecta una pequeña cantidad de líquido en un costado del pene a una distancia del cuerpo de dos o tres centímetros. Poco después el miembro empieza a crecer como por arte de magia. La erección continúa después de la eyaculación y suele durar una hora. Pero hasta las cosas buenas a menudo son excesivas.

¿A qué se refiere?

A veces la erección dura varias horas, y lo peor es que el hombre, por mucho que realice el coito y/o se masturbe, no consigue bajarla. Es un caso de priamismo autoinfligido. Existe el riesgo de que se forme tejido cicatrizal y de dañar permanentemente el pene. Si la erección continúa transcurridas seis horas, ha llegado el momento de acudir al hospital más cercano. Es posible que el médico aparezca con una aguja —esta vez no tan pequeña— para succionar la sangre que hace que el pene permanezca erecto más tiempo del deseado. Cuando el pene al fin se desinfla, el suspiro del paciente puede oírse a cien metros de distancia.

Existe otra forma de suministrar el fármaco: consiste en introducir un supositorio fino en la uretra, el conducto que transporta la orina de la vejiga al exterior. El proceso no es agradable, pero mucha gente lo prefiere a la aguja. Encierra el mismo riesgo de que el órgano permanezca erecto, y el tratamiento para solventar el problema también es el mismo: una aguja bien grande.

Cada semana aparecen nuevos tratamientos, incluidas inyecciones con menos riesgo de producir erecciones incontroladas e incluso cremas que pueden untarse en el pene para generar una erección inmediata.

¿Significa eso que estos nuevos tratamientos han dejado atrás las demás terapias contra la impotencia?

No exactamente. En primer lugar, no son «tratamientos», sino únicamente una forma de producir una erección con ayuda de un fármaco. Hay otras maneras de levantar un pene reacio. Una de las más populares es el «método del vacío». Hace cien años que existe y es de una simplicidad pasmosa. (Pero recuerde que todo lo que haga a un órgano tan delicado e importante como el pene debería contar con la supervisión de su médico personal. ¡No intente hacerlo en casa!)

La técnica consiste en introducir el pene fláccido en un cilindro de vidrio o plástico provisto de un tubito en el otro extremo. Tras empujar la base del cilindro contra el cuerpo para sellarlo, el tubito se conecta a una pelota de goma como la que tiene el médico en su aparato para medir la tensión. Al estrujar la pelota absorbe el aire del cilindro.

El vacío parcial así creado hace que los vasos sanguíneos del pene se dilaten y llenen de sangre. No obstante, existe un problema logístico.

¿Cuál?

¿Cómo consigue introducir ese órgano duro en la vagina sin que se desplome? Al sacarlo del cilindro, la presión baja y el pene se desinfla. La solución es un aro fálico. Si coloca un aro de goma en la base del pene, comprimirá los vasos sanguíneos e impedirá que la sangre escape. Una vez colocado el aro, puede sacar el pene del cilindro e introducirlo donde pueda dar más placer. Eso es todo. Resulta un poco incómodo, pero es preferible a tener un miembro fláccido.

Tenga cuidado con el aro. Si aprieta demasiado corre el riesgo de impedir la eyaculación, lo cual resulta un poco molesto. El pene también puede salir dañado si permanece apretado mucho tiempo.

¿Es posible que a los hombres les guste este método de erección al vacío?

Eso parece, y la prueba está en que casi el 85 % de los hombres que lo prueba una vez sigue utilizándolo después. Este método permite al hombre impotente realizar el coito en torno al 90 % de las veces. No es necesario insertar agujas ni supositorios y resulta muy económico. Una vez que compra la unidad de vacío y el aro ya no tiene que pagar cada vez que quiera realizar el coito. La otra ventaja es que la unidad de vacío puede utilizarse junto con pastillas, cremas y supositorios para aumentar el efecto.

Algunos hombres han probado lo que equivale a un entablillado. Es una especie de tubo de plástico por el que sobresale el glande. Otro artilugio es un cilindro de goma que abraza el órgano.

El problema de estos métodos es que no resuelven el problema. Son medidas intermedias que no gustan al hombre ni a la mujer. Por fortuna, van camino de verse reemplazados por los nuevos «fármacos eréctiles».

Existe, no obstante, un tipo de entablillado fálico que sí sobrevivirá.

¿Cuál?

El llamado «implante fálico», que en realidad no es más que un entablillado que se introduce quirúrgicamente en el pene (el equivalente al baculum de ciertos animales.)

Existen diferentes tipos y cada uno tiene sus inconvenientes. Por ejemplo, está el modelo formado por dos varillas de acero inoxidable recubiertas de silicona implantadas permanentemente a lo largo de los costados del pene. Hay modelos flexibles que pueden doblarse como una percha, mientras que otros llevan goznes. Proporcionan una buena erección, pero que nunca amaina del todo. Aunque puede doblegarse, siempre está ahí. Cuando surge la oportunidad de realizar el coito, el caballero sólo tiene que darle al pene el ángulo deseado.

La técnica presenta ciertos inconvenientes obvios. Como la erección es permanente y el ángulo sólo puede alterarse hasta cierto punto, si baila lento con una chica a la que acaba de conocer —o con la hermana de su esposa en una boda— quizá cree una impresión equivocada. Asimismo, si su jefe coincide con usted en un ascensor lleno de gente, puede que malinterprete lo que siente por él. Y, a la hora de la verdad, no deja de ser un pene fláccido con dos varillas cosidas dentro.

¿Hay alguna técnica mejor?

Existe «otra» forma de entablillado, una variedad hinchable que imita el funcionamiento de los cuerpos cavernosos, esos dos cilindros inflables situados en los lados del órgano. El médico abre el pene e introduce dos tubos. Luego esconde en el escroto una pequeña bomba y un depósito con un líquido que conecta a los tubos mediante una manguerita de plástico. Cicatrizada la herida, cuando el paciente desea una erección sólo tiene que apretar el escroto para bombear el líquido hasta el pene y llenar los dos cilindros. El pene se hincha lentamente y obtiene una especie de erección. Después del coito sólo hay que apretar de nuevo y el pene se deshincha. Teóricamente se pueden mantener relaciones sexuales sin necesidad de explicar a la pareja lo del sistema hidráulico, pero ¿y si la dama, llevada por la pasión, empieza a acariciar los testículos del caballero? Si toca en el punto clave, se producirá un gorgoteo imperceptible, señal de que la erección se está vaciando en el pequeño depósito.

Este artilugio tiene otros problemas complejos. En Estados Unidos se han implantado unos 250.000 y cada año se colocan 28.000 más. La Agencia de Alimentos y Medicamentos ha recibido 6.500 quejas por problemas potencialmente graves, como infecciones, deslizamiento del aparato a otras partes del cuerpo, fugas, roturas y averías mecánicas.

¿Es esta clase de implantes una buena solución?

Depende de cada uno. Los trastornos graves conducen a la gente a tomar medidas desesperadas. Dejando a un lado las desventajas, los implantes fálicos permanentes alteran la estructura del pene y pueden hacer que otros tratamientos —como inyecciones, comprimidos y supositorios— resulten difíciles, por no decir imposibles. Además, con las nuevas terapias contra la impotencia, la necesidad de una medida tan extrema como un implante es cada vez menor.

Existe otra causa de impotencia física, la llamada «fuga venosa». Cuando el pene se pone duro es porque la sangre penetra en sus arterias. El pene, no obstante, también tiene venas que se llevan la sangre, y si no están cerradas, ésta saldrá rápidamente. Cuando se produce una erección normal, el volumen de sangre en el órgano aumenta un 700 % y la presión estruja las venas hasta casi cerrarlas, lo que impide que la sangre escape. Algunos hombres, sin embargo, tienen venas agujereadas, lo que hace que salga demasiada sangre del pene y se lleve con ella parte de la rigidez. Los médicos han intentado reparar estas venas quirúrgicamente, pero los resultados no han sido del todo satisfactorios. Una solución más sencilla consiste en colocarse el aro de goma después de la erección para que comprima las venas y mantenga el pene lleno de sangre.

¿Tiene cura la impotencia?

Buena pregunta. Ninguna de las técnicas que hemos descrito constituye una «cura» para la impotencia. Los cilindros de vidrio, las inyecciones, los supositorios y las pastillas no «curan» este trastorno, simplemente alivian el síntoma.

La pregunta que deberíamos formularnos es: ¿cómo se llama esa gran estructura cubierta de piel al final del pene? Y la respuesta: un hombre.

Al final de todo pene hay un hombre, de modo que curar el pene no resuelve el problema. Hasta las enfermedades que actúan directamente en el sistema nervioso impidiendo la erección —problemas de médula espinal, diabetes, algunos tipos de leucemia, ciertas enfermedades del sistema nervioso y otras— tienen un contenido emocional. La víctima está deprimida y angustiada debido al deterioro de su rendimiento sexual aun cuando se deba a un problema físico.

Lo mejor para hacer frente a la impotencia es una mezcla de sentido común e información científica.

¿Qué implica eso?

En primer lugar, tener siempre presente que las personas no son máquinas sino organismos complejos influenciados por acontecimientos físicos, reacciones nerviosas, recuerdos, reflejos automáticos y una docena de factores variables. Cuando se trata de potencia sexual, como en cualquier otro ámbito relacionado con la conducta humana, no existe una regla absoluta. Un hombre puede tener problemas para conseguir una erección con su mujer debido a una causa física —tensión arterial alta, por ejemplo—, y acostarse con una prostituta y funcionar a la perfección.

Otros hombres cuya impotencia se debe supuestamente a una enfermedad física pueden funcionar de maravilla si su esposa se viste de doncella francesa o se pone medias negras con portaligas.

El coito gratificante no tiene que ser tan exigente. El hombre no debe preocuparse tanto si es capaz de realizar las tres tareas siguientes:

1. Introducir el pene en la vagina sin perder la erección o el semen.
2. Alcanzar un orgasmo con una mujer atractiva y una cantidad razonable de estimulación sexual.
3. Hacer que el coito dure lo bastante para que una mujer relativamente normal tenga un orgasmo.

En circunstancias normales, el hombre debería ser capaz de realizar el coito durante cinco o diez minutos y efectuar entre cincuenta y cien movimientos pélvicos. El hombre que practica el sexo más de una vez a la semana y menos de tres al día se halla, probablemente, dentro de los márgenes de la normalidad.

¿Cuál es la mejor forma de hacer frente a la impotencia?

Actuar. La medicina moderna dispone de un gran número de métodos para atacar el problema. El primer paso consiste en encontrar un médico comprensivo y explicarle el problema con total franqueza. Dada la etapa por la que atraviesa el conocimiento científico, es importante evitar tratamientos drásticos que puedan privarle de los beneficios de descubrimientos futuros. Por ejemplo, como ya he mencionado antes, algunas técnicas quirúrgicas son incompatibles con ciertos fármacos nuevos. No se desespere ni tome decisiones precipitadas. Existen tratamientos tan interesantes como novedosos a la vuelta de la esquina.

El siguiente paso es asegurarse de que goza de la comprensión y el apoyo de su pareja. La impotencia no es una batalla individual. Del mismo modo que se necesita un hombre y una mujer para copular, también se necesita un hombre y una mujer para resolver el problema de la impotencia.

El último paso es no desesperar jamás. La impotencia no es una enfermedad terminal. Cada día aparecen nuevas terapias esperanzadoras. No se rinda y puede que su perseverancia se vea recompensada. El sexo es uno de los pocos placeres renovables de esta vida. No deje que nadie le prive de lo que le pertenece por derecho, al menos sin haber luchado hasta el final.

7

FRIGIDEZ

¿Qué es la frigidez?

Frigidez es el término utilizado para describir la ausencia de sensibilidad sexual en las mujeres. Comprende un espectro completo de respuestas, desde la evitación total del contacto sexual hasta la falta ocasional de orgasmo. La palabra «frigidez» es engañosa y probablemente fue acuñada por un hombre.

¿Por qué?

Porque, al confundir un síntoma con una enfermedad, muestra cierta falta de conocimientos acerca de la naturaleza sexual femenina. La incapacidad de sentir sexualmente no es un estilo de vida que la mujer elige voluntariamente. Es algo impuesto por circunstancias que van más allá de su control. Además, el mundo tiene la idea fija de que una mujer «frígida» es una mujer fría que rechaza deliberadamente el sexo. Eso no siempre es verdad. Quizá sería más apropiado el término «dificultad orgásmica». Eso, a fin de cuentas, es lo que todas las mujeres supuestamente frígidas tienen en común. Y lo que es más importante, no prejuzga ni culpabiliza.

¿Existen diferentes clases de dificultad orgásmica?

Al igual que la impotencia, la dificultad orgásmica va desde la deficiencia sexual innegable hasta manifestaciones más sutiles que pueden, incluso, interpretarse erróneamente como supersexuales. El principal problema de la dificultad orgásmica (DO, para abreviar) es que el cerebro y la vagina no están bien conectados entre sí. Es como un teléfono con los cables flojos. Unas veces la línea se corta en medio de la conversación; otras el mensaje llega poco claro. En ocasiones la persona tiene el número equivocado o el teléfono ni siquiera suena.

¿Qué ocurre cuando el teléfono no suena?

Que la DO es total y absoluta. Desde el punto de vista práctico, es como si los órganos sexuales ni siquiera existieran. La mujer con DO absoluta ha renunciado a todo interés por el sexo. Su familia y sus amigos no la comprenden y la relegan a la sombra social de la «solterona frustrada», un título del todo inmerecido. La dificultad orgásmica total es un problema emocional serio y debe tratarse como tal.

Pero ¿por qué es tan importante el orgasmo?

Si quiere saberlo, pregunte a cualquier persona que haya tenido uno. El orgasmo es la experiencia suprema de la existencia humana. No hay nada que se le parezca. Nada de lo que al ser humano más le gusta hacer —cantar, bailar, comer, beber— puede compararse con el éxtasis del orgasmo. Hasta la realeza está de acuerdo:

«Una joven princesa hija de una familia real europea estaba a punto de ser desposada. Aunque la reina le había instruido en lo que debía esperar de la noche de bodas, la muchacha se sentía algo inquieta.

»Al día siguiente, la princesa dijo a la soberana:

»—¡Madre, fue maravilloso, la mejor experiencia de mi vida! Pero tengo una duda.

»—¿Cuál? —dijo la reina.

»—Los pobres ¿también se lo pasan tan bien?

»—Desde luego —respondió la reina.

»La joven princesa frunció el entrecejo.

»—¡Qué pena! Es demasiado bueno para ellos.»

He aquí, por lo tanto, una de las grandes satisfacciones y contradicciones de la vida. La mujer más rica del mundo y la más pobre pueden disfrutar del placer supremo del orgasmo. En estos casos, ni el dinero ni la clase social ayudan en nada.

¿Qué puede ayudar?

El deseo sincero de disfrutar del sexo al máximo y la determinación de que nada entorpezca la consecución del orgasmo. Eso, junto con un entendimiento real de qué es un orgasmo y cómo se produce, garantiza prácticamente a toda mujer su consecución. Cuando usted haya terminado de leer este capítulo, poseerá las herramientas necesarias para experimentar la clase de orgasmo que siempre ha deseado. Si nunca ha tenido uno, aprenderá a tenerlos. Si los ha tenido, aprenderá a alcanzar orgasmos aún mejores, orgasmos que jamás creyó posibles.

¿Qué impide a las mujeres tener un orgasmo?

Muchas cosas. Una de ellas... los hombres. Es evidente que mucho de lo que le ocurre sexualmente a una mujer depende de la forma en que su pareja la trata. Para tener un coito gratificante hace falta algo más que un pene duro.

«Un hombre haciendo el amor a una mujer es como un gorila intentando tocar el violín», solía decirse hace unos años, y hasta cierto punto es verdad.

El funcionamiento del aparato sexual masculino es relativamente sencillo. Y así ha de ser, pues en la era de las cavernas la función del hombre consistía en eyacular lo más rápida y eficazmente posible a fin de impedir que la especie humana se extinguiera a medida que la enfermedad y el hambre mermaban implacablemente la población. Para colmo, siempre había algún animal gigantesco por los alrededores dispuesto a comerse al hombre mientras copulaba. Es posible que el hecho de introducir el pene en la vagina, deslizarlo media docena de veces, eyacular a toda prisa y regresar a la seguridad de la cueva haya evitado la extinción de la especie humana, pero no hizo nada por el orgasmo femenino.

Si el hombre quiere contribuir a que la mujer disfrute de todo lo que el sexo tiene que ofrecer, necesita, como mínimo, comprender los principios básicos de la fisiología sexual femenina. Y como máximo, ser capaz de llevar a la mujer a un orgasmo salvaje tras otro.

¿Cómo se consigue eso?

Es evidente que no puede hacerlo solo. La mujer es responsable de una gran parte del trabajo, pero aquí es donde todo empieza: los aparatos sexuales femenino y masculino son, básicamente, estructuras hidráulicas. Eso significa que su funcionamiento óptimo depende del bombeo de líquido y de la acción de una serie de válvulas.

¿Es hidráulico el sexo?

Sí, y en más de un sentido. Tomemos, por ejemplo, el pene. El órgano masculino no es más que un cilindro vacío que sólo sirve para orinar hasta que experimenta una increíble transformación hidráulica. Bajo circunstancias favorables, un juego de válvulas se abre de repente mientras que otro se cierra, y una serie de bombas empieza a llenar el órgano de sangre. Así es como el órgano fláccido se transforma en una bestia salvaje con cerebro propio.

¿Sigue la mujer el mismo proceso?

La mujer experimenta algo parecido. Bajo la estimulación adecuada, algunas válvulas se abren y otras se cierran y el diminuto clítoris deja de ser tan diminuto. Se vuelve firme y duro y es posible que sobresalga de su capucha o prepucio. Los labios menores (situados en la entrada de la vagina) también se llenan de sangre y crecen. Pero lo más importante de todo es que la entrada de sangre en la vagina aumenta a medida que el sistema hidráulico se transforma. Puesto que la sangre transporta calor, la temperatura de la vagina aumenta y la mujer se vuelve muy sensible a lo que está pasando justo debajo de su hueso pubiano.

Así pues, el aparato sexual femenino se transforma con la excitación sexual. La vagina y el clítoris excitados parecen órganos totalmente distintos de los de cada día. Pero lo más importante es que la forma en que este proceso ocurre influye de modo determinante en el hecho de que ella consiga o no un orgasmo.

¿Cómo puede la mujer alcanzar un orgasmo si su pareja parece un gorila tocando el violín?

Los dichos no siempre lo dicen todo. En primer lugar, las gorilas parecen pasárselo muy bien practicando el sexo. En segundo lugar, son animales inteligentes capaces de aprender. Los hombres son más inteligentes y pueden aprender más deprisa.

¿Cómo puede un hombre ayudar a una mujer a alcanzar el orgasmo?

Sólo existe una forma. Durante la actividad sexual, el hombre ha de ser un instrumento cuyo único fin sea permitir que la mujer experimente el placer más exquisito disponible para el ser humano: un orgasmo profundo, intenso y poderoso.

El orgasmo femenino es un proceso muy complejo y exige que

ocurran muchas cosas de acuerdo con un orden casi perfecto. Algunas mujeres tienen este orden programado en su sistema nervioso y alcanzan el orgasmo con suma facilidad. Otras necesitan aprender los pasos e integrarlos poco a poco en su naturaleza emocional.

¿Por dónde se empieza?

Por el principio, es decir, por tomar la decisión. La mujer que no puede alcanzar el orgasmo durante el coito tiene que decidir si está dispuesta o no a hacer lo que haga falta para conseguirlo. En caso negativo, sus probabilidades de éxito serán limitadas. Si, por el contrario, siente como Vanessa, es muy probable que obtenga lo que desea.

Vanessa meció sus largas y rubias trenzas, se quitó las gafas de sol y cruzó sus largas y bronceadas piernas. Luego sonrió.

—Ahora que ya he adoptado la postura seductora, podemos hablar, doctor.

—Hace un mes eso no habría tenido gracia, Vanessa.

Ella asintió.

—Lo sé. Cuando pienso en ello me parece tan lejano. No puedo creer que pasara seis años casada sin tener un solo orgasmo. Invertía cientos de horas y miles de dólares para convertirme en la personificación de la elegancia y la seducción, y a la hora del sexo se hubiera dicho que tenía novocaína de cintura para abajo. Y cada vez que terminaba de hacer el amor con mi marido, en mi cabeza resonaban una y otra vez las palabras: «¿Eso es todo?» No podía entender por qué la gente se volvía loca por el sexo. ¿Qué gracia tiene que te hagan cosquillas, te froten y te dejen empapada? —Se encogió de hombros y añadió—: Fue entonces cuando decidí seguir su programa y sincerarme. No fue fácil, pues eso suponía enfrentarme a las realidades del sexo por primera vez en mi vida. Tenía que abrir los brazos de par en par (y algo más) y aceptar todas las cosas maravillosas que el sexo tenía para ofrecer. Y a lo largo del proceso recordé una historia que alguien me contó hace muchos años.

—¿Qué historia?

—La de una mujer de cuarenta años que finalmente iba a casarse. Antes de la boda preguntó a una de sus amigas casadas qué se sentía durante el acto sexual. La amiga le dijo: «Cuando finalmente te llega el orgasmo es como si una bandada de pájaros gigantes volara por encima de tu cabeza.»

»La mujer se casó. Las noches pasaban y ella no sentía absolutamente nada cuando realizaba el coito con su marido, como yo. Una noche que estaba muy deprimida y su marido se hallaba en plena forma, empujando y resoplando como un loco, contempló el techo y murmuró: "No siento nada... no siento nada... no puedo sentir... ¡Ooohhh! ¡Por ahí vienen!"

»Eso mismo me ocurrió a mí. Pasé muchas noches sin sentir nada y a veces me desanimaba, pero seguí luchando. Hice lo que usted me dijo noche tras noche y, como en la historia, de repente ocurrió. Ahora tengo un orgasmo casi cada vez que practico el sexo.

¿Qué ha de hacer una mujer para tener un orgasmo?

Ha de consagrarse a la tarea por completo. Tiene que decidir que está dispuesta a obtener el máximo placer del sexo y hacer todo lo necesario para conseguirlo.

En la mujer, el sexo se produce simultáneamente en dos puntos. Toda una serie de acontecimientos tiene lugar en la vagina, el clítoris y las estructuras adyacentes; es la Historia Inferior. Pero el cerebro también experimenta, al mismo tiempo, una gran actividad sexual; es la Historia Superior. Si el cerebro desconecta, no hay orgasmo. Si la vagina desconecta, no hay orgasmo. (Si ambos desconectan...)

Encender la vagina y el clítoris resulta fácil, pues son estructuras con millones de años de antigüedad que no acarrean ninguna carga moral. Jamás han ido a la escuela ni a la iglesia e ignoran qué es eso de «comportarse como una dama». Nadie les dijo nunca que el sexo era «malo», «sucio» o «vulgar». Lo único que desean es ser acariciados, frotados, lamidos y copulados tan intensa y frecuentemente como sea posible.

El cerebro de la mujer, sin embargo, ve las cosas de otro modo. En muchos casos recibe el mensaje de que los deseos de la vagina son indecentes, inmorales y depravados. Así que cuando la vagina empieza a tener ganas de hacer lo que mejor sabe hacer, el cerebro la reprime.

¿Cómo?

Recuerde que el cerebro es la unidad central de control. La vagina y el clítoris, para conseguir lo que quieren, necesitan mucha sangre. Si el cerebro dice «no», el suministro sanguíneo se detiene, por lo que no hay endurecimiento del clítoris ni calentamiento y lubricación de la vagina ni, por supuesto, orgasmo. Por mucho que la mujer trate conscientemente de desafiar el veto del cerebro, éste tiene el poder de bloquear en cualquier momento los impulsos nerviosos e impedir el orgasmo. A las mujeres con DO les ocurre continuamente.

¿Cuál es la solución?

Un método que consta de dos pasos. El primero consiste en convencer al cerebro de que el sexo no tiene nada de malo. Es preciso explicarle que si todavía tuviera doce años el sexo y el orgasmo no serían una buena idea, pero que con veinticuatro y casada, es una gran idea. El cerebro también necesita comprender que «comportarse como una dama» no significa no poder tener orgasmos. El hecho de que usted tenga buenos modales en público no significa que no pueda saltar y gritar como una loca cuando practica el sexo con su marido.

Recuerde el viejo consejo que se daba a las muchachas antes de casarlas: «Sé una dama en el salón y una zorra en la alcoba.»

Algunas mujeres se hacían un lío y acababan siendo zorras en el salón y damas en la alcoba. La mayoría eran víctimas de DO.

¿Y el segundo paso?

El segundo paso consiste en reeducar el cerebro. El cerebro de la mayoría de mujeres con DO ha sido programado para frenar todo estímulo sexual que le sea enviado. Cada vez que le asalta una fantasía, la reprime y grita: «¡No deberías pensar en cosas tan vulgares!»

Pero el sexo no es vulgar.

Si una mujer siente el deseo de «tocarse ahí abajo», el cerebro le grita: «¿Qué haces? ¡Eso es una porquería!»

Falso. La mayor parte de las veces la mujer tiene el aparato sexual más limpio que las manos.

Si a la mujer se le va la mirada tras los hombres con bañador ajustado de la playa, el cerebro aúlla: «¡Eres una inmoral!»

¿Qué tiene que ver la contemplación del cuerpo humano con la moralidad?

El primer paso para poner el cerebro en contacto con la realidad es la «contraprogramación».

¿En qué consiste la contraprogramación?

Consiste en echar abajo las barricadas del cerebro con una entrada de información sana, en estimular los impulsos sexuales hasta tal punto que el cerebro no consiga apretar el freno cada vez que la mujer se acerca al orgasmo. La contraprogramación comienza por pensar en el sexo de forma constructiva. Jane lo hizo.

—Al principio me resultaba un poco raro, doctor. Tengo treinta y tres años, soy licenciada en sociología, enseño en la universidad y usted va y me sugiere que piense en el sexo todo el día. —Soltó una risa ahogada y prosiguió—: Bueno, no exactamente, pero eso me pareció al principio. Nunca había tenido un orgasmo, ni siquiera después de siete años de matrimonio y de haberlo probado todo. Así que me dije, ¿qué puedo perder?

»Durante la primera semana, cada vez que llegaba a casa del trabajo me servía una taza de té, me sentaba en el estudio y empezaba a fantasear. Me imaginaba a mi marido acercándose por detrás, levantándome muy lentamente el vestido y bajándome muy lentamente las bragas. La primera vez eso bastó para excitarme, así que me asuste y paré.

»Al día siguiente fui un poco más lejos e imaginé que mi marido deslizaba la mano entre mis piernas y me acariciaba. Estaba húmeda y me entraron ganas de masturbarme. Por increíble que parezca, ya entonces empecé a notar un cambio.

—¿Y luego?

—Dejé el programa. Supongo que me asusté porque creía que estaba haciendo algo «prohibido». Tardé una semana en convencerme de que tenía treinta y tres años, que estaba casada y que si no empezaba a disfrutar del sexo ahora, ¿cuándo iba a hacerlo? ¿A los noventa? Así pues, decidí volver a trabajar en mi problema. Fue entonces cuando empecé a ver películas X.

¿No era que a las mujeres no les excitan las películas X? Eso al menos dicen algunas: «¡Qué asco! ¿Cómo puede gustarle a la gente ver esas cosas? ¡Es repugnante!» Sin embargo, las películas X tienen su utilidad como medio para vencer las prohibiciones destructivas del cerebro. Es posible que cuando el cerebro dice «¡no!», la vagina esté diciendo «¡sí!». Está científicamente demostrado.

¿Científicamente demostrado?

Así es. La prueba irrefutable la proporciona un instrumento científico maravillosamente preciso llamado «fotopletismógrafo». Del tamaño de un tampón, se introduce en la vagina y mide, mediante una célula fotoeléctrica muy sensible, la corriente sanguínea vaginal. Como ya hemos visto, cuando una mujer se excita sexualmente el suministro de sangre en la vagina aumenta enormemente. He aquí un experimento que fue llevado a cabo en varias ocasiones:

Un grupo de mujeres con el fotopletismógrafo incorporado se sentaba a ver una película X. La cinta mostraba toda clase de actividades sexuales entre hombres y mujeres, como felación (boca-pene), cunilingus (boca-vagina/clítoris) y coito en diferentes posturas. Durante la proyección algunas mujeres expresaban su repugnancia por lo que estaban viendo. El cerebro les estaba gritando: «¡Qué obsceno! ¡Qué vulgar!»

El fotopletismógrafo, sin embargo, no miente. En casi todos los casos, aunque las mujeres lo negaran, las vaginas se llenaban de sangre por la excitación sexual que les provocaba la película. Otros instrumentos detectaban espasmos vaginales y aumento de la temperatura en la ingle. Cuando la vagina y las estructuras adyacentes se llenan de sangre y los músculos vaginales empiezan a experimentar contracciones, nadie puede dudar de lo que está ocurriendo.

También se produjo otro fenómeno interesante. Durante años se ha dicho que las películas X van dirigidas a los hombres y desagradan a las mujeres, de modo que ha surgido una nueva categoría de películas porno realizadas por mujeres para mujeres. Se supone que estas producciones estimulan a las mujeres porque carecen de la «vulgaridad» de las películas masculinas. Con todo, no es exactamente así. Es cierto que las mujeres preferían las películas femeninas, pero se excitaban exactamente igual con las versiones masculinas.

¿Está bien eso de tener fantasías sexuales y ver películas X?

Mírelo de este modo. Si un niño tiene dificultad para aprender a leer, le estimulamos de todas las formas posibles para fomentar su interés. Si alguien pierde el apetito, le incitamos a comer tentándole con toda clase de exquisiteces. Si una mujer no logra experimentar la mejor sensación que existe en el mundo, ¿está mal estimularla para que consiga sentir lo que otras mujeres sienten?

Lea la experiencia de Karen, una atractiva mujer morena de ojos pardos. Vestida con un traje de chaqueta azul y una blusa de seda beige, parecía la directora de un distinguido colegio para chicas, y eso es justamente lo que era.

—¿Cómo podía ser tan ingenua, doctor? Nunca puse en duda lo que me decían: «Ya verás como cuando te cases todo irá bien. Deja hacer a tu marido y poco a poco aprenderás a disfrutar del sexo.» Yo seguía esperando. Habían pasado ocho años y la primera noche no se diferenciaba de la última. Seguía tumbándome y esperando que Jeff me hiciera flotar de pasión. Como es lógico, había cosas que no le dejaba hacer porque me parecían inmorales. Nada de sexo oral, posturas raras ni representaciones. Como él decía, «un polvo de vainilla a secas».

—¿Qué ocurría exactamente?

Karen me miró sorprendida.

—¿Exactamente? Exactamente nada. Un pene forrado de látex me frotaba la vagina dos veces a la semana. Estoy segura de que el látex se lo pasaba mejor que yo. Pero… —Levantó el dedo índice—. Pero yo era una chica decente que hacía lo que debía. Estaba intentando lo imposible. Habría tenido más suerte si lo hubiese hecho en una hamaca delante de un centro comercial.

—¿Qué quiere decir?

—Quiero decir, doctor, que tenía todos los puntos en contra. Finalmente decidí ponerlos a mi favor y el resultado fue muy diferente. —Karen dio un sorbo a su café y prosiguió—: Hice todo lo que me dijo. Busqué un lugar tranquilo y di rienda suelta a mis fantasías. Cuando me excitaba, me masturbaba pensando en ellas. Era genial. Luego alquilé media docena de películas X, las más salvajes que encontré, y vi una por noche. Pero no crea que no tenía mis reparos.

—¿Qué quiere decir?

—Supongo que era inevitable. Al fin y al cabo, soy directora de un colegio para chicas muy respetado y me licencié con matrícula de honor por una universidad de elite. Mi familia es una de las más respetadas del estado. Mi padre es abogado y diácono de la iglesia, y… —Karen alzó la vista al cielo—. Y ahí estaba yo, masturbándome mientras, sentada en mi apartamento de estilo colonial impecablemente decorado, veía cómo un tipo con un pene duro como una roca se trabajaba a un bombón de pechos enormes despatarrada sobre una alfombra. Me ponía tan cachonda que tenía que tocarme para no volverme loca. Al mismo tiempo mi cerebro me gritaba: «¡Zorra! ¡Guarra!»

—¿Qué hizo?

—Al final desconecté el aparato de vídeo, me preparé una taza de té y tuve una charla conmigo misma. —Karen sonrió y continuó—: Fue, básicamente, un monólogo. Me dije lo siguiente: «Muy bien, Karen, según tú, quieres disfrutar del sexo, pero ¿cómo piensas conseguirlo? Cuando tu marido te penetra sumisamente para intentar darte un orgasmo, ¿es el bufete de tu padre o tu título universitario lo que te ayuda a alcanzarlo? Cuando Jeff ya no aguanta más y finalmente eyacula, ¿puedes disfrutar al mismo tiempo que él recitando el árbol genealógico de tu familia? ¿No? Bien, entonces ¿qué piensas hacer al respecto?— Karen me miró directamente a los ojos—. Sólo había una respuesta, doctor. Iba a hacer lo que fuera necesario para disfrutar del sexo de la forma en que tengo derecho a hacerlo. ¿Por qué iba alguien o algo a obstaculizar mi acceso al mayor placer de esta vida? También recordé lo que me dijo en una ocasión.

—¿Qué le dije?

—Que la nobleza francesa solía referirse al sexo como «la ópera para la gente pobre». Pues si la gente pobre puede disfrutar del sexo, ¿por qué yo no? Y si tengo que ver películas y masturbarme y pensar en penes enormes y calientes y vaginas palpitantes y lo que sea para disfrutar de lo que tengo derecho a disfrutar, pienso hacerlo. Eso fue lo que decidí y eso fue lo que hice. Volví a las películas. Cierto que la calidad deja mucho que desear, pero pueden ser muy excitantes. Después de un tiempo podía tocarme mientras las veía e incluso alcanzar el orgasmo. Sé que no parece una gran cosa, pero para mí fue un despertar sexual muy importante y, al mismo tiempo, un alivio.

—¿Qué ocurrió después?

—Bueno, hubiera sido una estupidez no aplicarlo donde podía resultar más beneficioso. Cuando Jeff y yo hacíamos el amor, visualizaba las películas que había visto. Eso me excitaba mucho más, y empecé a sentir cosas que no había sentido antes. ¡Era genial!

¿Por qué ayudan las imágenes y películas X?

Los seres humanos estamos programados para responder a ciertas indicaciones sexuales. Cuando un hombre ve a una mujer desnuda, la imagen le llega al cerebro y a partir de ahí comienza una cadena de misteriosas reacciones que terminan en la punta del pene. Sigue siendo un misterio por qué el simple hecho de ver unos pechos y una vulva abre todas las válvulas y llena el pene de sangre, pero así ocurre.

Y lo mismo les sucede a las mujeres. Durante décadas se les dijo que no debían reaccionar ante el cuerpo desnudo de un hombre, y generalmente no lo hacían. Pero si se abren a sus respuestas internas, sus reacciones sexuales normales y saludables les pondrán en la dirección correcta. Muchas mujeres han reprimido, durante casi toda su vida, sus instintos sexuales y, con ellos, sus orgasmos. Ahora tienen la oportunidad de invertir el proceso y disfrutar de lo que toda mujer merece.

¿Cuál es el siguiente paso después de las fantasías y estímulos inducidos por las películas X?

Abordar la realidad básica del sexo. La finalidad principal de las fantasías sexuales, las películas X y la masturbación es fomentar y reforzar los mensajes transmitidos entre el cerebro y los órganos sexuales. Es como aprender a jugar a tenis. La primera vez que uno se coloca frente a la red y ve cómo la pelota se le viene encima, no sabe qué hacer. Pero después de golpearla cincuenta veces ya es capaz de responder sin vacilar.

Así debería ser con respecto al sexo. Los impulsos nerviosos han de ir del cerebro al clítoris y la vagina sin detenerse por el camino. Cuando su marido le está acariciando dulcemente el clítoris, no piense: «¿Siento algo? ¿Debería sentir algo? ¿Está bien sentir algo?» Deje que el clítoris siga endureciéndose y calentándose hasta que ya no pueda más, ¡y cuanto más deprisa ocurra, mejor!

Una vez que el cerebro y la vagina funcionan más o menos de forma armónica, es hora de empezar a trabajar con el orgasmo penevaginal, aspecto que plantea la cuestión del famoso «punto G».

¿Punto G? ¿Qué es eso?

Mucha gente que ha intentado encontrarlo se ha hecho exactamente la misma pregunta. En 1950, un ginecólogo alemán llamado Ernst Grafenberg anunció que había descubierto en la pared vaginal un punto sumamente sensible que podía producir orgasmos muy intensos si se estimulaba correctamente. Al parecer «Grafenberg» era un nombre difícil de recordar, de modo que el punto acabó llamándose «G». Pero eso sólo fue el principio.

Casi de inmediato el mundo se dividió en dos grupos: los que veían el «descubrimiento» del punto G como una puerta a una nueva forma de satisfacción sexual y los que insistían en que dicho punto no era más que fruto de la imaginación de alguien. Algunas mujeres —en torno al 30 %— creían poseer el punto G y aseguraban tener mejores orgasmos que el 70 % restante.

Otras insistían en que todas las mujeres nacen iguales y que era imposible que existiera un punto especial en la vagina que era privilegio de unas pocas. En la actualidad, transcurrido ya medio siglo, el debate continúa en las páginas de reconocidas revistas médicas. Y la pregunta sigue siendo: «¿Existe o no el punto G?»

¿Existe?

La respuesta es sencilla y precisa: sí y no. Es cierto que en la vagina de casi todas las mujeres existe una zona especialmente sensible que, cuando se estimula, hace que todos los reflejos que conducen al orgasmo se aceleren. Hasta aquí, por lo que al «sí» se refiere.

La parte del «no» es que dicho «punto» no tiene que estar necesariamente donde lo marcó el doctor G. Según él, se halla en la pared superior de la vagina, a unos tres o cuatro centímetros de la entrada. Pero puede estar en otro lugar, y ese «otro lugar» es lo que hace posible el orgasmo para casi todas las mujeres que lo buscan.

¿Por qué?

Últimamente algunos estudios científicos sobre la sensibilidad y la respuesta sexual femeninas —no me refiero a libros escritos por autores no científicos o por supuestos expertos en la materia— han dado lugar a hallazgos fascinantes y sumamente útiles. Estos estudios demuestran que el doctor G. tenía razón, pero que, no obstante, se quedó a medio camino. En la vagina existe, sin duda alguna, una zona especialmente sensible que puede determinar la obtención del orgasmo en la mujer. Dicha zona estratégica, sin embargo, abarca toda la pared anterior o superior de la vagina, esto es, desde la entrada hasta un punto que se halla justo encima de la cérvix o cuello del útero.

¿Dónde exactamente?

Si introduce un dedo en la vagina y lo desliza hacia arriba hasta alcanzar la cérvix, habrá recorrido una franja de tejido que constituye la zona sexual más sensible de la mujer.

La excitación de esta zona alcanza la vagina, la uretra, el clítoris y el pequeño rincón donde la vagina se encuentra con la cérvix. Esta zona es pura dinamita sexual. Si el punto G está considerado como el «punto orgásmico», aquélla es una «autopista». Si se estimula como es debido, es prácticamente seguro que la mujer tendrá un orgasmo inolvidable.

En ese caso, ¿por qué no todas las mujeres tienen todos los orgasmos que desean?

Porque en lugar de entrar en la autopista se meten por alguna carretera antigua llena de baches. La mayoría de las mujeres realizan el coito en la postura del «misionero», es decir, tumbadas sobre la espalda con las rodillas levantadas, las piernas abiertas y el hombre encima. Desde el punto de vista orgásmico, debería llamarse la «postura imposible del misionero».

El pene estimula vigorosamente la pared posterior de la vagina, zona que apenas posee sensibilidad y está muy lejos del clítoris y del bolsillo cervical-vaginal. Si la mujer tiene problemas para alcanzar el orgasmo, esta postura se lo pone aún más difícil. Es como intentar introducir una banana en la boca de alguien con los ojos tapados.

Si el pene del hombre está realmente duro, si la vagina está firme, si la mujer está muy excitada —y otra media docena de «síes»—, es posible que la mujer alcance el orgasmo. Pero ¿por qué no facilitar las cosas?

¿Cómo?

Sacando partido de la anatomía y la fisiología femeninas y de los últimos hallazgos científicos y médicos. Si la mujer realmente quiere tener un orgasmo o aumentar la frecuencia e intensidad de los mismos, puede hacer lo siguiente:

En primer lugar, buscar un momento y un lugar tranquilos para aprender el proceso. Saque a los niños de casa si es necesario, cierre la puerta del dormitorio con llave y prepárese para algunos descubrimientos interesantes. Recuéstese boca arriba e introduzca lentamente un dedo en la vagina (lubríquelo si es necesario). Deslícelo por la pared anterior o superior hasta llegar a la cérvix, que es una estructura tubular con la misma consistencia que la punta de la nariz. Entre la cérvix y la pared superior de la vagina hay una zona que resulta sensible para muchas mujeres. Pase el dedo por esa zona para familiarizarse con ella. Luego deslice el dedo repetidamente desde la entrada de la vagina hasta el bolsillo de la cérvix. Debería sentir algo en el clítoris, la uretra y la vagina. Si le apetece, siga moviendo el dedo hasta tener un orgasmo. Acariciarse el clítoris con la otra mano también ayuda.

¿Está bien que una mujer juegue con sus órganos de ese modo?

No está jugando, está aprendiendo la ubicación de las partes más sensibles de su aparato sexual para poder disfrutar de algo a lo que tiene derecho: el orgasmo. Del mismo modo que si tuviera que dar una charla a la Asociación de Padres y Profesores —un acontecimiento nimio en su vida—, ensayaría detenidamente, si quiere tener un orgasmo —uno de los acontecimientos más importantes de su vida—, ¿no sería lógico que también ensayara, aunque sólo fuera un poco?

¿Cuál es el siguiente paso?

Seguir practicando. Vale la pena que la mujer siga excitando la «autopista orgásmica» hasta que esté segura de su respuesta. Una vez que haya adiestrado bien los reflejos, estará preparada para ponerlos a prueba con su marido.

La idea es crear el contacto más estrecho posible entre la pared superior de la vagina y el pene. Es importante que éste ejerza toda la presión de que sea capaz, porque en los tejidos vaginales hay terminaciones nerviosas profundas que es preciso estimular. Para que todo salga a la perfección, la mujer ha de conseguir que el pene esté muy duro. Es parte de su trabajo en esta etapa.

¿Por qué?

Porque a esas alturas el pene es la clave de su orgasmo y la tarea es demasiado importante para dejarla en manos de un hombre. La mujer tiene que asegurarse de conseguir una buena erección, y para ello debe hacer lo que haga falta, desde practicar el sexo oral hasta todo aquello que sabe que estimula a su marido. Si desea alcanzar su objetivo, necesita ese pene, y lo necesita bien duro.

El siguiente paso consiste en conseguir que la mujer alcance el grado máximo de excitación. Anime a su marido a que le haga todo aquello que más la excita. Pídale que le acaricie el clítoris e indíquele cómo hacerlo. Si no le orienta, probablemente se lo frotará como él se frota el pene, y dudo que eso le agrade.

Anímele luego a que le haga, si le gusta, el cunilingus. No olvide decirle que es para una buena causa. También puede mostrarle el camino hacia la autopista orgásmica. Para entonces debe asegurarse de que el pene de su marido está bien lubricado. Cuando ya no pueda más, agarre ese pene y póngalo donde debería estar.

¿Eso es todo?

No. Introducir el pene en la vagina no es suficiente; tiene que recorrer la carretera orgásmica, y aquí es donde la postura adquiere importancia. Una de las mejores es con la mujer tumbada de costado y el hombre estirado detrás. De esa forma la cara externa del pene frota la pared anterior de la vagina. Si el hombre empuja simultáneamente hacia abajo, aumentará la presión en la pared vaginal y, por tanto, la estimulación. Pero no es la única forma.

Pruebe diferentes posturas hasta que el pene frote la vagina como a usted le gusta. No es una tarea muy difícil. Si la mujer se tumba boca abajo con una almohada debajo de la cadera, el pene obtiene una entrada idónea. Para otras parejas, la alineación pene-vaginal ideal se produce si el hombre yace boca arriba y la mujer lo monta de frente. (Es la llamada «postura de la vaquera», por razones obvias.) A veces es mejor si la mujer monta al hombre dándole la espalda, es decir, como la postura de la vaquera pero en sentido inverso.

¿Es todo eso realmente necesario?

Nada de todo eso es necesario a menos que la mujer desee tener un orgasmo. Piense en todo el tiempo y el esfuerzo que la mujer invierte en maquillarse. Rímel, colorete, sombra de ojos, pintalabios, todo debe elegirse detenidamente y aplicarse con sumo cuidado. El resultado final es gratificante, pero no puede compararse con el placer de un orgasmo intenso y salvaje. ¿No sería lógico dedicarle el mismo tiempo y esfuerzo?

Con la práctica, casi toda mujer acaba encontrando la combinación idónea de estímulos y posturas que le permitan alcanzar el orgasmo en casi cada ocasión. Pero eso no es todo. Una vez hallada dicha combinación, es preciso repetirla cuantas veces sea posible para afianzar los reflejos. Es como jugar al baloncesto. Una vez que se consigue introducir la pelota en la canasta, no es el momento de parar, sino de intentarlo tantas veces como sea posible para que al final salga sin pensarlo siquiera.

¿Hay algo más que pueda hacer la mujer para asegurarse un orgasmo?

Sí. Estudios científicos y médicos recientes han sacado a la luz indicios muy interesantes. Parece ser que la habilidad de una mujer para alcanzar el orgasmo aumenta si su sistema nervioso simpático es estimulado antes del coito. El concepto del sistema nervioso simpático es bastante complejo. No obstante, desde el punto de vista práctico, resulta que veinte minutos de ejercicio físico intenso —como aeróbic— lo estimulan y pueden aumentar sobremanera la sensibilidad sexual. Pero no haga lo que hizo Natalie.

¿Qué hizo Natalie?

Dejemos que ella nos lo cuente.

—Hice exactamente lo que me sugirió, doctor, y empecé a tener orgasmos por primera vez después de cuatro años de matrimonio. ¡Fue fantástico! Nunca imaginé que el sexo pudiera ser tan genial. Pero nunca tenía suficiente y deseaba algo aún mejor. Verá, soy programadora informática y, por tanto, una perfeccionista. Pensé que podía ir más lejos.

—¿A qué se refiere?

—Bueno, usted dijo que veinte minutos de ejercicio podían intensificar el orgasmo.

—¿Y?

—Decidí asistir a clases de aeróbic. Luego pensé que si veinte minutos eran buenos, cuarenta serían aún mejor. Así pues, tras cuarenta minutos de aeróbic, llegué a casa, desnudé a mi marido, lo arrastré hasta la cama, me eché encima de él y...

—¿Y?

Natalie bajó la mirada.

—¡Me dormí! Pero aprendí la lección. Nunca más pasaría de los veinte minutos.

¿Hay algo más que pueda mejorar el orgasmo de la mujer?

Sí. Recordar la historia del joven que caminaba por una calle de Nueva York con un violín. Se había perdido y temía no llegar a tiempo a su cita, de modo que detuvo a una anciana.

—Perdone, señora —dijo—, ¿puede decirme cómo se llega al Carnegie Hall?

La mujer contempló el violín, acercó su cara a la del muchacho y dijo:

—¡Practicando, muchacho, practicando!

Es posible que la práctica no la lleve al Carnegie Hall, pero sí a una clase de orgasmo que nunca creyó posible, orgasmos que transformarán su vida sexual y su vida en general. Inténtelo. No tiene nada que perder y mucho que ganar.

8

HOMOSEXUALIDAD

Nota importante: la homosexualidad ya no es lo que era. Hace años constituía, sencillamente, un patrón de prácticas sexuales. En la actualidad tiene relación con los derechos humanos, lo políticamente correcto, los derechos laborales, la libertad de expresión, el servicio militar, el acoso sexual y muchas otras cosas. Este capítulo constituye una descripción médico-científica de las prácticas homosexuales elaborada a partir de un extenso material proporcionado por homosexuales y estudios científicos actuales sobre la homosexualidad. Usted es libre de creer que la homosexualidad es buena o es mala. Yo, como médico y científico, no puedo hacer esa clase de juicios. Por consiguiente, nada en este capítulo debería ser —ni puede serlo— interpretado como una crítica o una apología de la homosexualidad.

¿Qué es la homosexualidad?

La homosexualidad es la atracción emocional y sexual que siente una persona hacia personas de su mismo sexo. Dadas las limitaciones anatómicas y fisiológicas que ello implica, los obstáculos a superar son formidables. La mayoría de los homosexuales lo ven como un desafío que afrontan con un ingenio y una energía ilimitados.

La homosexualidad, ¿es buena o mala?

La respuesta supondría hacer juicios que van más allá del ámbito de este libro. En los últimos años la homosexualidad se ha convertido en tema político que despierta pasiones. Centrémonos en las implicaciones de la homosexualidad y dejemos los juicios de valor a los filósofos.

¿Cuál es la causa de la homosexualidad?

Como todas las áreas complejas de la conducta humana, no existe una explicación sencilla. Algunas personas creen que la homosexualidad es «genética», es decir, se nace con ella y no hay nada que hacer al respecto. Otras lo ven como una enfermedad mental que puede curarse con psicoterapia. Hay quien cree que es una decisión personal, esto es, que la persona decide ser homosexual. Otra gente opina que es una perversión sexual. Y hay personas, en su mayoría homosexuales, que piensan que es algo tan normal como ser heterosexual. Para complicar aún más las cosas, existen muchos otros puntos de vista.

¿Quién tiene razón?

Todos, pues estamos hablando de opiniones, y todo el mundo está en su derecho a tener su propia opinión. En cada momento hay miles de estudios científicos en desarrollo, así que concentrémonos en «qué» es la homosexualidad en lugar de «por qué» existe.

¿Ha cambiado la homosexualidad en los últimos años?

Sí y no. Las prácticas sexuales de los homosexuales no han cambiado desde que el sexo es sexo porque, anatómicamente hablando, no hay mucho dónde elegir. No obstante, sí se ha producido un cambio importante en otro aspecto.

¿Cuál?

La homosexualidad ha salido del armario, como suele decirse. En Estados Unidos, por ejemplo, existe una vasta subcultura homosexual. La homosexualidad vivía antes en la sombra, y ahora está en primera línea. Hay iglesias homosexuales, películas homosexuales, playas homosexuales, restaurantes homosexuales, incluso programas de televisión para homosexuales.

¿Eso es bueno o malo?

La homosexualidad se ha politizado tanto que ahora todo el mundo quiere saber si uno está a favor o en contra de ella. Para médicos y científicos, sin embargo, eso carece de importancia. Los homosexuales son seres humanos, y este capítulo trata de lo que hacen, no de si lo que hacen está bien o mal. Cada persona, basándose en los hechos y en sus propias creencias, debe decidirlo por sí misma.

¿Cuál es el porcentaje de la población homosexual?

Nadie lo sabe con certeza porque no es algo que la gente vaya anunciando a los cuatro vientos. Hay quien dice que el 2 % de la población masculina de Estados Unidos es homosexual. Otros aseguran que el 10 %. La proporción real se halla, probablemente, entre ambas cifras, y otro tanto ocurre para las mujeres homosexuales.

He leído muchos artículos sobre homosexuales, pero todos parecen omitir lo que en realidad deseo saber: ¿cómo practican el sexo los homosexuales?

He ahí la pregunta clave. La mayoría de la gente cree que practicar el sexo es realizar el coito penevaginal. Para los hombres homosexuales, sin embargo, la vagina queda descartada, de modo que si quieren realizar el coito necesitan otro lugar donde introducir el pene. Las opciones, desde el punto de vista anatómico, son algo limitadas. Por eso los homosexuales necesitan mucha más imaginación en el terreno sexual que los heterosexuales.

Una actividad obvia es la masturbación individual y la masturbación mutua. Hay a quien le gusta masturbarse mientras su pareja mira. Otros prefieren acariciarse mutuamente el falo hasta que ambos eyaculan. Pero existen otras formas imaginativas de masturbarse.

¿Por ejemplo?

El llamado «coito seco», practicado también por los adolescentes heterosexuales. Tiene lugar cuando dos jóvenes, después de besarse y achucharse, están tan excitados que se frotan entre sí los órganos sexuales a través de la ropa. Esto suele desembocar en la eyaculación del joven caballero y la lubricación (desperdiciada) de la dama. La satisfacción obtenida debe sopesarse con el malogro que supone para la ropa interior.

Los homosexuales adultos hacen lo mismo, sólo que generalmente desvestidos y en una postura más cómoda. Uno de ellos se tumba boca arriba con las piernas muy cerradas y su pareja se estira encima e introduce el pene en el hueco formado por los muslos, justo debajo de los testículos. Técnicamente se conoce como «coito interfemoral». También puede realizarse con la pareja boca abajo.

Es recomendable lubricar la zona. A veces uno de los dos se cubre el cuerpo con grasa o aceite. Hay quien utiliza la axila y el espacio que forma la rodilla doblada para deslizar el pene lubricado.

Otra posibilidad —y probablemente no la última— es que el hombre se tumbe boca arriba con las rodillas levantadas y su amigo deslice su pene contra el perineo (la zona entre los testículos y el ano).

¿No son formas un poco extrañas de practicar el sexo?

Eso depende del punto de vista de cada individuo. Como reza el dicho, acerca de gustos no hay nada escrito.

Obviamente, el que está debajo no recibe el mismo placer; para compensarlo, se masturba o es masturbado por su compañero.

¿Qué más hacen los homosexuales?

Otra modalidad de las prácticas homosexuales es el coito oral. También se conoce como felación y consiste en chupar el pene del compañero. La felación y la masturbación desempeñan un papel importante en un área de la actividad homosexual.

¿Cuál?

El sexo informal. Es parte del vínculo —casi como una camaradería— que comparten muchos hombres homosexuales y que hace posible el sexo informal y espontáneo. En los puntos de encuentro de homosexuales como parques públicos, bares gay, lavabos, librerías para adultos y discotecas, los homosexuales no llevan a cabo el típico coqueteo que se produce entre el hombre y la mujer. Cuando dos homosexuales se eligen, el sexo es instantáneo.

Puede ser una masturbación o un felación rápida en un parque o un lavabo público, o un encuentro más prolongado en el apartamento de uno de ellos. Difiere bastante de lo que los heterosexuales están acostumbrados a hacer. De hecho, si los heterosexuales varones pudieran hacer lo mismo con mujeres, lo considerarían un sueño hecho realidad.

Imagine que los viernes, después del trabajo, su colega acudiera a un parque donde hay media docena de atractivas mujeres paseando y que, después de cruzar unas palabras, una de ellas, sin más, procediera a hacerle una felación. Imposible, ¿verdad?

Los homosexuales, en cambio, pueden hacerlo todos los días de la semana. Lógicamente, tiene sus inconvenientes.

¿Por ejemplo?

Bueno, no estamos hablando de relaciones duraderas. No hay presentaciones, y si es de noche apenas si pueden verse la cara. Luego está la actitud poco colaboradora de la policía que suele rondar por esos lugares. Nunca se sabe si el encantador y diligente joven es un agente de policía dispuesto a sacar las esposas.

El arresto puede ser un auténtico problema, sobre todo porque algunos hombres que buscan esta clase de sexo instantáneo y anónimo quieren o tienen que ocultar su homosexualidad. A veces recurren a los *glory holes* o «agujeros gloriosos» para minimizar el riesgo.

¿*Glory holes*? ¿Qué es un *glory hole*?

Los homosexuales tienen un vocabulario muy rico y cargado de humor irónico. Es parte de su subcultura. Un *glory hole* es una abertura en un tabique que separa dos espacios y que se utiliza para practicar el sexo. En Estados Unidos pueden encontrarse, por ejemplo, en los salones de té.

¿En los salones de té? ¿Beben mucho té los homosexuales?

La verdad es que en el salón de té no se bebe té. Un «salón de té» es un lavabo público para hombres donde los homosexuales se buscan para un encuentro sexual inmediato. Puede existir prácticamente en cualquier parte, desde un centro comercial o una bolera hasta una base militar, un hospital o un edificio de oficinas.

¿En qué otros lugares hay *glory holes*?

En algunos gimnasios, paradas para camiones, cines y librerías para adultos. El agujero del tabique que separa ambos retretes está ahí por un motivo muy especial y algo complejo. De hecho, existe un ritual que los neófitos deben aprender.

¿En qué consiste?

Varía de ciudad en ciudad, pero la base es la misma. Tomemos, por ejemplo, el lavabo de un gimnasio. Monty, conocedor del tema, nos lo cuenta:

«Entras en un cubículo después de asegurarte de que hay un tipo en el cubículo vecino. Una vez te has puesto cómodo, buscas el agujero glorioso y decides lo que quieres hacer.

»Si deseas chupar o masturbar, introduces el dedo en el agujero y lo meneas. Si la persona está interesada, su pene aparece por el agujero. Debe tenerlo medio erecto o de lo contrario no va en serio.

»Entonces se lo chupas o juegas con él hasta que eyacule. Si quieres que utilice preservativo, debes pasarle uno por el agujero. Hay quien se niega a usarlo, lo cual es una estupidez tal y como están las cosas hoy en día.»

¿Y si la persona quiere que se lo hagan?

Preguntémosle a Monty.

«Si quieres que te lo hagan, has de esperar a que el dedo asome por el agujero. Hay que ser paciente y evitar las situaciones embarazosas, pues al otro lado podría haber un poli dispuesto a ponerte las esposas o un hetero que sólo vino a levantar pesas. Tampoco es una buena idea introducir el pene en ese agujero si no sabes qué hay al otro lado.

»Pero si ves un dedo amigo haciéndote señas, probablemente la cosa irá bien. Es el momento de introducir el miembro en el agujero para que te lo chupen o te masturben. Si quieres jugar sobre seguro, has de ponerte primero un preservativo.»

¿Es una práctica segura?

El sexo informal presenta muchos riesgos, sobre todo la práctica del *glory hole.*

¿Qué riesgos?

Por un lado, hace falta mucho valor para introducir el pene erecto en un agujero y esperar a que un completo desconocido al que ni siquiera le ha visto la cara haga algo con él. Esperemos que sea una persona amable y delicada como usted en busca de un órgano anónimo y no un sádico o alguien recién huido de un psiquiátrico.

También existe el riesgo permanente de contraer infecciones, ya sea sida, hepatitis o cualquier otra cosa. Es difícil evaluar a alguien a quien no vemos. Y aunque casi todos los homosexuales están dispuestos a utilizar preservativo, existe un caso en el agujero glorioso en que no puede saber si su compañero está «condonizado» o no.

¿Qué caso?

El del sexo anal. Hay hombres que quieren ser penetrados analmente y colocan sus nalgas contra el orificio. Sin embargo, no tienen forma de saber si su nuevo amigo utilizará condón o no. Para cuando lo averiguan, ya es demasiado tarde. Pero aunque utilice preservativo, todavía se corre el riego de contraer el sida o la hepatitis.

¿Cómo puede infectarse si utiliza preservativo?

De muchas maneras —como veremos en el capítulo 14 sobre enfermedades de transmisión sexual—, pero existe una forma de infección con condón que mucha gente desconoce. Suponga que el nuevo amigo invisible está nervioso, drogado o es un poco torpe y se pone el condón al revés (puede ocurrir). Al darse cuenta, se lo quita, lo gira y vuelve a ponérselo. Luego introduce el pene «condonizado» en el ano de su vecino y ¡le transmite el sida!

¿Cómo?

En la punta del pene hay suficiente secreción para contaminar el interior del condón. Al darle la vuelta a éste la secreción queda en la superficie externa. Y al introducir el pene en el ano del vecino, el virus del sida encuentra un nuevo lugar donde crecer.

Para practicar el sexo rápido y anónimo hay lugares más seguros que los agujeros gloriosos. Me refiero a las saunas.

¿Saunas?

Así es. Pero del mismo modo que los homosexuales no acuden al salón té para tomar té, tampoco van a la sauna para desintoxicar el cuerpo. Puede que haya taquillas, *jacuzzis* e incluso piscina, pero también hay otras comodidades, por ejemplo, cabinas, salas de televisión y «cuarto oscuro».

Estas «saunas» son, una vez más, un sueño para los heterosexuales. (Se han abierto algunas para ellos, pero la mayoría acaban cerrando por una razón u otra.) El funcionamiento varía según las costumbres locales y las preferencias individuales, pero normalmente es el siguiente:

El cliente entra, paga y pide una taquilla. Luego sale cubierto únicamente con una toalla. Se pasea por el club y, tarde o temprano, su mirada se cruza con la de otro hombre. Éste se acerca y entran en una cabina. Tras hacer lo que desean hacer, salen y van en busca de otra pareja.

¿Y el «cuarto oscuro»?

Es un lugar especial. Aquí pueden unirse tres, cuatro o cinco homosexuales para practicar desde la masturbación hasta el sexo oral y anal. A veces se unen para formar una cadena de felaciones, masturbaciones o penetraciones.

¿Es el sexo anal una práctica segura?

En estos casos lo de la seguridad es relativo. Si mantiene contacto sexual con media docena de desconocidos desnudos, la palabra «seguridad» será la última que le venga a la cabeza. En cualquier caso, el sexo anal es la práctica sexual menos segura.

¿Por qué?

El ano es la fase final del sistema digestivo; no forma parte del sistema reproductor y no está diseñado para el sexo. En primer lugar, es un nido de bacterias muy nocivas, como el mortal colibacilo. También puede alojar el virus de la hepatitis que cada año mata a más personas que el sida. En segundo lugar, el ano y el recto constituyen el hogar de los residuos del sistema digestivo, esto es, las heces. Un orificio lleno de bacterias, virus y heces no es exactamente el mejor lugar donde introducir el pene… o la boca.

¿La boca?

Exacto. A algunos homosexuales les gusta practicar el «anilingus», esto es, lamer el ano. Se trata, como es natural, de un gusto adquirido que no todos comparten. El inconveniente es que quien lo practica acaba, más tarde o más temprano, contrayendo la hepatitis.

Pero entonces ¿por qué los homosexuales practican el sexo anal?

Porque no tienen mucho donde elegir. (Algunos heterosexuales también lo practican, y ellos sí tienen dónde elegir, pero eso es otra historia.)

Para que la experiencia sexual sea realmente satisfactoria el pene necesita experimentar una estimulación completa. La masturbación, la felación o la inserción del pene entre las piernas del compañero no es suficiente. Para una auténtica liberación sexual, el pene ha de estar envuelto en una estructura cálida y firme que le proporcione un masaje intenso y le exprima hasta que suelte la última gota de semen. La vagina está hecha a medida del pene, pero es justamente la zona que los homosexuales quieren evitar. En el hombre, la estructura más parecida a la vagina es el ano.

Pero además de los virus, las heces y las bacterias, el ano presenta otro problema.

¿Cuál?

Está diseñado para hacer que lo de dentro salga y no que lo que está fuera entre. El ano posee dos esfínteres poderosos (válvulas musculares) que trabajan para mantener las heces en el recto hasta que es necesario expulsarlas. Eso es exactamente lo contrario de lo que quieren hacer los homosexuales. Ellos desean introducir un pene largo y duro, y para ello tienen que luchar contra dos anillos musculares: los esfínteres externo e interno. El esfínter externo es «voluntario», lo que significa que la persona puede controlarlo. El interno, por el contrario, es «involuntario». Por eso los *poppers* son tan populares.

¿Qué son los *poppers*?

Como vimos en el capítulo sobre impotencia, *poppers* es el nombre popular que recibe el nitrito de amilo, un fármaco utilizado por los médicos para dilatar los vasos sanguíneos. Antes, la gente que sufría dolores cardíacos rompía una ampolla que contenía varios milímetros de líquido transparente. El líquido caía en una red de algodón que envolvía la ampolla y el paciente inhalaba los vapores. Los vasos sanguíneos se dilataban y el dolor desaparecía. Pero los seguidores del sexo anal descubrieron algo más.

¿De qué se trata?

El nitrito de amilo también relaja los músculos del cuerpo, entre ellos los esfínteres. Por otro lado, parece ser que prolonga el orgasmo, de modo que también resulta atractivo para los heterosexuales.

El nitrito de amilo, no obstante, es a menudo nocivo, sobre todo si se utiliza mucho, de modo que muchos países restringieron su venta. Puede provocar dolor de cabeza intenso y efectos secundarios graves. La demanda, sin embargo, persistía, y rápidamente aparecieron sustitutos, como el nitrito de butilo. Desde entonces esta sustancia química se anuncia como limpiador para cabezales de vídeo y carburadores, aunque la mayoría de la gente lo utiliza para el sexo. Cualquiera pensaría, a juzgar por lo mucho que se vende este producto, que los norteamericanos están obsesionados con la limpieza de sus aparatos de vídeo y carburadores.

Los *poppers*, además del sexo anal, facilitan otras cosas.

¿Qué cosas?

La introducción de dedos, objetos y puños. Son tres variaciones del sexo anal que requieren participantes intrépidos. El primer caso es relativamente suave, pues consiste en introducir únicamente uno o dos dedos en el ano del compañero. Puede hacerse a secas o durante la masturbación, la felación o el sexo anal. Los peligros son los de siempre: cortes, desgarres e infecciones en el ano y en el delicado revestimiento del recto inferior. Este peligro, sin embargo, es relativamente pequeño comparado con el que encierra el siguiente paso.

¿Cuál es?

La introducción de objetos en el recto. El recto es el extremo más lejano del intestino grueso. Comienza en el ano y se extiende unos 12 centímetros hasta convertirse en el colon descendente. Es muy delicado y las paredes son relativamente delgadas, por lo que resulta fácil perforarlas. Cuando eso ocurre, las heces penetran en la cavidad peritoneal y dan lugar a una infección muy grave que en ocasiones causa la muerte.

Las parejas heterosexuales también juegan a insertar objetos en el recto, si bien los homosexuales parecen hacerlo con mayor frecuencia e ingenio. Casi todos los médicos han tenido experiencias como la que sigue:

Son las dos de la mañana de un domingo y un joven llega desesperado a urgencias de un hospital. Bajo y delgado, con una melena larga y rubia, aparenta unos veinticinco años. Lleva encima una borrachera que se le está pasando rápidamente. Su camisa de seda rosa está empapada de sudor. Quiere ver a un médico urgentemente. El médico se dirige a una mesa de reconocimiento mientras el paciente le sigue con la espalda encorvada.

—Verá, doctor —barbotea al entrar—, fue un accidente. No pude evitarlo, yo...

—No se preocupe, no tiene que darme explicaciones. Súbase a la mesa.

Es evidente que el médico ha visto antes ese problema.

El paciente obedece. Se quita los pantalones y se pone a cuatro patas sobre la mesa con el ano al aire.

—Resbalé en la ducha —prosigue.

El médico apenas le escucha. Sabe que no ocurrió así y está más preocupado por lo que pueda encontrar. Introduce el anoscopio, enciende la luz y ahí está: un vaso de whisky. Respira aliviado. Los vasos de whisky son, relativamente hablando, fáciles de extraer. Introduce una abrazadera acolchada, inyecta un poco de lubricante, el paciente suelta una pequeña exclamación y el vaso sale.

Cuando la situación ha pasado, al médico no le importa hablar.

—Siempre me inquieto cuando veo entrar a tipos como ése. Con ese extraño andar que tienen se les reconoce a un kilómetro de distancia. Y todos dicen lo mismo: «Resbalé en la ducha.» ¡Tiene que ser una ducha de lo más extraña! Yo sé que no ocurrió así. Siempre rezo para que sea un vaso de chupito, pues resulta más sencillo extraerlos. El vaso llega ahí de este modo: es sábado por la noche y dos tipos se lo están pasando en grande bebiendo o drogándose. Al final uno se vuelve para que el amigo le monte, pero en lugar de eso éste le introduce lo que tiene más a mano, generalmente un vaso de whisky. A esas alturas están tan borrachos que no saben lo que hacen. Eso no me preocupa. Generalmente, el vaso entra por el extremo más delgado y lo giro para que también salga por ese lado. Me preocupo cuando encuentro cosas peores, como una vez que llegó un caballero y cuando le introduje el anoscopio vi que su recto estaba iluminado. ¡Le habían metido una linterna! Era, sin duda, el hombre más encendido de la ciudad. Me costó mucho trabajo sacarla.

Lo peor, sin embargo, no son las linternas. De vez en cuando un homosexual consigue pasar una bombilla por el recto de su compañero. En estos casos hay que operar de inmediato. Existe el peligro de que la bombilla estalle, lo que provocaría perforación intestinal, peritonitis y muerte.

En ocasiones las revistas médicas publican artículos que enumeran los objetos extraídos de los rectos de los pacientes, en su mayoría hombres. Algunos de ellos son: bolígrafos, lápices, pintalabios, peines, botellas de refrescos, pelotas de tenis y afeitadoras eléctricas, además de manzanas, plátanos, zanahorias, pepinos, cebollas, nabos, patatas, salchichas y calabacines suficientes para abastecer una verdulería.

Los artículos más frecuentes, como puede imaginar, son botellas, palos de escoba y vibradores.

¿Todos los homosexuales lo hacen?

No. A veces lo hacen al revés, y lo que parecía una buena idea se convierte de repente en un problema.

Un ejemplo es el caballero que decide masturbarse con el cuello lubricado de una botella como sustituto del ano. Después de introducir el pene, de frotarlo y eyacular, llega la hora de sacarlo, lo cual no siempre es fácil porque el cuello de la botella presiona la base del órgano y corta la circulación. Después de la eyaculación la sangre no puede vaciarse, de modo que el pene permanece duro dentro de la botella. ¿Ha visto alguna vez un barco en una botella? Pues ese mismo aspecto tiene el tipo que corre hasta el hospital.

La imagen de un falo rojo e hinchado atrapado en una botella es bastante sorprendente. El médico tiene que hacer justamente lo que la víctima temía que hiciera: romper la botella. Luego explica al arrepentido masturbador los peligros de semejante práctica y lo envía a casa. Aun así, hay juegos más peligrosos que ése.

¿Por ejemplo?

El *fist fucking* o introducción del puño, una práctica extraña y cada vez más extendida.

Generalmente hace falta un hombre cuyos esfínteres hayan cedido bastante. (Si se practica mucho el sexo anal, el esfínter externo acaba por romperse.) El compañero, tras lubricar a conciencia, le introduce los dedos. El que recibe los dedos, el «pasivo», generalmente tiene un *popper* a mano, que inhala para que los músculos del ano se relajen. Lentamente, el compañero le introduce toda la mano en el recto. Una vez dentro puede abrir los dedos y hacer cuanto se le ocurra. Verlo resulta impresionante, y hay gente que lo hace varias veces al día.

¿Quién?

Los médicos, si bien ellos trabajan con guantes esterilizados, con el paciente anestesiado y con otra idea en la cabeza, como por ejemplo retirar alguno de los objetos mencionados.

El *fist fucking* es una práctica peligrosa. Puede mutilar el interior del intestino, perforarlo, provocar una infección e infligir otra clase de traumas. La delicada estructura intestinal puede dañarse tanto al entrar como al salir.

El mejor consejo es el que aparece en algunos anuncios de televisión: «Sólo para profesionales. ¡No intente hacerlo en casa!»

¿Dónde se reúnen los homosexuales?

En muchos lugares. La vasta subcultura homosexual abarca grupos de apoyo, clubes y grupos de afinidad homosexual. También hay organizaciones homosexuales dedicadas a la jardinería, el deporte, la música, la política, el empleo y muchas otras cosas.

Los homosexuales también se reúnen en otros lugares.

¿En cuáles?

En fiestas heterosexuales, acontecimientos deportivos, el trabajo y demás. El problema está en que si dos hombres se encuentran en una fiesta heterosexual, ¿cómo saben que el otro es homosexual? No es fácil, pero tampoco imposible. Frank nos lo cuenta:

«Verá, doctor, lo llamamos *gay-dar*, pues funciona como un radar que se utiliza para identificar a la gente homosexual. Se basa en la mirada. Si mira a un tipo más tiempo de lo normal y él le mantiene la mirada, ésa es la señal. Otras veces es un apretón de manos más cálido de lo habitual o un contacto de mejillas prolongado. Son gestos sutiles pero inequívocos.

»También puedes esperar y ver qué ocurre. Por ejemplo, si estás en una barbacoa sentado junto a otro hombre, puedes ponerle una mano en la rodilla. Si la retira, siempre puedes disculparte y fingir que fue sin querer. Pero si no la retira, probablemente has hecho un nuevo amigo.»

¿Existen otros lugares donde se reúnan los homosexuales?

Siempre están los bares gay, y los hay para todos los gustos. Algunos son tranquilos, otros no tanto, y los hay que satisfacen gustos muy especiales, como el sadomasoquismo. Son tantas las preferencias homosexuales que cuando un hombre entra en un bar ha de tener alguna forma de saber qué buscan los demás hombres. Los homosexuales han concebido una solución muy ingeniosa.

¿Cuáles?

El «código del pañuelo». Aunque hay quien dice que es una farsa, ha resuelto muchos problemas.

Consiste en ponerse un pañuelo de color en el bolsillo trasero de los tejanos. Si se lo pone en el bolsillo derecho significa que le interesa el papel pasivo. Si se lo pone en el izquierdo significa que quiere el papel activo. He aquí algunos ejemplos:

Color	*Bolsillo izquierdo*	*Bolsillo derecho*
Azul claro	Quiere chupar	Quiere ser chupado
Rojo	Practicar *fist fucking*	Quiere *fist fucking*
Rosa	Introduce objeto en el ano	Quiere objeto en el ano
Amarillo	Dos hombres buscando un hombre	Un hombre buscando dos hombres
Cuadros negros y blancos	Sexo seguro activo	Sexo seguro pasivo
Azul fuerte	Poli	Quiere poli
Mostaza	Pene grande	Quiere pene grande
Blanco	Quiere pasivo blanco	Quiere activo blanco
Rayas negras y blancas	Quiere pasivo negro	Quiere activo negro
Terciopelo negro	Hace fotos	Posa

La lista es interminable, pero con lo anterior ya puede hacerse una idea.

Los homosexuales también pueden hacer nuevos amigos mediante anuncios personales. No obstante, siempre supone un riesgo quedarse a solas, desnudo e indefenso, con alguien de quien no se sabe nada. He aquí un anuncio típico:

«Busco sexo amistoso...

HB. Metro ochenta, pelo en pecho, 17 centímetros. Circ. Pasivo. Osos OK. Turistas bienvenidos. Penetración con condón y mamadas. Quiero hombros anchos donde recostarme después. Sin compromiso. VIH neg. Llama a Chet.»

¿Qué significa?

Significa que Chet es homosexual y blanco. Su pene mide 17 centímetros (o eso asegura) y está circuncidado. Aceptaría un hombre velludo y grande, es decir, un «oso». Lo demás se entiende, salvo por el último dato: «VIH negativo.» Así era cuando puso el anuncio, pero ¿sabemos qué ha ocurrido desde entonces?

Unas veces estos anuncios funcionan y otras dan lugar a noticias en el periódico como ésta:

«Esta mañana la policía encontró el cadáver desnudo de Zinz Zoblinzt, estudiante universitario, en su apartamento. Según el forense, fue golpeado con un candelabro hasta morir. Los vecinos declararon que le habían visto recibir a un hombre en su casa poco después de medianoche. El móvil se desconoce.»

¿Tienen los homosexuales su propio idioma?

No es exactamente un idioma, pero sí una jerga privada. Éstos son algunos ejemplos:

Almeja: mujer
Bombón: homosexual joven
Chapero: homosexual que se prostituye
Drag queen: homosexual vestido de travesti
Loca: homosexual afeminado
Maricón: homosexual (término despectivo)
Oso: homosexual grande y velludo
Rabo: pene

¿Hay muchas mujeres homosexuales?

Como ya hemos dicho, nadie conoce el número exacto, pero probablemente existe el mismo porcentaje de mujeres que de hombres, esto es, entre un 2 % y un 10 %.

A las mujeres homosexuales se las llama «lesbianas», un nombre poético y encantador que viene de la isla griega de Lesbos. Safo, una poetisa talentosa, vivía allí y se cree que era homosexual. Las lesbianas no llaman tanto la atención en la sociedad como los gays.

¿Por qué?

Cuestión de costumbres sociales. Si un contable aparece en la oficina con un vestido rojo, un collar de perlas y zapatos de tacón, nadie dudará de sus tendencias. Sin embargo, si una contable llega a la oficina vestida con un traje pantalón, camisa blanca y corbata, apenas llamará la atención. Las mujeres pueden vestir como los hombres sin que nadie parpadee.

¿Cómo practican el sexo las lesbianas?

Técnicamente resulta complicado. Los homosexuales tienen un pene que pueden introducir en cualquier abertura. Las lesbianas no tienen un órgano penetrador, pero sí poseen una estructura increíblemente sensible —la vagina— que está diseñada para ser penetrada y frotada. Las soluciones son bastante ingeniosas.

El sexo lésbico suele comenzar con caricias en los senos y los pezones. Luego, generalmente, se procede a acariciar el clítoris y la entrada vaginal, introducir uno o dos dedos en la vagina y deslizarlos rítmicamente.

Una de las prácticas más populares entre las lesbianas es el cunilingus, o sea, aplicar la lengua húmeda y caliente en el clítoris y la vagina de la compañera. La mayoría de las lesbianas se enorgullecen de su habilidad en este terreno. Aseguran que pueden satisfacer a las mujeres mejor que los hombres porque saben exactamente qué se siente y, por lo tanto, dónde deben poner la lengua y los labios. Tal vez sea verdad, pero sólo hasta cierto punto.

¿Hasta qué punto?

Hasta el siguiente paso. Una lesbiana puede hacer todo lo que hace un hombre, salvo introducir un pene duro en una vagina ardiente. Aquí es dónde la mayoría de las lesbianas, que no todas, tienen que parar.

¿No todas? ¿Hay mujeres que pueden ir más allá?

Sí. Existe un número muy reducido de mujeres con el clítoris hipertrofiado. El órgano puede medir hasta 7 u 8 centímetros cuando está erecto y penetrar en la vagina. Es lo que más se parece al coito heterosexual. Existe, no obstante, una solución para el resto de lesbianas.

¿Cuál?

La magia de la electrónica. Actualmente el vibrador eléctrico ha alcanzado nuevas cotas. Ya no sólo vibra. La alta tecnología permite llamar a las puertas del amor con zumbidos, cosquilleos, golpecitos y cualquier sensación conocida por los genios de la electrónica de Hong Kong, Taiwán y demás.

Las lesbianas están al corriente de dichos avances tecnológicos y aplican vibrantes penes de plástico de diferentes formas y tamaños al clítoris, la uretra, la vagina y el ano de sus amigas.

¿A las lesbianas también les gusta el sexo anal?

Sí, puesto que el ano posee un suministro nervioso excelente, pero no lo practican tanto como los homosexuales. Es una cuestión de gusto personal. Entre las lesbianas se dan toda clase de preferencias, pero para la mayoría la acción se concentra en la vagina, lo cual supone un problema.

¿Qué problema?

Qué introducir en ella. Casi todas las mujeres desean, cuando alcanzan cierto grado de excitación, sentir algo dentro de la vagina moviéndose vigorosamente.

El vibrador es la solución. Las intensas vibraciones eléctricas se extienden hasta el clítoris, las paredes de la vagina, la uretra y la zona anal. Eso, generalmente, basta para producir un orgasmo. Existe otra técnica ingeniosa.

¿Cuál?

Un pene amarrado a la zona pubiana. Suele medir unos 15 centímetros de largo por 5 de diámetro y está hecho de látex o plástico relleno de espuma. El objeto está provisto de unas correas de cuero o nailon que se sujetan a la zona pubiana. Cuesta cien dólares o más, pero permite toda clase de posturas. Existe un pene de látex con un vibrador incorporado en la punta para intensificar la estimulación.

¿De verdad hay gente que utiliza esas cosas?

Desde luego. Y les soluciona el problema. (Recuerde que la información de este libro sólo es científica y no pretende hacer juicios de valor.) Los vibradores y demás aparatos sexuales tienen su utilidad.

Y se invierte mucha imaginación en ellos. Existe, por ejemplo, otro pene de goma que no se ata a la zona pubiana sino al mentón mediante unas correas que rodean el cuello y la cabeza. Mientras el mentón introduce el pene en la vagina, la boca y la lengua pueden lamer el clítoris. Sin embargo, no todas las lesbianas se sienten atraídas por los penes de imitación.

¿Por qué no?

Porque no les gusta la idea de tener algo en la vagina, de ser «penetradas». Estas mujeres practican el «tribadismo», que consiste en tumbarse encima de la pareja y frotar entre sí las zonas pubianas y los respectivos clítoris. De ese modo, las lesbianas pueden alcanzar el orgasmo sin necesidad de un pene.

¿Las lesbianas salen a ligar como los homosexuales?

No. Las lesbianas suelen ser más reservadas. Además, las mujeres se relacionan con mayor libertad. Pueden besarse, darse la mano e intercambiarse la ropa sin llamar por ello la atención. Si ve al tendero de su calle besar a un cliente al darle el pedido, se extrañará. Pero si ve a la dependienta de la floristería saludar a una clienta con un beso, ni siquiera parpadeará.

Como es natural, existen toda clase de lesbianas. Algunas son tranquilas y relajadas, mientras que otras son militantes y agresivas.

¿Está aumentando la homosexualidad?

Resulta difícil saberlo, porque las estadísticas no son realistas. La «visibilidad» de la homosexualidad va en aumento porque cada vez son más las personas que muestran abiertamente su homosexualidad en lugar de negarla. El conocimiento de la homosexualidad también va en aumento porque cada vez aparecen más cuestiones sociales relacionadas con ella en los medios de comunicación.

Lo que importa no es si hay más o menos homosexuales que antes. Es evidente que la homosexualidad está aquí para quedarse. Por ello es importante que todo el mundo —padres, niños, maestros, agentes gubernamentales— sepa y comprenda qué es.

9

MASTURBACIÓN

¿Qué es la masturbación?

La masturbación es la estimulación sexual mediante cualquier método, salvo el coito, destinada a generar un orgasmo. El término proviene de la palabra latina *masturbari*, que significa «autopolución». También se le llama «onanismo».

La masturbación provoca en muchas personas sentimiento de culpa, y la palabra «onanismo» no ha contribuido a que se sientan mejor.

¿De dónde proviene?

De la Biblia. En Génesis 38, 8-10, Judá ordena a su hijo Onan que se case y acueste con la esposa de su hermano. Onan no está de acuerdo.

«Dijo entonces Judá a Onán, hijo suyo: "Cásate con tu cuñada a fin de dar sucesión a tu hermano."

»Onan, sabiendo que la sucesión no había de ser suya, aunque se acostaba con ella, derramaba en tierra el semen para que no nacieran hijos con el nombre de su hermano.

»Lo que hacía desagradó al Señor, que le hizo morir también.»

Durante siglos sacerdotes y padres han utilizado este pasaje para aterrorizar a los niños que se masturbaban. El mensaje era: «Si te masturbas, Dios te matará.»

Si leemos detenidamente las palabras, veremos que Onán estaba practicando un método anticonceptivo primitivo al sacar el pene antes de eyacular y derramar el semen en el suelo. Su ejecución parece que se debió más al hecho de que se negara a fecundar a su cuñada que al que derramara su semilla en el suelo.

¿Es la masturbación una práctica dañina? ¿Habría que impedir que los niños se masturbaran?

Lo único dañino de la masturbación es el sentimiento de culpa que unos padres que probablemente se masturban pero no lo reconocen inculcan en los hijos que confiesan haberse masturbado. Casi todo ser humano, en un momento u otro de su vida, de una forma u otra, se ha masturbado. La mayoría se ha sentido abrumadoramente culpable, pero ha seguido haciéndolo.

Algunas de las cosas «terribles» que, supuestamente, provoca la masturbación son debilidad, «pérdida de virilidad» y granos en la cara. De estos males los granos son el único trastorno demostrado. Prácticamente a todos los niños les salen granos durante la pubertad. Prácticamente todos los niños se masturban durante la pubertad. Por lo tanto, es mucho más razonable decir que «los granos provocan la masturbación». Ningún cura, maestro ni investigador ha demostrado jamás que la masturbación sea perjudicial.

¿Por qué se masturba la gente?

En primer lugar, porque da placer. No tanto como un coito en toda regla, desde luego, pero lo da. Y eso se supone que ha de ser la masturbación, una forma de satisfacción sexual que sustituye al coito cuando éste no es posible.

La masturbación se da, sobre todo, en la pubertad, cuando los jóvenes no tienen acceso a los artículos sexuales y la sociedad les prohíbe más que nunca el coito. A medida que se alcanza la madurez social y sexual, la masturbación pierde fuerza y se sustituye por la cópula. Si las oportunidades sexuales escasean, quizá reaparezca, y es posible que también vuelva a predominar más tarde en la vida. La infancia y la vejez están consideradas «los años dorados de la masturbación», pues el deseo sexual sigue presente pero faltan los medios para satisfacerlo.

¿A qué edad empieza la gente a masturbarse?

La masturbación deliberada puede empezar a los seis meses de edad. Generalmente, el patrón de la masturbación queda establecido a los dos o tres años. De aquí a la pubertad la situación apenas cambia.

Los niños pequeños suelen masturbarse acariciándose suavemente el pene desde la punta hasta la base, mientras que algunos simplemente tiran del glande. Hay niños que se tumban en la cama boca abajo y frotan el pene erecto contra el colchón.

La masturbación en las niñas pequeñas se concentra en el clítoris, pues muchas desconocen la existencia de la vagina. El frotamiento es el método más popular y puede hacerse contra cualquier objeto: almohadas, muñecas, mantas apiladas, etc. Uno de los objetos favoritos son los osos de peluche suaves y mimosos. Por extraño que parezca, el osito de peluche puede reaparecer en la vida sexual de la persona adulta y de un modo fascinante (véase el capítulo 10, «Perversiones sexuales»).

¿Por qué los niños empiezan a masturbarse tan pronto?

Porque se lo enseñan sus madres. La situación suele ser la siguiente: Marie acude a la consulta del pediatra, preocupada porque Jimmie, su hijo de cuatro años, «se toca».

—Es una vergüenza —se queja al médico—. ¡No lo soporto más!

—Pero ¿qué problema tiene Jimmie?

—¿Qué problema tiene? ¡Pues que se pasa el día haciendo esas cosas horribles! Se agarra el..., ya sabe, eso, y lo manosea delante de mis narices.

—¿Cuánto tiempo lleva haciéndolo?

—Un año, pero cada vez es peor. ¡El otro día lo hizo delante de mi madre!

—A lo mejor le pica el pene. Es muy normal en los niños.

—Lo dudo mucho. Se lo lavo cuidadosamente dos veces al día. Me paso al menos quince minutos limpiándoselo.

—¿Dos veces al día? Qué interesante. ¿Cuánto tiempo lleva haciéndolo?

—Un año.

En el caso de que Jimmie no fuera a averiguarlo por sí solo, su madre le enseñó que acariciar el pene producía una sensación muy agradable. El pequeño captó el mensaje y empezó a darse placer a sí mismo. Hay algo que el pobre, sin embargo, no comprende. Si se toca el pene su madre se pone furiosa, pero ella, no obstante, puede hacerlo. Y si su madre le tiene prohibido tocarse, seguro que es algo genial. Las demás cosas que le prohíbe, como comer caramelos o acostarse tarde, son muy divertidas.

He aquí las pautas características de la masturbación: descubrimiento (o revelación por parte de la madre) de sensaciones sexuales agradables-inicio de la masturbación-prohibición (generalmente por parte de la madre)-sentimiento de culpa-masturbación con dicho sentimiento añadido. Lo mismo ocurre, naturalmente, con las niñas.

¿Tienen los niños sensaciones sexuales?

Desde luego, aunque no como los adultos. Las sensaciones agradables que obtienen al estimularse los genitales junto con la curiosidad que sienten por los misterios de la sexualidad bastan para mantenerles ocupados durante la infancia. Para los niños, el sexo es un auténtico enigma.

¿Conoce la historia del niño de tres años que se levanta por la noche a beber agua? Al pasar por delante del dormitorio de sus padres oye ruidos. Mira por la rendija de la puerta y ve que están haciendo el amor. Sorprendido, sacude la cabeza y se dice: «¡Caray! ¡Y luego me castigan por chuparme el dedo!»

En la pubertad, las cosas empiezan a cambiar.

¿Cómo?

El súbito despliegue de hormonas provoca alteraciones espectaculares en los órganos y sensaciones sexuales. Es el período de preocupación por el sexo. El orgasmo entra al fin en escena. Hasta ahora, la masturbación consistía, básicamente, en acariciarse para obtener sensaciones agradables. Ahora aparece algo nuevo: la gran recompensa.

En los chicos, los primeros orgasmos son secos, es decir, sin semen. Con el tiempo éste aparece y aumenta. Las chicas empiezan a sentir por primera vez tensión en los genitales. La erección del clítoris y el aumento de los labios menores hace que presten atención a sus órganos sexuales. La menstruación también las hace más conscientes de su sexualidad.

¿También las chicas tienen orgasmos a estas alturas?

Sí, pero no tan a menudo como los chicos. Su forma de masturbarse tampoco es tan directa. Todavía se frotan contra cosas, como los columpios y los toboganes del parque. ¿No ha notado que las niñas pasan mucho más tiempo en los columpios que los niños? Trepar por árboles y bajar por postes también es una forma muy eficaz de estimular el clítoris y los labios.

En esta etapa los chicos son sexualmente mucho más activos y comienzan a abrirse a otras formas de masturbación.

¿Qué otras formas de masturbación?

La masturbación en grupo y la masturbación mutua. Algunos muchachos, cuando tienen entre doce y catorce años, además de masturbarse solos se masturban en grupo. Funciona del modo que sigue.

Un grupo de chicos se reúne en una casa, un bosque u otro lugar donde nadie pueda verles. Generalmente traen consigo cigarrillos y revistas pornográficas para aumentar la sensación de situación «prohibida».

Una vez reunidos, sacan el pene y empiezan a masturbarse. A veces compiten: el primero que tiene un orgasmo gana. (A diferencia de la vida adulta, donde el hombre que eyacula primero pierde.) Otras veces se masturban mutuamente.

La masturbación mutua y colectiva ¿no es, en cierto modo, una conducta homosexual?

En realidad, no. La presión sexual que se acumula en los adolescentes es tremenda. Han de darle salida por algún lado y, al menos en nuestra sociedad, las salidas aprobadas para chicos de trece años son escasísimas. El baloncesto y el fútbol no bastan. La testosterona entra a raudales en la sangre, el pene se levanta en un abrir y cerrar de ojos y hay que descargar. La masturbación mutua y colectiva es propia de esa edad. Más adelante, con la madurez, el muchacho la sustituye por la actividad heterosexual.

¿Las chicas hacen lo mismo?

De una forma ligeramente diferente. Los «encandilamientos» adolescentes y el contacto físico con otras chicas, como darse la mano, agarrarse de la cintura e incluso besarse, es propio de esta etapa. La masturbación mutua y en grupo es poco frecuente, pero ocurre. Aunque los padres no suelen verlo así, las «fiestas de pijamas» se prestan a los experimentos con la masturbación, actividad que generalmente allana el camino hacia experiencias más importantes. A mitad de la adolescencia es cuando, por lo general, comienza la masturbación adulta.

¿En qué consiste?

En los chicos es la masturbación estimulada por fantasías sexuales. El muchacho se acaricia el pene mientras imagina una escena de sexo. Puede ser un episodio imaginario o la reproducción de una experiencia sexual que le ha resultado especialmente excitante. Un chico, Ted, lo describe de este modo:

«Empecé a "hacerlo" hace un año, cuando tenía doce. Algunos amigos me hablaban de eso pero yo no les creía, así que un día decidí probarlo. Aunque considero que no está bien, no puedo evitarlo. De repente me entran ganas y, sin apenas darme cuenta, ya lo estoy haciendo otra vez. Cuando termino me siento fatal.

»Mientras lo hago pienso en el cuerpo de alguna chica y en la fiesta en que una chica me dejó meter la mano dentro de sus bragas. Cada vez que lo recuerdo me entran ganas de hacerlo.»

En muchos casos la masturbación es el puente que permite el salto a la sexualidad adulta.

¿Y las chicas?

La masturbación adulta en las chicas también sirve para adentrarse, por decirlo de algún modo, en el conocimiento del aparato sexual. En esta época se establecen la rutas nerviosas y se refuerza la idea de la excitación sexual como antesala del orgasmo. La mayoría de las jóvenes se masturban de la siguiente manera:

Primero se acarician suavemente la zona pubiana, justo encima de la vulva, y ello conduce a la erección del clítoris y el engrosamiento de los labios menores. A medida que la excitación aumenta, la chica intensifica la presión hacia el clítoris pero sin tocarlo. Al acercarse el orgasmo, el dedo índice o corazón roza ligeramente el cuerpo del clítoris. Raras veces se acarician directamente la cabeza del clítoris, pues es sumamente sensible. En esta fase, y especialmente en las vírgenes, la introducción de objetos en la vagina no es frecuente.

Algunas chicas se masturban, simplemente, frotando la vulva. De ese modo el clítoris recibe suficiente presión para iniciar el proceso que conduce al orgasmo.

¿No es nocivo que las chicas se masturben concentrándose en el clítoris? ¿No perjudica eso sus respuestas sexuales futuras?

A las chicas se les suele decir que si sólo prestan atención al clítoris y se olvidan de la vagina cuando se casen tendrán problemas para adaptarse a la nueva situación. Esta amenaza sexual, como muchas otras, carece de fundamento. Puesto que en la mujer el punto central de la satisfacción sexual antes, durante y después del matrimonio es el clítoris, la masturbación del mismo no hace más que ayudarla a «adaptarse». La masturbación no tiene nada de malo, salvo en un caso que veremos más adelante.

¿Es cierto que algunas chicas pueden alcanzar el orgasmo sólo con estimularse los senos?

Es cierto que algunas mujeres se masturban acariciándose los pechos, especialmente los pezones, y es posible que algunas alcancen el orgasmo de ese modo; pero generalmente hay algo más. Debido a su anatomía, las mujeres pueden masturbarse en cualquier momento y en cualquier lugar. No tienen más que cruzar las piernas y frotar los muslos entre sí. Eso hace que los labios de la vulva y el clítoris se rocen hasta alcanzar el orgasmo. En muchos casos, las mujeres que dicen que tienen orgasmos mientras se acarician los senos también se están frotando los muslos, a veces sin darse cuenta siquiera. La mujer al borde del orgasmo no es consciente de esos pequeños detalles. Una vez iniciado el contacto heterosexual, el patrón de masturbación tiende hacia la masturbación mutua.

¿Masturbación mutua?

La masturbación, en su sentido más amplio, es la estimulación sexual que conduce al orgasmo sin que haya contacto oral ni penevaginal. Si una chica alcanza el orgasmo cuando su novio le acaricia el clítoris, es una masturbación.

En las fiestas en la playa, por ejemplo, las adolescentes se inician en toda clase de nuevas experiencias. Despiertan a su sensibilidad en la parte interna de los muslos, el monte de Venus (zona púbica), el prepucio del clítoris y, si sus citas son audaces, la vagina. Ésos son los pasos preliminares necesarios para una actividad sexual madura normal.

Más adelante, cuando se masturba, la chica intenta reproducir esas sensaciones. Es probable que comience por explorar la vagina y definir las zonas más sensibles.

¿No sería mejor que lo averiguara después de casarse?

Siempre y cuando se casaran a los catorce años. De lo contrario, sería demasiado pedir a una joven que esperara siete largos años para saber de qué va el tema. En algunas culturas las ancianas de la tribu inician a las muchachas en los entresijos de su sexualidad. Les enseñan a masturbarse, las preparan para el momento de su primera menstruación y las ayudan, mediante una ceremonia, a romper el himen. En algunas tribus, los labios de la vulva enormemente alargados como consecuencia de la masturbación se consideran deseables y sumamente atractivos.

En nuestra cultura la anciana de la tribu se limita a decir: «¡No te toques ahí abajo!», o: «¡Guárdalo para cuando te cases!»

No es exactamente lo que una adolescente necesita.

¿Qué cosas se introducen las chicas en la vagina?

El objeto más común es el más disponible, a saber, el dedo. Muchas mujeres aprenden por experiencia que acariciar el techo de la vagina también estimula el clítoris e intensifica el orgasmo. A algunas mujeres les gusta introducirse objetos en la vagina y a otras no. A diferencia del hombre, la mujer no tiene problemas de lubricación, pues posee lubricante natural de sobras. Velas, pepinos, zanahorias y huevos de zurcir solían ser los artículos caseros favoritos, pero las cosas han cambiado. En la actualidad las mujeres que practican seriamente la masturbación tienen todo un mundo nuevo a su alcance.

¿Como qué?

Como catálogos de veinte páginas llenos de penes artificiales de alta tecnología. Los penes de imitación se llaman «consoladores», y los más antiguos que se conocen, hechos de arcilla, aparecieron en viejas tumbas egipcias. En aquellos tiempos la nobleza egipcia era enterrada exclusivamente con los objetos de valor que planeaban utilizar en el otro mundo, de modo que el consolador debía de ser muy importante entre las nobles del lugar.

Al parecer, estos objetos también eran populares en tiempos bíblicos, como se menciona en Ezequiel, 16, 17:

«Y echando mano de los ornamentos de tu gloria, hechos con mi oro y con mi plata, los cuales te había yo dado, hiciste de ellos figuras de hombres y has idolatrado con ellas.»

Es obvio que las «figuras de hombres» no hacen referencia al hombre entero sino únicamente a una parte muy especial de su anatomía. Aunque son pocos los consoladores hechos con oro y plata, la gama de materiales es amplísima. En la Edad Media el lacre, barato y abundante, absorbía rápidamente el calor del cuerpo y se ablandaba lo bastante para adquirir una textura «natural».

Algunas tribus primitivas utilizaban arcilla sin barnizar para el pueblo llano y barnizada para las esposas de los jefes. La arcilla sin barnizar resulta un poco áspera y tiene la desventaja de que se rompe si se utiliza con demasiado vigor; el vaciado de la vagina puede ser doloroso.

Con el descubrimiento de la vulcanización del caucho, los franceses, que siempre han mostrado gran ingenio y entusiasmo en cuestiones de sexo, concibieron un *consolateur* hecho de caucho natural. Con la forma de un pene largo, firme y flexible, el aparato tenía un depósito en forma de escroto que se llenaba de agua caliente (algunas damas preferían leche) que circulaba por el interior del falo para simular el calor corporal. En el modelo de lujo la dama, justo antes de alcanzar el orgasmo, sólo tenía que estrujar los testículos para recibir un chorro de líquido caliente en la vagina. El método, no obstante, tenía sus desventajas: algunas mujeres se excitaban tanto cuando realizaban el coito con sus maridos que, llevadas por la costumbre, apretaban con fuerza y..., bueno, el resto se lo puede imaginar.

Hoy día domina la tecnología asiática. Lejos quedan los cilindros de plástico discretamente guardados en el cajón de la mesita de noche. Ahora hay consoladores para todos los gustos, algunos muy especiales.

¿Por ejemplo?

Un pene de plástico rosa, de 20 centímetros de largo por 3 de diámetro. Está fabricado con un plástico gelatinoso que cuando se calienta parece un pene real, detalle que se agradece. Como el espéculo del ginecólogo, todos los consoladores han de calentarse antes de su uso. De lo contrario es como realizar el coito en lo alto del Everest con el Hombre de las Nieves.

Algunas mujeres sólo se masturban para aliviar la tensión sexual cuando su marido o compañero está de viaje y se limitan a acariciarse el clítoris hasta alcanzar el orgasmo. A otras, sin embargo, les gusta la sensación adicional de ser penetradas. Para ellas, el pene de plástico es placentero. Pero hay algo más.

¿Algo más?

Sí. Algunas mujeres se excitan aún más si añaden a la masturbación algo de fantasía, por eso se fabrican consoladores de formas increíbles. Por ejemplo, la mayor parte de los falos artificiales son del color de la carne de un hombre blanco, pero también se encuentran de otros tonos. Y la mujer que quiere llevar aún más lejos su fantasía puede comprar un pene que, supuestamente, es la réplica exacta de una estrella del porno. He aquí la nota publicitaria que lo acompaña:

«¡Por fin Stanley el Potente puede ser enteramente suyo! Una réplica de los 22 viriles centímetros de Stanley en un plástico suave y delicioso. Incluye ventosa.»

Cuando retira el envoltorio, encuentra una réplica de plástico de un pene completo con venas hinchadas y enormes testículos. Casi se diría que Stanley padecía un prianismo severo (véase capítulo 2) y que los tipos de Hong Kong que diseñaron el modelo le pusieron el miembro bajo una lente de aumento. Pero así son las fantasías, ¿o no?

¿Para qué sirve la ventosa?

Ah, sí, la ventosa. Bueno, como el falo viene sin Stan, resulta un poco difícil de manejar, sobre todo en el momento del orgasmo. Por consiguiente, lleva en la base una ventosa que puede adherirse a cualquier superficie lisa.

Algunas mujeres gustan de sentarse sobre el falo porque les da más libertad de movimiento. Como es flexible, las hay que lo doblan hacia arriba, lo pegan a la pared y se lo introducen por detrás. El pene lleva un vibrador incorporado que usted debe encender para que la «encienda».

¿Y los vibradores?

Casi todos los penes de calidad llevan un vibrador a pilas incorporado. Los hay hasta con diferentes velocidades. Los diseñadores de consoladores han logrado resolver casi todos los problemas posibles.

Por ejemplo, ¿qué hace si le gusta masturbarse mientras disfruta de un agradable baño caliente? El motor de un vibrador ordinario soltaría un chispazo y dejaría de funcionar para siempre. No se preocupe. Existen consoladores con vibrador incorporado sumergible que ronronean como un submarino nuclear. Pero no sólo sirven para la bañera. El anuncio dice: «Llévelo en el bolso para disfrutar de él en la piscina.» Es posible que disfrute del consolador en la piscina, pero también puede pillar una infección no tan placentera. Por muy transparente que esté el agua, no es bueno que penetre en la vagina. Las mujeres que se masturban con estos «juguetes» han de ser muy escrupulosas con ellos.

¿Qué debe hacerse?

Lave el consolador con agua y jabón antes y después de usarlo. Y no se lo preste a nadie. Un consolador compartido es como un pene compartido: puede darle sorpresas que nunca imaginó.

Si quiere divertirse en el agua de manera menos intrusiva, existe una esponja con un vibrador dentro. Métase en la ducha, coloque la esponja sobre el clítoris y la vagina y sienta cómo sus problemas se desvanecen mientras se lava.

Además, la esponja vibradora es uno de los «juguetes» masturbadores que la mujer puede compartir con el hombre. (Para más detalles, siga leyendo.)

¿No es anormal masturbarse con consoladores?

¿E inmoral? ¿E indecente? He ahí el problema que plantea el sexo. ¿No tiene la sensación de que siempre hay alguien que quiere saber si se lo está pasando bien a fin de poner freno a su diversión? Cuando un hombre o una mujer no disponen de una forma satisfactoria de liberar la tensión sexual acumulada, ¿qué deberían hacer? ¿Darse una ducha de agua fría?

¿Quién tiene derecho a decir que meterse debajo de un chorro de agua helada y congelarse el cuerpo para aliviar la tensión sexual es mejor que masturbarse? La masturbación cumple una función importante en la sexualidad humana. No es un sustituto del coito, pero a veces hay que conformarse con eso hasta estar en situación de practicar el sexo real. Y algunos de estos ingeniosos e innovadores aparatos pueden hacer que la descarga sea más sencilla y satisfactoria. Como es natural, algunos de ellos no deben tomarse demasiado en serio, como es el caso de las «bragas de la pasión».

¿Bragas de la pasión?

Sí. Están hechas de encaje negro y parecen unas bragas. La gran diferencia es el pequeño vibrador del tamaño y la forma de un huevo cosido a la entrepierna, justo a la altura del clítoris. Por la manga de la dama sube un cable que controla la velocidad e intensidad de las vibraciones. Así, en el trabajo, mientras teclea el discurso del jefe, la mujer sólo tiene que apretar un botón y «vibrar». Lo mismo puede hacer en la parada del autobús cuando la espera se hace demasiado larga. Una vez apretado el botón, ¿a quién le importa el autobús?

Existe una variación de las «bragas de la pasión» aún más fascinante.

¿Cuál?

El «localizador apasionado». Son unas bragas, pero en este caso el vibrador es reemplazado por una bolsita que contiene un localizador personal. Cuando el compañero llama, el localizador vibra y usted sabe entonces en qué y quién está pensando.

Las mujeres tienen muchas ventajas en el terreno de la «vibración». Al poseer unos órganos tan discretos pueden hacer cosas que un hombre jamás osaría hacer. Un ejemplo es la «mariposa salvaje».

¿Qué es la «mariposa salvaje»?

Un artilugio de plástico blando que parece una mariposa con las alas desplegadas. Mide unos 7 centímetros de largo por 7 de ancho y se acopla perfectamente al aparato sexual femenino. La cabeza de la mariposa descansa sobre el clítoris mientras que el cuerpo alcanza la entrada de la vagina. La mariposa lleva un vibrador incorporado, pero lo más interesante son los arreos que permiten llevarla debajo de la ropa. Eso significa que, como con las «bragas de la pasión», la mujer puede apretar un botón dónde y cuándo quiera. Existe, sin embargo, un consolador aún más avanzado.

¿Cuál?

El «escorpión secreto». Es como la mariposa pero con una cola que cae por entre las piernas de la dama. Mientras el clítoris y los labios vibran con el cuerpo del «escorpión secreto», la cola puede adentrarse en la vagina o, si se prefiere, en el ano.

¿Las mujeres se acarician el ano cuando se masturban?

Algunas lo hacen, aunque suelen ser la excepción. No obstante, hay consoladores para todos los gustos. Uno de los más increíbles consiste en dos penes con vibrador. Uno mide 18 centímetros y el otro 9. La mujer lubrica ambos penes y se introduce uno en la vagina y el otro en el ano.

Algunos consoladores tienen un aspecto más divertido que otros. Por ejemplo, existe un vibrador de plástico blando en forma de pene con unas orejas de conejo en la base rosadas y puntiagudas. El pene se introduce en la vagina y las orejitas acarician el clítoris.

También hay consoladores con hábiles animales incorporados. Uno es el elefante. Mientras el consolador entra y sale, la trompa del elefante acaricia el clítoris. ¿A que no adivina dónde se esconde la cola?

También existe un falo de plástico del que cuelga un castor en miniatura. Cuando introduce el cuerpo en la vagina y enciende el motor, el pequeño castor le lame el clítoris. Todos estos consoladores pueden girarse de modo que los animalitos entren en la vagina y le froten el llamado «punto G» (véase el capítulo 7).

¿Realmente hay mujeres que utilizan esos consoladores?

Sí, pero no necesariamente del modo en que se anuncian o aparecen en las películas porno. Alice, una diseñadora comercial de veintiocho años, casada desde los veintitrés y madre de dos hijos, nos explica su experiencia:

«Doctor, he de ser sincera con usted. A veces me masturbo, sobre todo cuando Bill, mi marido, está de viaje. Le echo de menos y echo de menos el sexo. Tengo una de esa cosas que llaman consoladores, aunque es más bien un vibrador.

»Lo primero que hago es recostarme cómodamente en la cama. Enciendo el aparato y me froto la zona situada justo encima del clítoris, pues éste es demasiado sensible para soportar el contacto directo del vibrador. El clítoris aumenta de tamaño y al final me introduzco el vibrador en la vagina. —Alice reflexiona por un instante y añade—: Antes de tener hijos no necesitaba nada dentro de la vagina cuando me masturbaba, pero ahora sí. Con todo, no lo muevo; el hecho de tener algo dentro me basta. Luego me acaricio el clítoris con la mano hasta que alcanzo el orgasmo.»

¿La mayoría de las mujeres lo hacen así?

No. Algunas son más imaginativas. Muchas se masturban en la bañera. ¿Conoce esos mangos de ducha que permiten graduar la presión del agua? La mujer abre ligeramente las piernas y dirige el chorro hacia el clítoris. La presión del agua caliente puede llevarla al orgasmo. Y al poder elegir entre diferentes presiones, disfruta de una amplia gama de sensaciones.

Pero eso no es todo. ¿Conoce esas manguerias que venden

para limpiar los espacios entre los dientes? Imagine la sensación del chorrito de agua caliente contra un clítoris firme y duro.

La masturbación ejerce una importante función: libera la tensión sexual, es placentera y a veces puede ser terapéutica.

¿Terapéutica? ¿Cómo puede la masturbación ser terapéutica?

Tomemos, por ejemplo, el caso de un hombre de setenta y un años. Su esposa, de sesenta y nueve, ha sido operada a corazón abierto y tiene que esperar seis semanas antes de poder mantener relaciones sexuales. ¿Qué hace el caballero mientras espera? ¿Darse una ducha fría cada noche y cada mañana?

Eso no resolverá el problema. De hecho le provocará dos nuevos problemas. En primer lugar, sequedad en la piel y, en segundo lugar, una posible impotencia. Lo cierto es que un hombre de setenta años que no tiene al menos una eyaculación al mes es improbable que vuelva a tener una en su vida. Existen excepciones, desde luego, pero al llegar a los setenta, si no se utiliza se pierde.

Si se masturba una vez a la semana —preferiblemente dos veces— tendrá muchas probabilidades de mantener su aparato sexual en forma.

¿Y si el hombre no puede tener una erección?

También hay solución. Lo importante en esta etapa es ejercitar todos los reflejos eyaculatorios. Es una suerte de calistenia sexual. Llamémosle «aeróbic orgásmico». Lubrique cuidadosamente la cabeza del pene, aunque no esté erecto, ya sea con crema fría, petrolato u otro producto adecuado. Luego aplique un vibrador al glande. El ideal en estos casos es uno que tiene una ventosa de goma en la punta. Si la coloca en la cabeza del pene, obtendrá los resultados que espera. El aparato cuenta con diferentes velocidades que puede ir probando.

En pocos momentos sentirá —incluso sin erección— una gran excitación y no tardará en tener un orgasmo y/o eyacular. Si practica el «aeróbic orgásmico» regularmente, poco a poco irá consiguiendo erecciones más firmes y frecuentes. Existen otras ventajas.

¿Cuáles?

Menos problemas de próstata. La escasez o la ausencia total de orgasmos provoca una congestión en la próstata. Una próstata congestionada no es nada agradable; pregunte a cualquier hombre que haya pasado por ello. La masturbación también puede ser terapéutica para las mujeres.

¿De qué modo?

Hay mujeres que no pueden alcanzar el orgasmo (véase capítulo 7). Unas no pueden tenerlo durante el coito y otras no han tenido uno en su vida. La masturbación con un vibrador y/o consolador casi siempre conduce al orgasmo. A aquellas mujeres que nunca lo han experimentado les abre las puertas a un mundo nuevo. Para las que tienen dificultades a la hora de alcanzar el orgasmo, existe otro truco que quizá resulte útil.

Ella y su pareja comienzan de la manera habitual. Es importante que alcance un grado de excitación razonable para que el clítoris esté bien tenso e hinchado. Si las caricias y frotamientos usuales no bastan, puede poner la punta lubricada del vibrador por encima o por debajo del clítoris. Eso debería excitarlo rápidamente. Llegados a este punto es mejor que la mujer maneje el vibrador, porque ella sabe mejor que nadie las sensaciones que experimenta.

Ha llegado el momento de introducir el pene y empezar la acción. A medida que el coito avanza, la mujer debería sentirse cada vez más excitada. Si no es así, puede utilizar el vibrador en torno al clítoris. Si todo funciona como es de esperar, tendrá un intenso orgasmo al mismo tiempo que su pareja.

Poco a poco la mujer será capaz de reducir el uso del vibrador y responder cada vez más a las sensaciones del contacto entre el pene y la vagina-clítoris.

¿Cómo son los instrumentos masturbatorios de los hombres?

La mayoría son la antítesis del consolador, es decir, un espacio en lugar de un objeto. Generalmente se trata de vaginas artificiales, muchas veces de gelatina, con un motor y un revestimiento suave. El hombre lubrica la vagina, introduce el pene y enciende el motor. Al igual que ocurre con los penes de plástico, los hombres pueden comprar réplicas de la vagina, el clítoris y los labios de su actriz de porno predilecta.

¿Utilizan los hombres esos instrumentos tanto como las mujeres utilizan los consoladores?

No. Muchos hombres, como expresan algunos chistes, se sienten culpables por utilizar vaginas artificiales.

Un ejemplo es la historia de un viajante de comercio que lleva un mes fuera de casa y una noche va a parar a un hotel de un pequeño pueblo. En el salón hay una exposición de distribuidoras automáticas. Avanzada la noche, entra en el salón y se detiene ante una máquina rosa con un letrero que dice:

«Su esposa está de viaje.» A la altura de la cintura hay un orificio con otro letrero que reza: «Deposite un dólar e introdúzcalo con cuidado en la abertura.» Como está solo en el salón, se saca el pene erecto, lo introduce en el agujero, mete un dólar y espera. De repente se produce un zumbido de motores y cuando saca el pene se da cuenta de que ¡tiene un botón cosido en la punta!

El mensaje es claro: al hombre que recurre a una vagina artificial le esperan experiencias de lo más inusuales. Lo cierto es que casi todos se masturban de la manera tradicional.

¿Cómo?

Deslizando la mano por el pene en sentido ascendente y descendente hasta que finalmente eyaculan. Una de las razones por las que no recurren a técnicas más complicadas es porque el impulso sexual masculino es primitivo y directo. El pene quiere lo que quiere cuando lo quiere. Como dice el viejo chiste: ¿por qué los hombres se comportan a veces tan estúpidamente cuando se trata de sexo? Porque el pene le chupa la sangre al cerebro.

Algunos hombres, especialmente en la adolescencia, van muy lejos a la hora de crear escenarios que simulen el sexo con una mujer. Arthur, un joven de diecinueve años que estudia informática, es un ejemplo.

«A los quince años aún no había realizado el coito con una mujer y estaba impaciente por saber qué se sentía. En aquella época me masturbaba una o dos veces al día, y decidí probar algo nuevo. Un sábado por la tarde, cuando mis padres estaban fuera, tomé un melón y le hice un agujero lo bastante grande para introducir el pene en él. Luego fui al dormitorio de mis padres, aparté el colchón, me tumbé boca arriba sobre el somier y puse encima el colchón.

»¡Fue increíble! Era como si tuviera una mujer tumbada encima de mí. ¡Me volví loco! Cuando estaba a punto de alcanzar el orgasmo la puerta se abrió. Eran mis padres.

»Eso ocurrió cuatro años atrás, y todavía no he sido capaz de explicarles qué estaba haciendo.»

¿Existen otras clases de masturbación además de la genital y la anal?

Sí. Apenas se habla de la masturbación uretral, pero es más corriente de lo que la gente cree. Consiste en estimular la uretra —el conducto que se encuentra entre la vejiga y el exterior— introduciendo objetos y deslizándolos suavemente. Hasta ahora nadie ha inventado una forma mecanizada de hacerlo, pero con los transistores y la miniaturización puede ocurrir cualquier día de éstos.

Esta práctica es más común entre las mujeres, probablemente porque su uretra es sexualmente más sensible. Ubicada entre el clítoris y la vagina, posee numerosas conexiones nerviosas con ambas estructuras. El objeto que más se usa para estimular la uretra es una horquilla de pelo. Deslizada suavemente, raras veces conduce al orgasmo pero intensifica la masturbación del clítoris y la vagina. Imperdibles (cerrados), lápices e incluso estuches de pintalabios sirven para este fin. Cuanto más se utiliza la uretra de este modo, más se expande hasta admitir la punta del dedo. Las mujeres que gustan de esta técnica se masturban con un dedo en el clítoris, otro en la uretra y otro en la vagina. Dicen que cada área multiplica la sensibilidad de las demás.

Los hombres también utilizan la masturbación uretral, aunque mucho menos. Su uretra, al ser más larga que la de las mujeres, requiere también objetos de mayor longitud, como cables, tubos de plástico, etc.

¿Es posible que estos objetos se pierdan en el interior de la uretra?

Sí, y cuando ocurre hay que ir al hospital. El médico que extrae una horquilla de la vejiga de una mujer no necesita preguntar cómo llegó hasta allí. Si lo hace, debe estar preparado para respuestas tan originales como: «¡Debí de sentarme encima! Tendré que ir con más cuidado de ahora en adelante.»

Los hombres, como es natural, no pueden recurrir a esta excusa. Cuando de su vejiga sale una mina de lápiz, lo más que pueden hacer es farfullar que fue un accidente y dejar que el médico actúe. La uretra es una estructura muy delicada, de modo que no es recomendable masturbarla, ya que pueden causarse lesiones serias y permanentes. Así pues, ¡no lo haga!

¿Hay algo que el hombre y la mujer puedan utilizar juntos?

Sí. Probablemente lo último en masturbación sea el *double whammy*. Consiste en un tubo de plástico blando con un diminuto vibrador en cada extremo. El caballero mete el pene en el tubo con uno de los minivibradores mirando hacia su pareja e introduce el tubo en la vagina.

Aquí es donde empieza la diversión. El hombre puede conectar el vibrador de ella con su mando a distancia y hacerle vibrar el clítoris mientras desliza su pene por la vagina. Y ella —con su propio mando a distancia— puede hacer vibrar el cuerpo del pene. El hombre también puede ponerse el *whammy* al revés y ella puede acariciarle los testículos con el vibrador. O ambos pueden hacer «vibrar» al otro simultáneamente.

¿Es una técnica recomendable?

Para serle sincero, a veces esta clase de aparatos van demasiado lejos. Utilizados de vez en cuando pueden ayudar, entretener e incluso resolver un problema. Pero si llevamos la idea hasta sus últimas consecuencias, sólo tenemos que lubricar una réplica perfecta del pene de una estrella del porno, introducirlo en la réplica perfecta de la vagina de una estrella del porno, poner en marcha ambos motores y hacernos a un lado.

¿Sabe qué ocurrirá? Nada. Absolutamente nada.

La masturbación es aconsejable hasta cierto punto. Si no hay nadie al final del pene o al principio de la vagina, muy pronto se convierte en una práctica solitaria. El sexo no es sexo a menos que haya un ser humano con sentimientos y emociones realmente humanos al otro lado. En esto consiste precisamente: en la relación más estrecha, íntima y gratificante que dos miembros de la especie humana pueden tener. Y, además, la más divertida.

10

PERVERSIONES SEXUALES

¿Qué es un pervertido sexual?

Es la persona cuyo interés sexual no está centrado en el sexo penevaginal. La palabra «pervertido» proviene de la palabra latina *pervertere*, que significa «volver la cabeza» o «dar la espalda». Por lo tanto, un pervertido sexual es la persona que da la espalda a los instintos sexuales normales.

Últimamente a nadie le gusta llamar a las cosas por su nombre. El término «pervertido sexual» es una descripción precisa de un patrón concreto de conducta sexual. Sin embargo, la expresión políticamente correcta para referirse ahora a estas personas es la de «parafílico», que probablemente suena peor. Usted elige.

Existe una gran variedad de pervertidos/parafílicos. Sus impulsos sexuales en ocasiones los llevan a hacer cosas tan inofensivas como coleccionar ropa interior femenina o tan horribles como violar a niñas. Hay a quien le gusta que le hagan cosquillas, llevar pañales o atar a la gente y azotarla.

El pervertido sexual abarca desde inofensivos masoquistas, fetichistas, mirones y exhibicionistas hasta peligrosos pederastas, violadores y asesinos sexuales. El mundo de la perversión sexual es extraño y grotesco. Desde el punto de vista médico es posible comprender a los pervertidos sexuales. Sin embargo, el impacto que pueden tener en nuestra vida privada —y la de nuestros hijos— resulta inquietante e incluso peligroso.

¿Cómo se convierte uno en pervertido sexual?

El pervertido sexual empieza como las demás personas, pero nunca acaba de madurar sexualmente. Crecer es duro. Durante los años más importantes de su vida se halla bajo el control y la dominación de sus padres. Le controlan la ropa, la comida, el sueño y sus relaciones sociales, incluso aspectos tan íntimos como el control de esfínteres, los azotes y los castigos. Si no asimila estas experiencias, al crecer y empezar a producir hormonas las sobrecargará con contenido sexual. La persona normal va pasando de una etapa de desarrollo sexual a otra. El pervertido se estanca en una etapa y ya no se mueve de ahí.

El *voyeur* o mirón es un buen ejemplo de ello. Todo el mundo empieza sexualmente siendo un mirón.

¿Por qué?

La única actividad sexual disponible, en general, para los niños pequeños, exceptuando la masturbación, es espiar o mirar, con intenciones de índole sexual, a otras personas. A los tres o cuatro años los niños y las niñas empiezan a interesarse por el cuerpo del otro. Los niños quieren saber por qué las niñas «no tienen eso». Y las niñas quieren saber por qué los niños «sí lo tienen».

Incluso en este primer momento experimental el sexo es misterioso y tentador. A partir de aquí los niños aprovechan cualquier oportunidad para observar la estructura sexual de sus compañeros. La inspección mutua de los genitales es el origen de prácticas infantiles como jugar a «casitas» o a «médicos». De ahí el chiste según el cual un niño sale al jardín con su vecina y le pregunta:

—¿A qué podríamos jugar hoy?

La niña se para a reflexionar y responde:

—Juguemos a mamás y papás. Tú te afeitas y yo tengo el síndrome premenstrual.

Pero jugar a papás y mamás va más allá. Mientras mamá está en la cocina estudiando una receta, los niños están en el cuarto estudiándose mutuamente.

Se trata de una fase normal y fundamental del proceso de madurez sexual. No tiene nada de malo. El pasatiempo infantil de «te lo enseño si tú me lo enseñas» es una etapa por la que la mayoría de los niños pasan con rapidez y seguridad.

En la escuela los niños y las niñas se observan mutuamente. Al llegar a la pubertad, el interés sexual se vuelve más refinado y se concentra en los senos y las nalgas. En el instituto, los chicos se pasan revistas de destapes. Luego vienen las citas y la exploración sexual mutua. Por último, la observación del cuerpo del sexo opuesto se convierte en parte del placer del coito. Contemplar el cuerpo de la pareja pasa a ser uno de los acontecimientos que llevan a la cópula.

En ese caso, ¿no somos todos mirones?

En cuanto a sexo, quizá todos seamos observadores, pero no mirones/pervertidos sexuales. A todos nos gusta mirar cosas relacionadas con el sexo, pero no todos nos escondemos el sábado por la noche tras los arbustos con la esperanza de pillar a la vecina desvistiéndose o duchándose. La evolución normal del instinto sexual del mirón se detiene por el camino. El orden natural de «interés sexual-estimulación sexual-coito» no se produce. Cuando un hombre ve a una mujer quitarse la ropa interior, siente que se le acelera el corazón, se le pone duro el pene y se muere de ganas por acostarse con ella. Cuando un mirón espía a la vecina cuando ésta se desviste, su instinto sexual se detendrá en la etapa infantil de la observación y la masturbación. Por otro lado, mirar no siempre es un juego de niños.

¿Por qué no?

Algunos mirones dedican una gran cantidad de energía a esa afición. Siguen la pista de los mejores lugares y momentos para espiar. Veamos el ejemplo de un experto.

Ralphie es un cocinero de treinta y dos años y soltero. No sale con chicas. De joven tuvo algunas citas, pero le ponían nervioso. Es delgado, viste bien y está muy tenso. Cuando habla, sus ojos recorren la habitación.

—No creo que tenga nada de malo. No toco a nadie, sólo miro. No va contra la ley. Quiero decir que todo el mundo tiene derecho a mirar, ¿no? Pues eso hago yo, como por ejemplo en el metro. Me subo al tren en hora punta y miro cómo las secretarias se sientan y cruzan las piernas. Es el mejor momento. ¡El verano pasado vi a una que no llevaba bragas!

A estas alturas Ralphie está bastante excitado por el recuerdo. Si estuviera en segundo curso, en la etapa en que los niños quieren verles las bragas a las niñas, no tendría nada de particular. El problema estriba en que se halla en esa etapa pero con veinticinco años más.

—Después de viajar una hora en el metro estoy bastante excitado, así que me voy a casa y me masturbo.

En eso consiste la vida sexual de Ralphie, en verles la ropa interior a las mujeres y masturbarse.

Pero las cosas están cambiando muy rápidamente para los mirones.

¿Por qué?

Por dos razones: la tecnología e Internet. Ahora es posible comprar una «cámara espía» del tamaño del dedo pulgar (o más pequeña). Los mirones las ponen en probadores femeninos, vestuarios, lavabos públicos, habitaciones de hotel y otros lugares. También utilizan cámaras de vídeo con teleobjetivo e infrarrojos dirigidos a dormitorios, ¡puede que el suyo!

Luego publican las fotos en Internet, donde también intercambian consejos y técnicas. Los hay que incluso envían fotos de su propia esposa haciendo el amor con él... o con otros hombres.

Qué práctica tan extraña, ¿no?

Extraña no, sólo perversa. Los instintos sexuales de estas personas apuntan hacia otra dirección. La mayoría de los mirones han dejado de evolucionar sexualmente en torno a los doce años.

En algunos de ellos la evolución se detiene incluso antes. Son los que ni siquiera quieren ver senos ni vaginas. Se trata de los chicos «falderos». Hacen fotos de faldas desde abajo, por ejemplo, cuando una mujer se asoma a un balcón o sube por una escalera. Se excitan con fotos donde aparecen piernas y bragas de mujer, que era lo que veían a los cuatro años cuando jugaban en el suelo del salón mientras mamá tomaba el té en el sofá con las amigas.

Muchos pervertidos tiene gustos muy concretos. Los hay a los que sólo les interesan las fotos de medias. A otros les excitan los cuartos de baño.

¿Cuartos de baño?

Así es. Ocultan su cámara de vídeo en lavabos públicos y cuartos de baño de hoteles para ver a mujeres desvistiéndose y orinando. La cámara no lleva cable y transmite la señal a una grabadora situada a pocos metros de distancia.

He ahí un importante aspecto de la perversión que suele pasarse por alto a la hora de intentar comprenderla. La mayor parte de las perversiones tienen un importante elemento de curiosidad. El mirón está intrigado, intenta averiguar qué aspecto tienen las mujeres y qué les ocurre «ahí abajo». Es una parte de la sexualidad que se perdió en su evolución. No puede entrar en los lavabos y vestuarios femeninos para aprender lo que nadie le ha enseñado, pero la cámara sí puede.

¿Y las mujeres no se dan cuenta de que las están filmando?

La mayoría no, aunque es posible que algunas sí. Se trata de la otra cara de la moneda. Por cada mirón hay una exhibicionista. En Internet aparecen miles de fotos de mujeres «aficionadas» que se fotografían sin ropa y las envían a la red para ser observadas por 40 millones de hombres.

¿Qué clase de fotos?

Hay de todo. Una mujer aparece sentada en una hamaca junto a la piscina de su casa con el bañador descorrido para mostrar la vagina. En una mano sostiene una copa y sonríe a la cámara.

Otra mujer envía fotos donde aparece de espaldas mirando por encima del hombro y guiñando un ojo a la cámara. Tiene la falda levantada hasta la cintura y no lleva ropa interior.

Hay una mujer que está sentada sobre la secadora, en cueros y con las piernas abiertas.

Lo interesante es que estas mujeres son, en su mayoría, amas de casa de clase media. Las fotos incluyen muchas veces el nombre y la dirección.

¿Por qué hacen eso?

Por una razón muy simple: poder. La perversión sexual tiene mucho que ver con el poder. Recuerde, los niños pequeños no tienen poder, y si siguen siendo niños cuando crecen, sienten que el sexo les da poder para manipular a otras personas.

Hay pocas cosas más poderosas que una vista frontal de los atributos sexuales femeninos. En más de una ocasión un grupo de mujeres ha detenido el avance de ejércitos enemigos colocándose en fila delante de ellos y levantándose la falda (sin que llevaran bragas debajo).

Así pues, un ama de casa ligeramente obesa de Iowa a la que nadie se digna mirar por la calle puede recibir cientos de cartas si aparece desnuda en Internet sosteniendo un vibrador en una mano.

Y también es poder lo que rige la perversión sexual más popular de todas.

¿Cuál?

El SM, el rey de las perversiones. Estas inocentes siglas hacen referencia a un mundo vasto y tenebroso que existe en todas las ciudades de Estados Unidos y probablemente en su propio barrio. Me refiero al sadomasoquismo, practicado por personas que gustan de atar, azotar, atormentar y humillar a otras personas. Eso en lo que a «sado» se refiere. Y al que lo practica se le llama «sádico».

No obstante, en todo sádico hay un «masoquista» que adora ser atado, azotado, atormentado y humillado. El sadomasoquismo era una actividad clandestina, pero ahora ha salido del armario y a lo grande. Por todo el mundo hay clubes sadomasoquistas y tiendas que venden toda clase de artículos para esta práctica. También hay catálogos de venta por correo e incluso cursos y seminarios de fin de semana para neófitos.

El mundo sadomasoquista ha desarrollado una subcultura con un lenguaje y unas costumbres propias.

¿Por ejemplo?

Bueno, he aquí algunas expresiones sadomasoquistas:

Asfixia: «juego» en que al «dominado» se le priva de aire mediante cuerdas, mordazas, caretas, bolsas de plástico, etc.

Atadura: la forma de atar al dominado. Incluye cuerdas, esposas, correas, cintas adhesivas, plásticos, etc.

Contraseña de seguridad: palabra o frase que permite al dominado retirar su consentimiento y detener la escena en cualquier momento sin poner en peligro la creencia del dominador de que tiene el control.

Deportes sanguinarios: grupo de técnicas en que la piel del dominado es desgarrada para que sangre. Con la llegada del sida y la extensión de la hepatitis han decaído y quienes los practican han desarrollado técnicas para protegerse.

Dominado: persona que es atada, azotada o torturada.

Dominador: persona que intimida y humilla al dominado.

Esclavo: nivel de sumisión más intenso que el del dominado. Un esclavo puede vivir sometido las veinticuatro horas del día, además de cocinar, limpiar y cuidar la casa del dominador.

Empuñado: persona que se deja introducir un puño en el recto o la vagina.

Inmovilización: utilización de una cuerda u otro material para inmovilizar al dominado pese a sus protestas.

Lluvia dorada: técnica en la que el dominador orina sobre el dominado. A veces incluye el consumo de la orina.

Marcar: aplicar en la piel del dominado un hierro candente como el empleado para marcar al ganado.

Masoquismo: la capacidad de obtener placer del dolor. Término derivado de los escritos de Leopold von Sacher-Masoch.

Sadismo: la capacidad de disfrutar causando dolor con o sin el consentimiento de la persona a la que se inflige dicho dolor. Término derivado de los escritos del marqués de Sade, un noble francés trastornado.

Suspensión: técnicas para suspender al dominado utilizando cuerdas, cinchas o cadenas, de modo que ninguna parte del cuerpo tenga contacto con el suelo. Debe hacerse con mucho cuidado.

Los sadomasoquistas también tienen su código basado en pañuelos de colores que se colocan en el bolsillo trasero. El objetivo es encontrar al compañero adecuado con rapidez. He aquí los más frecuentes:

Color	*Bolsillo izquierdo*	*Bolsillo derecho*
Negro	SM activo duro	SM pasivo duro
Gris	Atadura activa	Atadura pasiva
Rojo	Empuña	Empuñado
Amarillo	Da lluvia dorada	Recibe lluvia dorada
Tablero de ajedrez	Sexo seguro activo	Sexo seguro pasivo
Morado	Perforador	Perforado
Azul oscuro	Sexo anal activo	Sexo anal pasivo
Azul claro	Quiere sexo oral	Experto en sexo oral
Rosa claro	Usa consolador	Recibe consolador

¿Cómo se practica realmente el sadomasoquismo?

El acuerdo básico es el siguiente: el «dominador» o «activo» hiere y castiga al «dominado» o «pasivo». El dominado tiene una «contraseña de seguridad» para cuando la situación se descontrola. El dominador debe parar al oír la contraseña, y generalmente lo hace. Ahora ya estamos preparados para acudir a una fiesta sadomasoquista.

¿Qué se hace en esas fiestas?

Cosas que jamás imaginaría. Entraremos en una y veremos qué ocurre. En estas fiestas existe una código de comportamiento muy formal que también veremos en acción. Otra cosa a tener en cuenta es que todos los participantes son gente corriente, hombres y mujeres con quienes se relaciona cada día.

Detenemos el coche frente a una casa de una calle tranquila de un barrio residencial. Son las nueve de la noche y están celebrando una pequeña fiesta. Fuera hay doce coches aparcados.

Llamamos al timbre y al mirar por la ventana vemos la típica casa de clase media: cortinas color beige, muebles de arce, moqueta de nailon verde. Sin embargo, cuando la puerta se abre...

Aparece una mujer baja y rolliza vestida de cuero negro con una máscara también de cuero, que le cubre la mitad superior del rostro. Lleva minifalda y unas botas que le llegan por encima de la rodilla con unos tacones de quince centímetros. Tiene el rostro blanco y los labios rojos como la sangre. En la mano derecha sostiene un látigo de cuero de un metro de largo.

Su voz es cálida y seductora.

—Siento haberos hecho esperar, pero estaba dando una lección a uno de mis alumnos. Soy la señorita Dolor. ¡Entrad!

En el salón hay nueve personas y todas se vuelven a mirarnos.

—Hola —nos van saludando.

—Me alegro de que pudierais venir.

—Sumaos a la fiesta.

—Poneos cómodos.

Y continúan con lo que estaban haciendo.

Cerca hay un hombre desnudo arrodillado en el suelo. Tiene las manos esposadas a la espalda y en el cuello un collarín de cuero atado a una correa. Una mujer sin bragas sacude un látigo frente a él. El hombre intenta introducir su cara en la ingle de la mujer. Cada vez que se acerca, ella le latiga. Gotitas de sangre ruedan por su cuello y nos damos cuenta de que el collarín tiene pinchos en el interior.

Al otro lado de la habitación hay una mujer atada a una cruz de madera. Otra mujer con un vestido negro hasta los pies le clava alfileres en los senos y la crucificada aúlla de dolor.

Cerca, tumbado en la alfombra, hay un hombre envuelto en plástico de cocina. Se retuerce como un pez recién sacado del agua y gruñe, pero nadie le presta atención. Sólo su cabeza sobresale del plástico, y lleva una mordaza de cuero en la boca con un consolador apuntando hacia afuera. Una mujer alta y delgada vestida con una minifalda microscópica y un delantal de doncella se ha colocado de cuclillas sobre el hombre y está a punto de sentarse sobre el consolador.

La señorita Dolor se acerca a nosotros.

—Las bebidas están en la cocina. Nuestro esclavo ha preparado unas galletas fantásticas y hay ponche orgánico.

Hace una pausa y señala el pasillo con su látigo.

—Por cierto, están jugando con agua en el cuarto de baño, si les apetece.

En todo lo anterior, hay dos detalles que nos han sorprendido.

¿Qué detalles?

En primer lugar, la gente es muy amable. Parecen personas normales más que pervertidos. En segundo lugar, a pesar de los gritos y aullidos se diría que disfrutan de su extraño sufrimiento.

Abrimos la puerta del cuarto de baño y vemos a un hombre gordo tendido sin ropa en la bañera. Dentro no hay agua. Bueno, no hay agua del grifo. Sujetas a la barra de la cortina hay dos mujeres orinándole encima. Una de ellas —rubia y de unos treinta años— se vuelve hacia nosotros:

—Hola, debéis de ser nuevos aquí. ¿Os gusta la lluvia dorada? Si queréis, podemos guardaros un poco.

Sonreímos y negamos con la cabeza.

La mujer sonríe a su vez.

—¡Como queráis! Al llegar a la cocina, girad a la izquierda. La mazmorra está cruzando la puerta blanca.

Se vuelve y rocía con su orina el pecho del hombre.

Cruzamos la cocina, en cuyo mostrador hay un frasco de picapica, y abrimos la puerta de la mazmorra. Se trata, en realidad, de un garaje sin ventanas con paneles que imitan ladrillos. Esta noche hay mucho movimiento.

En un rincón hay una jaula con una mujer desnuda tumbada boca arriba. Un hombre maduro vestido únicamente con una capa negra le vierte sobre los senos cera derretida de una vela. Cada vez que la cera hace contacto con la piel, la mujer grita:

—¡Basta! ¡Basta! ¡Oh, me encanta! ¡Más caliente!

Está claro que la palabra «basta» no es su contraseña de seguridad.

Cuando nos alejamos nos damos cuenta de que el caballero se está masturbando con la otra mano.

En otro rincón hay una mujer en cueros encadenada a la pared con los brazos en alto. Otras dos mujeres están inclinadas sobre sus nalgas. Una de ellas sostiene un hierro de marcar en miniatura. Su compañera agarra la nalga de la víctima y la mujer la marca con el hierro. Nos llega el olor a carne chamuscada y leemos: «ESCLAVA.»

Es hora de irse, y nos dirigimos a la puerta principal. La señorita Dolor se reúne con nosotros.

—Gracias por venir. —Sonríe alegremente—. Quizá la próxima vez os apetezca participar.

Todo eso parece increíble. ¿Es posible llegar más lejos?

En realidad, lo que hemos visto es bastante suave. El sadomasoquismo alcanza a menudo niveles terribles. Por ejemplo, hay quien practica la tortura genital o «genitortura». Consiste en latigar el pene y el clítoris con pequeños azotes de nueve ramales, atar pesas a los testículos y los labios de la vulva y a veces llegar al borde de la demencia.

Otros sadomasoquistas utilizan descargas eléctricas y realizan cortes con cuchillos muy afilados. También están los aficionados al *fist fucking*.

¿Qué es el *fist fucking*?

Es la técnica que consiste en introducir no un dedo o dos sino la mano entera en la vagina. Tras una cuidadosa lubricación, el dominador introduce cuidadosamente en la vagina un dedo tras otro y al final el puño entero. Para la dominada es una sensación muy fuerte. Lo hacen tanto mujeres como hombres.

Pero eso no es nada comparado con el estilo homosexual, que consiste en introducir el puño en el recto del compañero (véase el capítulo 8). La persona que se deja introducir una mano en el intestino grueso está jugando con fuego.

¿Son peligrosas las prácticas sadomasoquistas?

Todo depende del grado alcanzado. ¿Cómo se sabe cuándo parar? Hay sadomasoquistas que llevan el juego hasta la auténtica esclavitud. Tienen un esclavo viviendo en casa las veinticuatro horas del día, y por la noche lo encierran en una jaula. El «amo» puede meterse en un buen lío si el esclavo es menor de edad o se escapa.

¿Ha visto alguna vez un titular como éste?: JOVEN ESCAPA DE CÁRCEL DOMÉSTICA DONDE ERA TORTURADA.

¿Se trata de un sadomasoquista descontrolado?

¿Qué le parece este otro?: ESTUDIANTE BRILLANTE DE 14 AÑOS SE SUICIDA AHORCÁNDOSE - POLICÍA DESORIENTADA.

¿Qué significa?

Significa que la policía no estaba desorientada y que no se trata de ningún suicidio. Fue otro caso de «asfixiofilia», una extraña perversión sexual en la que el individuo se ahorca mientras se masturba. El objetivo es el estrangulamiento parcial para acelerar e intensificar el orgasmo. Algunas personas se cubren la cabeza con una bolsa de plástico. La situación, no obstante, puede escaparse de las manos y cuando la policía llega encuentra el cadáver desnudo de un adolescente que ha eyaculado. Por respeto a la familia lo llaman «suicidio inexplicable».

Algunas mujeres practican la asfixiofilia con la esperanza de acelerar el orgasmo y producir la «eyaculación femenina», una suerte de líquido que la mujer segrega al alcanzar el clímax.

A veces el dominador sofoca al dominado durante el coito o la masturbación para intensificar la sensación. Pero sofocar a alguien es un asunto delicado, y si el dominador no va con cuidado puede enviar al dominado al otro barrio. El dominador, por su parte, termina en la cárcel, que quizá no sea un lugar tan malo para un sadomasoquista empedernido. En el siglo XIX esta paradoja planteó un auténtico problema a las autoridades.

¿Por qué?

Las autoridades religiosas de la época castigaban a los ofensores sexuales azotándolos en público, pero muchos de ellos eran masoquistas y disfrutaban hasta el último azote.

Existe, no obstante, un problema real, porque los límites del sadomasoquismo son la violación, la tortura y, en casos extremos, el asesinato. Cuando lee sobre personas que raptan, torturan o violan a niños, que cortan a sus víctimas en pedazos y se los comen, son casos sadomasoquistas que van mucho más lejos que las fiestas de las que hablábamos. No es lo mismo que azotar a alguien en el lomo con una pala de ping-pong en un garaje. La Inquisición española y los campos de concentración nazis son el otro extremo del espectro.

Esto del sadomasoquismo no me gusta nada. ¿Por qué he de saber cosas al respecto?

Porque lo tiene mucho más cerca de lo que imagina. Si tiene hijos, compañeros de trabajo, empleados o familiares a los que quiere, necesita saber en qué consiste.

En los últimos años el SM se ha convertido en un gran negocio y en parte de la «escena cultural». Los niños pequeños reciben a diario ejemplos de esa cultura.

¿Cómo?

Sólo tiene que ver las películas de dibujos animados que aparecen en televisión. Si observa detenidamente, el contenido le sorprenderá, sobre todo en lo que a las ataduras se refiere. Lo más aterrador es que la mayor parte de las veces atan a niñas. Mal ejemplo para sus hijas e hijos. He aquí algunos casos:

- ¡Mira cómo la apisonadora aplasta al gato!
- ¡Mira cómo estalla el perro con la dinamita!
- ¡Mira cómo tiran al conejito desde lo alto del rascacielos!

Luego observe las expresiones de terror de los más pequeños.

¿Y los niños mayores?

Ven películas cargadas de sadomasoquismo. ¿De qué le sirve educarles como mejor sabe si luego los envía al cine para que reciban lecciones sadomasoquistas? ¿Dice que nunca les permite ver películas donde se tortura a la gente? ¿Dice que sólo les deja ver comedias y películas de aventuras? ¿Está seguro de que puede reconocerlas? ¿Cuántas han visto sus hijos?

Éstas son algunas de las cosas que se ven en estas películas:

- Violan a un hombre.
- Maniatan y amordazan a un hombre.
- Un mago maligno encadena a una muchacha.
- Una mujer se burla de un policía atado. Luego un hombre la ata a su vez a una mesa y se burla de ella.
- Atan a una mujer con los brazos en alto.
- Agentes de policía atan a una mujer y le hunden la cabeza en un cubo de agua.
- Empujan a una mujer hacia un lecho de lava candente.

- Atan a los dos actores principales.
- Secuestro y cautiverio con ataduras.
- Una mujer hace de esclava.
- Torturan a hombres y mujeres en películas sobre prisiones.
- Atan a un hombre y violan a su compañera.
- Un hombre abofetea a una mujer medio desnuda atada a una barra de hierro.
- Un paciente ata a su médico.

Son sólo unos cuantos ejemplos, pero hay cientos de ellos. La próxima vez que usted y sus hijos vean la tele o vayan al cine, compruebe cuántos indicadores sadomasoquistas aparecen. Busque estas señales inequívocas:

- Ropa o accesorios de cuero o caucho.
- Caretas negras o ropa negra muy ajustada.
- Botas o zapatos voluminosos y pesados, a veces con cadenas o clavos.
- Actores cubiertos de lodo, líquidos pegajosos o comida (productos más «agradables» que la orina o las heces tan corrientes en los juegos sadomasoquistas).
- Cuchillos, navajas, hachas o sierras utilizados para amenazar a seres humanos.
- Actores maniatados, colgados cabeza abajo o recluidos en espacios reducidos.
- Niños amenazados o aterrorizados.
- Actores indefensos amenazados con fuego o humo.

El mensaje sadomasoquista está en la ropa y en las acciones. Artículos como cuero negro, bisutería de hierro y acero, *piercing*, botas voluminosas, cadenas y más cadenas, transmiten el mensaje: «¡El sadomasoquismo es genial! ¡Le queremos a usted, y también a su hijo!» ¿Es eso lo que desea para su hijo?

¿Es la ropa un aspecto importante en las parafilias/perversiones?

Sí. Existe una categoría de parafilias/perversiones que se centra en la ropa. A las prendas se las llama «fetiches», palabra derivada del término portugués *feitico*, procedente a su vez de la palabra latina *factitiius*, que significa «artificial».

Un fetiche es, básicamente, una perversión sexual que sustituye el todo por una parte. Hay hombres, por ejemplo, que se excitan con los zapatos de las mujeres. Suele decirse que esos tipos han sustituido a la mujer por el zapato, pero esa explicación no es del todo exacta. En realidad han sustituido con el zapato el órgano que más se le parece: la vagina. (He ahí la verdadera esencia del cuento de Cenicienta. En la versión original el príncipe no va por las casas probando un zapato, sino una zapatilla peluda.)

Cuanto más se parece el objeto a los órganos sexuales femeninos, más se excitan los hombres que tienen esta perversión. Por eso las bragas suelen volverles locos. Los fetiches a veces se anuncian, como demuestra esta publicidad de ropa inferior femenina: «Nuestras bragas quizá no sean las mejores de este mundo, pero están muy cerca de lo mejor de este mundo.»

Las ventas se dispararon.

¿Qué provoca la adopción de un fetiche?

Como todas las perversiones sexuales, un fetiche es un caso de desarrollo interrumpido. Los niños adquieren poco a poco interés por la sexualidad. Ven las medias, la ropa interior, la ropa y los zapatos de su madre, de su hermana y de su tía. Entre los siete y nueve años pasan por un período en que dichos artículos les resultan sexualmente interesantes. Casi todos los chicos superan pronto esta etapa, pero unos cuantos se quedan atascados en ella. Son los que se vuelven fetichistas. Lo que les excita no es la mujer sino el artículo femenino.

Un ejemplo típico es la historia de dos hermanos que están en la playa y, de repente, una hermosa mujer totalmente desnuda sale del agua y pasa caminando frente a ellos. Un hermano le da un codazo al otro y dice: «¡Uau! ¡Estaría preciosa en bañador!»

Para estos fetichistas, el bañador es tanto o más importante que la mujer.

¿Qué clase de prendas excitan a los fetichistas?

Los sujetadores, las bragas, las medias y los zapatos son los artículos más deseados. Algunos hombres se frotan la prenda contra el pene hasta que eyaculan. Por eso adoran la ropa interior de seda.

Las perversiones, sin embargo, son desviaciones de la sexualidad ordinaria, y algunos hombres se desvían más que otros. Por ejemplo, hay hombres que se excitan robando ropa interior femenina. A otros les gusta olerla, lo que ha dado lugar a una industria fascinante.

¿Cuál?

La venta de ropa interior femenina usada a precios astronómicos. Los hombres que lo creen importante para su felicidad están dispuestos a pagar veinte dólares por unas bragas usadas. Y pagarán aún más si están manchadas con secreciones corporales. Estos mismos caballeros también compran medias y zapatos de mujer, y cuanto más viejos mejor. En el límite de la parafilia/perversión están los hombres que compran tampones usados (a veinticinco dólares la pieza).

¿Qué hay de los hombres que se visten de mujer?

Es un grupo interesante, o para ser más exactos, una serie interesante de grupos. Existen varias categorías de travestis u hombres que se visten de mujer. El primer grupo lo forman aquellos que imitan a las mujeres. Los hemos visto muchas veces en películas y programas de televisión. Mediante el uso de maquillaje, rellenos y a veces cirugía, son capaces de engañar a todo el mundo salvo a las personas muy observadoras.

El siguiente grupo lo integran los travestis fetichistas que visten como una mujer principalmente por la excitación sexual que les produce llevar bragas y sujetador. Puede que también busquen otras cosas de las que hablaremos más adelante.

Luego están las *drag queens*, generalmente homosexuales que se hacen pasar por mujeres por razones relacionadas con su tendencia sexual. En ocasiones los heterosexuales tienen problemas para distinguir a una *drag queen* de una mujer, sobre todo si están en un club, es tarde y han bebido demasiado. Quizá venga de ahí la expresión de «cruel despertar».

El último grupo es muy interesante. Lo integran hombres que quieren vivir como mujeres. Visten como mujeres y aseguran que sufren «disforia de género», es decir, una profunda insatisfacción por pertenecer al sexo masculino. No quieren ser hombres y desean transformarse en mujeres.

¿Es eso posible?

En una palabra: no. El género —masculino o femenino— no reside en los órganos sexuales. Está presente en todas las células del cuerpo: los hombres tienen una estructura cromosómica y las mujeres otra. Punto.

Los transexuales, sin embargo, se niegan a aceptarlo. Son capaces de ir muy lejos para demostrar lo contrario. Constituye una auténtica tragedia, porque sufren mucho en el proceso.

¿Qué hacen?

Se trata de una experiencia larga y complicada que, por extraño que parezca, sigue unas pautas bastante uniformes.

Generalmente el transexual sufre un poderoso brote de emociones encontradas cuando empieza a vestir ropa de mujer. Luego pasa por la fase «purgativa», en la cual el sentimiento de culpa le supera y se deshace de todas sus prendas femeninas. Por último llega la etapa del arrepentimiento y la renovación de todo el vestuario de mujer.

A veces el transexual se casa para intentar solucionar el problema. Luego, de manera casi inevitable, llega lo que llaman la «charla», es decir, cuando confiesa a su esposa que es travesti. Normalmente la charla conduce a lo que llaman el «ataque», o explosión emocional de la mujer al descubrir que su marido prefiere su ropa.

Los transexuales no lo tienen fácil. Sufren muchos conflictos internos y les cuesta encajar en la sociedad. A los hombres y mujeres normales les sorprende mucho que alguien que creían un hombre se les aparezca de repente como una mujer.

¿Qué ocurre después?

Algunos transexuales optan por la «cirugía de reasignación sexual» para convertirse en mujeres. Es un paso muy importante y generalmente se hace en diferentes fases.

Primero se someten a la «prueba de la vida real», que consiste en intentar vivir como una mujer. Ello implica, normalmente, tomar hormonas sexuales femeninas, afeitarse, utilizar maquillaje y llevar peluca. Muchos adoptan en este momento un nombre de mujer. «Manuel» se convierte en «Manuela» y «Luis» en «Luisa». Puede que también acudan a un «curso de afeminamiento».

¿Un curso de afeminamiento?

Así es. Suelen durar un fin de semana y enseñan a los hombres a actuar como mujeres. Aquí aprenden a caminar, hablar y reaccionar como una mujer. ¿Recuerda cuando, en *Huckleberry Finn*, Huck se viste de mujer y cierra las piernas para agarrar un objeto que le lanza una dama en lugar de abrirlas para recogerlo con la falda? Ese y muchos otros detalles se aprenden en estos cursos.

También se les enseña a imitar el pecho de la mujer rellenando el sujetador con algodón, por ejemplo, a ocultar el pene dentro de las bragas y a llevar vestidos holgados para disimular las erecciones que puedan producirse antes de que las hormonas empiecen a hacer efecto.

Aprenden trucos sobre maquillaje que la mayoría de los hombres ignora, como, por ejemplo, no utilizar pintalabios de color cereza.

Se les enseña, asimismo, a emplear el maquillaje para cubrir la barba y resaltar los rasgos femeninos que las hormonas les hayan fomentado.

También reciben consejos como éste: «Si va vestido de mujer cuando tiene que utilizar un lavabo público, no se olvide de su nuevo "yo" y orine sentado.» Quizá resulte difícil explicar a las chicas de la oficina por qué la nueva secretaria se coloca de pie frente al retrete con los zapatos apuntando hacia la pared.

Para celebrar la terminación del curso y su nuevo papel como mujeres, todos los estudiantes salen juntos de compras.

¿Se ríe la gente de los transexuales?

Sí, y no debería hacerlo. Los transexuales se enfrentan a muchos obstáculos y los detalles que acabo de describir son los más suaves. El trago más duro es la cirugía. Sencillamente, es imposible convertir a un hombre en mujer. La cirugía transexual no es para los apocados. A continuación se explicará en qué consiste.

Primero el cirujano corta los testículos y luego el pene. Acto seguido implanta un clítoris artificial que goza de cierta sensibilidad y practica una abertura para simular una vagina que a veces se forra con lo que queda del escroto. El transexual goza ahora de una simulación del aparato sexual femenino. Pero todavía no parece del todo una mujer.

Si desea seguir con el proceso, es preciso cortarle parte del cartílago cricoides o nuez de Adán. También necesitará un implante en el pecho y, probablemente, una liposucción. El tratamiento dura, en total, dos años.

Una vez operado, ¿puede realizar el coito?

Puede recibir un pene en su vagina artificial. Es difícil saber si puede tener orgasmos, porque a muy pocos transexuales les gusta hablar del tema. Con todo, no es probable que la cercenación del pene y los testículos mejore las probabilidades de alcanzar un orgasmo.

¿Hay mujeres transexuales?

Algunas, pero ni mucho menos tantas como hombres. Las mujeres no tienen problemas para vestir como los hombres. Una mujer vestida con pantalones, americana, corbata y mocasines apenas llama la atención al entrar en la oficina. El pelo corto, la cara sin maquillar, las botas y los tejanos gastados también forman parte de la moda femenina.

Las mujeres que quieren llegar hasta el final tropiezan con los mismos obstáculos que los hombres. Han de pasar por el consumo de hormonas masculinas y el culturismo para aumentar la masa muscular. No tienen que preocuparse por el maquillaje como los transexuales masculinos, pero sí por la barba. Hay mujeres que se untan una fina capa de petrolato en la cara y la cubren con hojas de té pulverizadas. Puede que dé el pego, pero sólo desde el otro lado de la sala. Semejante método no favorece los encuentros íntimos.

El paso más importante es, evidentemente, la «operación». La cirugía de reasignación sexual en las mujeres es bastante drástica.

Lo primero que hace el cirujano es cercenar los senos y recolocar los pezones. Luego extrae el útero, los ovarios y las trompas de Falopio. El pene es un órgano muy complejo y resulta muy difícil fabricar uno que realmente funcione. La mayoría de penes quirúrgicos son tubos de piel o tejido con una función meramente decorativa. Las transexuales suelen utilizar un consolador sujeto a la zona pubiana para realizar el coito con su pareja.

En general, los travestis y transexuales viven una situación difícil, y la mayoría de ellos no obtienen un resultado feliz. Pero existe una parafilia/perversión algo más suave.

¿Cuál?

La «peluchefilia». Es la fascinante aunque patética atracción sexual por los animales de peluche. Existe un pequeño grupo de personas —hombres y mujeres— que se excitan sexualmente con osos, conejos y monos de peluche. A usted pueden gustarle estas criaturas, pero ellos literalmente las aman.

¿Las aman?

Mantienen relaciones sexuales con ellas. No resulta tan extraño si tenemos en cuenta que las niñas tienen su primera experiencia sexual al ponerse su osito entre las piernas y frotarse el clítoris con él. Durante los primeros años de la infancia casi todas las personas desarrollan un vínculo emocional con el muñeco de peluche con que se acuestan cada noche. Si se quedan estancadas en esta etapa del desarrollo emocional —y de eso tratan todas las perversiones—, mantendrán su relación amorosa con su peluche favorito.

Arnold es vicepresidente de una importante agencia de seguros. Tiene cuarenta y seis años y no está casado. He aquí su experiencia:

«Mi coneja *Ginnie* es mi mejor amiga. Es muy cariñosa y me encanta sentir su suave pelo contra mi piel. Nunca me rechaza, y si he tenido un día duro en la oficina, ella está ahí para consolarme y hacerme olvidar mis problemas. Es la felicidad pura, el amor perfecto.»

¿Esta gente llega a mantener relaciones sexuales con sus animales de peluche?

Así es. Los abrazan, los besan y se frotan el pene o el clítoris contra ellos. A veces van más allá.

Arnold continúa:

—Claro que practico el sexo con *Ginnie*. Está rellena de espuma y le he hecho un orificio. Se pone de cuatro patas y lo hacemos como los conejos. —Se detiene un momento—. Sé lo que me va a preguntar y la respuesta es: desde luego que me preocupo por ella. ¡Siempre uso preservativo!»

Pero la peluchefilia no siempre se limita a la masturbación. Hay gente que va mucho más lejos.

Martha tiene treinta y nueve años y da clases de cocina.

—Es una maravilla, doctor. Es como volver a la infancia y, al mismo tiempo, provocador y excitante. Gracias a Dios a Milton, mi marido, también le va. Los fines de semana se pone un disfraz de oso gigante y le llamo «Hombre de las Nieves». Me desvisto y sacamos del armario un gran gorila blanco de peluche que mide casi un metro ochenta y tiene un pelo muy largo. Se llama *Jo-Jo*. —Guarda silencio por un instante, con la mirada perdida—. Tumbamos a *Jo-Jo* y yo me estiro encima. Entonces Milton, quiero decir el Hombre de las Nieves, me toma por detrás. ¡Es tan bonito con todo ese pelo suave a mi alrededor! Luego, justo cuando estoy a punto de alcanzar el orgasmo, Milton tira de una cuerda y un muelle hace que los enormes brazos de *Jo-Jo* me abracen muy, muy fuerte. ¡Es maravilloso!»

¿Se puede considerar la peluchefilia como una práctica inofensiva?

Los animales de peluche no pueden azotar, pero existen dos problemas. En la mayor parte de los casos sustituyen al ser humano y, por tanto, no es la relación ideal. Por otro lado, en muchos centros comerciales y parques de atracciones de todo el mundo hay gente disfrazada con trajes que representan animales y productos comerciales. Los niños se sienten muy atraídos hacia ellos y están constantemente acariciándolos y siendo acariciados. La mayoría son, probablemente, hombres y mujeres normales que se están ganando un sustento. Pero tal vez alguno no lo sea. Le aconsejo que no pierda de vista a sus hijos cuando los lleve a un lugar donde haya personas con esta clase de disfraces.

¿Cuál es la mejor forma de tratar las perversiones sexuales?

Depende. Las peligrosas —acoso infantil, violación, asesinato y perversiones violentas y destructivas— deberían ser erradicadas. Las perversiones infantiles como mirar, coleccionar ropa interior femenina, fetichismo y demás responden a un tipo de educación. Si el parafílico logra comprender que el sexo adulto puede ser mucho más divertido que el sexo infantil, se hallará en el camino hacia la madurez. El verdadero objetivo es que el hermano de la playa se dé cuenta de que la mujer está mejor desnuda que en bañador.

11

PROSTITUCIÓN

¿Cuándo empezó la prostitución?

La prostitución existe desde hace mucho tiempo. La Biblia menciona a rameras, putañeros y casas de prostitución más de cien veces. El «amor a cambio de dinero» ya se practicaba en el año 2000 a. C. La prostitución ha sido, hasta no hace mucho, una profesión más o menos respetable.

¿Cómo es eso posible?

Los antiguos hebreos fueron los primeros en condenar a las rameras. Sus quejas iban dirigidas, sobre todo, contra las mujeres hebreas que se iniciaban en el oficio, mientras que las prostitutas extranjeras eran mejor aceptadas. El Nuevo Testamento empezó donde el Viejo Testamento dejó el tema, y promovió una campaña religiosa contra la prostitución que adquirió todas las características de una cruzada y que aún en la actualidad prosigue fervorosamente en ciertos países (Estados Unidos entre ellos).

Las cosas no siempre fueron así. Entre los antiguos chinos, griegos y sirios (por mencionar sólo unos pocos) la prostitución estaba considerada una profesión noble y tenía adjudicado un papel en muchas ceremonias religiosas. Cada templo contaba con sus prostitutas oficiales; el coito con ellas a cambio de una pequeña suma de dinero era una forma aceptada de adoración. Muchas de estas damas eran voluntarias que sólo trabajaban un año y donaban al templo todos sus ingresos por dicha actividad. Era el equivalente del trabajo misionero moderno. Cuando el plazo terminaba, las prostitutas regresaban a casa con sus maridos y un gran prestigio.

¿No son la prostitución y la religión términos incompatibles?

No necesariamente. Recuerde que muchas de las religiones antiguas estaban estrechamente vinculadas a los misterios de la fertilidad de las cosechas y los animales, a la plantación de las semillas y a todo lo demás. El coito desempeñaba un papel mágico, y el sexo dentro de un contexto religioso no era lo mismo que conocer a una prostituta en un bar y pagarle cien dólares por una felación.

Incluso la Edad Media aceptaba la prostitución como una forma de vida. Las prostitutas más elegantes se movían libremente en la alta sociedad y se relacionaban con la realeza bajo el eufemismo de «cortesanas». Entre las clases humildes, la vida de la prostituta era más dura, pero no necesariamente indecente.

¿Y en la época actual?

En muchas partes del mundo la prostitución sigue siendo una forma socialmente aceptable de ganarse la vida. La prohibición de las «damas de la noche» se implantó en Francia, Italia, Bélgica y Japón. Con todo, hay muchos lugares del mundo en que las prostitutas no están mal vistas. En gran parte de Asia la prostitución es legal. También lo es, salvo excepciones, en Latinoamérica y en México.

¿No es un fenómeno detestable?

Mucha gente lo piensa, pero los hechos no siempre justifican ese sentimiento. He aquí las principales objeciones a la prostitución profesional:

- La prostitución aumenta el índice de delitos sexuales.
- La prostitución corrompe a los jóvenes.
- La prostitución es moralmente degradante.
- La prostitución propaga las enfermedades de transmisión sexual.

Analicemos estas objeciones una por una.

¿Aumenta la prostitución el índice de delitos sexuales?

Probablemente no. En los países donde este oficio es legal apenas se producen delitos sexuales. Si unos cuantos dólares pueden comprar una compañera atenta, violar a una extraña carece de sentido. El *voyeurismo*, el exhibicionismo, el acoso infantil y el incesto son fenómenos originados por la acumulación de tensión sexual. ¿Qué es preferible, que un hombre busque el placer sexual con una prostituta o que viole a una mujer en la parada del autobús?

¿Qué hay de la corrupción juvenil?

Si «corromper» significa que la prostitución insta a los jóvenes a practicar el sexo antes del momento aprobado por la sociedad, es inocente. Es la indulgencia sexual y la negligencia de los padres lo que empuja a los jóvenes al sexo prematuro y no la existencia de mujeres que mantienen relaciones sexuales por dinero. Recuerde que, generalmente, las prostitutas cobran más por un coito de lo que los adolescentes ven en un mes.

A juzgar por los países donde la prostitución es legal, la moral de la nación no parece salir perjudicada. En Estados Unidos, donde la mayoría de estudiantes universitarios se drogan con regularidad, la prostitución podría considerarse el menor de dos males. Si los padres tienen que elegir entre que sus hijos pasen una noche con una prostituta o drogándose, seguro que optarán, aunque de mala gana, por lo primero. Una noche en la cama por lo menos deja el cerebro intacto.

La ilegalización de la prostitución no impide que haya prostitutas. De hecho, el incremento de las tarifas convierte dicha profesión en más lucrativa y, por lo tanto, más atractiva.

¿No es la prostitución una profesión degradante?

Desde luego, porque nosotros la hacemos degradante. Al mirar con desprecio a las mujeres que venden sus favores sexuales, al convertirlas en infractoras, al apartarlas del resto de la sociedad, conseguimos alienarlas por completo. Muchas veces el cliente vierte su propia amargura y autodesprecio en la prostituta.

La prostitución no es buena ni mala. Es, sencillamente, una realidad. El sexo a cambio de dinero nos ofende porque nos han educado así. En lugar de quejarnos por el resultado del problema, deberíamos buscar el origen del mismo. Como reza el dicho: «La demanda hace la oferta.»

¿Por qué hay «demanda»?

Dejemos que una prostituta nos explique su teoría. Bonnie tiene veintisiete años y lleva en la profesión desde los diecinueve.

«Lo único que nos permite seguir trabajando son las esposas

norteamericanas. Que Dios las bendiga. Esas zorras sobrealimentadas me ayudan a cambiar de modelo de Mercedes cada dos años. Si todas las esposas despertaran un día y dieran a sus maridos lo que éstos quieren, tendría que volver a servir mesas. Pero eso no me preocupa; el negocio marcha cada vez mejor. Mientras la mujer media crea que su vagina vale oro, todo irá sobre ruedas.»

Bonnie, como toda prostituta, necesita justificar su estilo de vida. Sin embargo, está claro que su juicio no es errado. La mayoría de sus clientes son hombres casados que, teóricamente, tienen la posibilidad de obtener toda la satisfacción sexual que desean de sus esposas. Si eso fuera cierto, no necesitarían a Bonnie. La clase de servicios que los clientes piden resulta reveladora.

¿Qué piden?

La actividad que más solicitan es la felación. El 75 % de los clientes quieren que la prostituta les chupe el pene. Es la llamada «campaña del ketchup».

¿La campaña del ketchup?

Hace unos años un fabricante de ketchup decidió que había llegado el momento de aumentar las ventas. Hizo un estudio de mercado y descubrió que las mujeres se quejaban de que pasaban demasiado tiempo en la cocina preparando platos elaborados para que luego sus maridos llegaran a casa y lo cubrieran todo de ketchup. La rebelión de las esposas había perjudicado las ventas, de modo que la empresa elaboró una campaña publicitaria brillante. El objetivo era recordar a las mujeres que a sus maridos les gustaba el ketchup en la comida y no estaba bien privarles de ese placer.

El anuncio fue un golpe genial. Mostraba a una bonita camarera sosteniendo una bandeja a la altura del pecho. En la bandeja había dos platos con dos enormes filetes y un frasco de ketchup. La camarera, con su generoso busto descansando sobre la bandeja, miraba a dos hombres sentados a una mesa que esperaban su comida. La leyenda decía: SI NO SE LO DA EN CASA, SALDRÁ A BUSCARLO.

Dos semanas más tarde tuvieron que retirar el anuncio.

Es cierto que los hombres que no reciben la felación en casa salen a buscarla. Y eso mantiene en la profesión a miles de prostitutas.

¿Cómo se sienten las prostitutas al respecto?

Les encanta. No porque sea su idea del placer supremo (ninguna prostituta está en la profesión por placer sexual), sino porque es mucho más lucrativo que cualquier otra actividad. Una «mamada», como se conoce la felación en el oficio, es rápida, fácil y limpia. No hay que cambiar sábanas, no hay que lavarse (salvo enjuagarse la boca con un antiséptico) y si la chica es habilidosa, ni siquiera tiene que desnudarse. Como dijo alguien: «Podría hacer mamadas todo el día sin sudar una gota.»

Y la epidemia del sida lo ha puesto aún más fácil.

¿Por qué?

Porque casi ninguna prostituta haría una felación hoy en día sin preservativo. Eso significa ausencia de eyaculación directa, mínimo riesgo y poco antiséptico. El único peligro es la posibilidad de que se rompa el condón y, claro está, el cliente que se trae su propio preservativo lubricado, ya que éste, de acuerdo con las prostitutas, tiene un sabor horrible.

La segunda actividad más frecuente entre los clientes es el cunilingus. Eso a las prostitutas ya no les gusta tanto.

Laurie nos lo explica:

«Siempre les cobro más si quieren lamerme ahí abajo. Se pasan mucho tiempo y luego, encima, quieren un polvo normal. Has de complacer al cliente, pero también has de ganarte la vida. Generalmente cobro 75 dólares más y con condón.»

¿Cómo se realiza el cunilingus con preservativo?

Se corta el condón por la punta y a lo largo. Luego el cliente lo coloca sobre el clítoris y la entrada vaginal y lame a través del látex. Eso impide el contacto de las secreciones de la vagina con la boca y viceversa. Y, con suerte, mantiene al virus del sida alejado de sus vidas.

En casos de emergencia puede utilizarse el plástico de cocina y también las bolsas para emparedados, pero es preferible un preservativo. En la actualidad los venden en todas partes y son un elemento normal en la actividad sexual, sobre todo con prostitutas.

¿Qué más ha cambiado?

Muchas cosas. Por ejemplo, nunca debe cepillarse los dientes durante las cuatro horas siguientes a su contacto sexual con una prostituta.

¿Por qué?

Cada vez que se cepilla los dientes se hace unos cortes diminutos en las encías. Unas veces aparece sangre en el cepillo y otras no, pero la herida existe. El virus del sida puede encontrarse en cualquier líquido corporal: orina, sangre, secreciones vaginales, leche humana, saliva, lágrimas y demás. Si tiene cortes en las encías y alguna de esas secreciones penetra en ellos, puede contraer el sida.

¿Son muchas las prostitutas que tienen sida?

Depende del lugar. En algunas partes de África el 70 % de las prostitutas están infectadas. En las ciudades de Europa occidental este porcentaje se reduce al 3 %. Estados Unidos tiene un porcentaje similar a Europa, con una importante excepción.

¿Cuál?

El 35 % de las prostitutas que se drogan por vía intravenosa —con heroína o cocaína— puede tener el virus del sida por compartir las jeringuillas. Ahora, además, no es tan fácil distinguir a esta clase de drogadictos.

Antes de que apareciera la epidemia de sida bastaba ver las marcas en los brazos y las piernas para saber si una prostituta se pinchaba. Ahora, como las chicas saben que a los clientes les horroriza el sida, se pinchan entre los dedos de las manos y los pies.

¿Entre los dedos?

Exacto. Muchas de esas prostitutas son verdaderas artistas manejando la aguja hipodérmica. Algunas hasta hacen perforaciones a sus clientes y cirugía estética temporal.

¿Cirugía estética temporal?

Así es. Algunos clientes tienen gustos peculiares y están dispuestos a pagar para satisfacerlos.

Suponga que una noche un hombre le dice a su mujer:

—Ellen, nuestra vida sexual es un poco aburrida últimamente. ¿Crees que podríamos hacer algo para darle emoción?

La esposa, que ha leído todos esos artículos sobre «Cómo mantener joven su matrimonio», responde:

—¡Desde luego, Roger! ¿Qué propones?

El marido sonríe y dice:

—Me alegro de que lo entiendas. Primero me desvestiré y luego...

Ellen nota un pequeño cosquilleo de excitación en el estómago.

Con los ojos bien abiertos y la voz ronca, Roger susurra:

—Y luego me pondré el collar del perro. También me pondré tu sujetador con relleno y tus bragas de seda roja. Luego me tumbaré sobre tu regazo y dejaré que me azotes el lomo con el matamoscas mientras me masturbo. Y luego...

El chirrido que oye a lo lejos proviene de los neumáticos del coche con el que su mujer huye a casa de su madre para no volver nunca.

¿Se prestan las prostitutas a hacer esas cosas?

Les encanta. De hecho, muchos hombres pagan para que les hagan cosas como las que Roger pedía a su esposa. Terry nos cuenta su experiencia:

«Hay un actor cinematográfico que viene a verme una vez al mes. Se trata de una estrella de películas de acción, pero es evidente que mi acción le gusta más. Lo primero que hago es inyectarle una solución salina alrededor de cada pezón. Eso se los pone a punto durante doce horas. Luego se viste con mi sujetador y mis bragas —bueno, él piensa que son mías—, le flagelo un poco y finalmente le hago una mamada antes de que se marche a rodar otra película de acción. La sesión dura una hora, gano novecientos dólares y ni siquiera me mojo. Para colmo, recibo clases gratuitas de arte dramático.

¿Las prostitutas actúan?

Por supuesto. Algunas de las mejores representaciones de Estados Unidos no tienen lugar en Broadway, sino en hoteles de todo el país.

Terry nos sigue contando:

«Verá, doctor, para ser una buena puta sólo tienes que saberte cinco frases: "¡Oh, qué grande"! ¡Es la más grande que he visto en mi vida!; ¡Oh, éntrame, éntrame, no puedo esperar más!; ¡Oh! ¡Oh! ¡Métela hasta el fondo! ¡Oooohhh! ¡No pares! ¡Me estoy corriendo! Estuviste fantástico."

»Pero recuerde que debe decirlas en el orden correcto.»

¿Cómo se introduce una chica en el oficio de la prostitución?

Por fortuna la mayor parte de las historias sobre trata de blancas sólo existen en las películas.

JOVEN VIRGEN E INDEFENSA OBLIGADA A ACTOS DEGRADANTES CONTRA SU VOLUNTAD.

La prostitución en la vida real es diferente.

Casi todas las chicas, al menos en Estados Unidos, se hacen prostitutas por elección propia. La transición suele ser gradual. Puede comenzar con cierta promiscuidad, un divorcio o dos o un trabajo de camarera en una coctelería.

Rhonda nos cuenta cómo se inició:

«Ante todo, no crea que me estoy justificando. Sé lo que hago y me gusta. Podría dejarlo en cualquier momento. Empecé a joder cuando tenía catorce años. Crecí en un pueblo de mala muerte donde no había nada más que hacer. A los diecisiete años ya me había tirado a todos los tíos del condado. En aquellos tiempos no era puta. Les dejaba que me invitaran a cenar y esas cosas, pero lo hacía por gusto. Me casé a los dieciocho y nos trasladamos a la ciudad, pero mi marido era un cerdo. Le dejé seis meses más tarde y entré a trabajar en un bar.

»No había mucho que hacer, así que empecé a joder otra vez. Me hice amiga de un par de rameras que trabajaban en el local. Un día me dijeron: "Caray, ¿por qué no pides algo a cambio? A este paso nos arruinarás el negocio."

»Esa noche, después de cerrar, salimos a tomar unas copas y me propusieron probarlo. Lo hice con un par de tipos que me enviaron. No estuvo tan mal. Quiero decir que me pagaron por lo que antes hacía gratis y los tipos consiguieron lo que querían, así que todos felices.»

Por desgracia, hay algo en lo que Rhonda se equivoca: en la prostitución nadie es feliz.

Casi todos los hombres que contratan los servicios de una prostituta preferirían hacerlo con una mujer a la que amaran. Y casi todas las prostitutas preferirían un hogar feliz con un marido y unos hijos que la adoraran en lugar de recibir el semen de miles de extraños un año tras otro.

Pero no todas las prostitutas son iguales. Del mismo modo que existe una diferencia entre el borracho que desafina en una esquina y el violinista de conciertos, existe una diferencia entre la prostituta de bajos fondos y la prostituta de elite.

Las prostitutas de menor categoría son las que hacen la calle.

¿Cómo son?

Generalmente maduras, alcohólicas o drogadictas. Muchas padecen deterioro mental o esquizofrenia. Están tan desgastadas que se prestan a vender el uso de su vagina por el precio de una copa o una dosis de crack. Son las que caen con más frecuencia en manos de la policía. Estas mujeres jóvenes y no tan jóvenes son auténticas víctimas y merecen ser rehabilitadas en lugar de perseguidas.

La siguiente categoría son las chicas con cita previa.

¿Qué es una chica con cita previa?

Una prostituta que establece sus citas con los clientes por teléfono. Puede trabajar de forma independiente o para una «agencia». Daphne es independiente. Tiene veintiséis años y trabaja en el sur de California desde los veinte. Sentada en la cafetería parece una actriz o una modelo. De hecho, ha sido ambas cosas. Alta, delgada, melena rubia y ojos azules, tiene el aspecto de una adolescente espabilada.

«Mi trabajo no es el ideal, pero es mucho mejor que pasarme el día pateándome las agencias de *casting*. Cuando me dedicaba al cine tenía que prostituirme para conseguir un papel. Lo más irónico es que sigo prostituyéndome con los mismos tipos de los estudios, pero ahora me pagan. Suelo levantarme a mediodía y estoy lista para el primer cliente a las dos de la tarde. Es cuando el "club del desayuno" empieza a aparecer.»

¿El club del desayuno?

Así es. Dejemos que Daphne prosiga:

«El "club del desayuno" son los tipos que temen tanto a sus mujeres que no se les ocurre ningún pretexto para salir por la noche, de modo que vienen por la tarde para un polvo rápido. No me molestan, pero siempre hay alguno que quiere descuento por lo temprano de la hora. A veces me enfado y los mando a tomar por saco. Ayer le dije a uno: "Pero ¿qué te crees que es esto, un cine con sesión matinal? Si sólo pagas media tarifa, sólo tendrás medio polvo, así que tú mismo."

»Entre nosotros, cuando el negocio está flojo acepto los polvos rápidos, porque menos da una piedra.

»Bueno, como iba diciendo, a eso de las seis me preparo para salir. La mayor parte de las noches tengo clientes esperando. Suelo estar bastante ocupada hasta las dos de la mañana; entonces la cosa se tranquiliza a menos que haya una convención en la ciudad, y entonces no paro. Esos tipos de las convenciones sólo piensan en hacérselo con una puta. ¡Se diría que no hay ninguna en su ciudad!

»Cuando termino, a veces me reúno con otras chicas para tomar un café. Luego me voy a casa y me acuesto. La gente no comprende que la prostitución es un trabajo duro. Dejar que diez tipos te monten cada noche es peor que cavar zanjas. Como no estés en perfecta forma, al final acabas agotada. A veces me alegro de que me llegue el período. Por lo menos durante unos días puedo estar tumbada sin tener a nadie saltándome encima.»

¿Telefonean las prostitutas a los clientes?

Sí. La prostitución es un negocio más, y cuando afloja tienen que promocionarse. Las interminables esperas bajo una farola han pasado a la historia, salvo para las prostitutas que hacen la calle.

Los días poco movidos Daphne llama a sus clientes para ofrecerles un poco de acción. Algunas chicas van aún más lejos y envían tarjetas de Navidad y de cumpleaños a sus clientes más valiosos. Hay prostitutas que incluso aceptan tarjetas de crédito.

¿Tarjetas de crédito? ¿No es un poco arriesgado?

No tiene por qué serlo. Si el recibo dice algo como «Lulú La Belle-Servicios profesionales», seguro que no pasará inadvertido para el contable o la esposa, pero sí lo hará uno que diga «Construcciones El Paraíso: Erecciones y demoliciones».

La relación entre la prostituta y el cliente a veces se convierte en algo más que sexo anónimo. Hay hombres que visitan a la misma prostituta una vez a la semana. Si un buen cliente se separa o divorcia de su esposa, puede que hasta reciba una llamada solidaria de su prostituta favorita e incluso un servicio gratis a modo de consuelo.

Aunque no suelen hablar de ello, hay prostitutas que mantienen una relación estrecha con ciertos clientes, sobre todo los «regulares». Es el caso, sobre todo, de gente famosa, especialmente actores.

¿Los actores también tienen que pagar?

Aunque parezca extraño, muchos peces gordos de Hollywood «quieren» pagar por el sexo. Eligen entre sus favores a aspirantes a actrices que están dispuestas a dar sexo a cambio del estrellato. Son mucho más felices teniendo relaciones duraderas con una prostituta. Steve es un buen ejemplo de ello.

Sentado a una mesa en la terraza de un café de Hollywood, Steve se protege con sus gafas de sol. La ceñida camiseta negra marca unos músculos prominentes. Mientras habla se mesa la larga melena.

«Sé que cuesta creerlo, doctor. Podría tener las chicas que quisiera, pero esas fanáticas son como el veneno. La última con la que salí quería hacer un molde de yeso de mi pene. ¡Menuda idea!

»Además, todas acaban vendiendo la historia de nuestra noche de pasión a alguna revista del corazón. Eso no es bueno para mi profesión. Por eso tengo dos o tres prostitutas con las que me acuesto desde hace años. Las veo dos veces a la semana y cuando ruedo fuera de la ciudad me llevo a una conmigo. Me sale bastante caro (pago unos quinientos dólares al día), pero es divertido, limpio y me ahorra muchos problemas.»

A veces la relación se hace más íntima. El romance entre la prostituta y el cliente puede ocurrir. De vez en cuando un hombre desgraciado que sueña con rescatar a una chica de la «mala vida» le propone matrimonio. Las probabilidades de ser felices son microscópicas. Las mismas prostitutas tienen un dicho: «La puta siempre será puta, y el cliente siempre será el cliente.» Por desgracia, generalmente es así.

¿Son las citas previas un sistema seguro?

Más o menos. La experiencia puede ser un éxito o un desastre, pero ya se sabe que cuando dos extraños se lanzan de repente a una relación emocional, ninguno de los dos sabe cuáles serán las consecuencias.

La mayor parte de las veces la cosa va bien. Sexo mecánico, eyaculación y a por otro. En ocasiones, sin embargo, se dan sorpresas.

Hay prostitutas que, cuando el cliente está distraído, le sacan todo el dinero de la cartera y hasta puede que anoten el número de la tarjeta de crédito. A veces lo utilizan para comprarse un equipo de música o un abrigo de pieles. Y a veces como «seguro».

¿Seguro?

Exacto. La segunda peor pesadilla de una prostituta es que no le paguen (la peor es que la maltraten o la maten). Pero si tiene la dirección del cliente, está protegida. Suponiendo que el tipo no le haya pagado, siempre puede llamarle a casa. Y si eso no le asusta lo bastante, siempre puede recurrir a la temida carta de la «honrada camarera».

¿Qué es eso?

La prostituta siempre guarda algún as bajo la manga que puede sacar cuando se harta. Sabe que la esposa de su cliente estaba en casa cuidando de los hijos mientras él se divertía con ella en la habitación del hotel. La prostituta toma unas bragas algo usadas, las mancha con un poco de aceite de cocina y las envía a la esposa del cliente con esta nota:

> Querida señora Jones:
>
> Soy la camarera del hotel Cosmos donde usted y su marido se alojaron la semana pasada, habitación 347. Al hacer limpieza encontré esta prenda interior y pensé que le gustaría recuperarla.
>
> Atentamente,
>
> GLADYS, la camarera.

Cuando el señor Jones llegue a casa del trabajo y vea a su esposa de pie en el porche con la carta en la mano, deseará mil veces haber pagado a la prostituta.

En muchos aspectos la prostitución es como cualquier otro negocio.

¿A qué se refiere?

Las prostitutas clásicas tienen su propio código ético. Sus principios podrían resumirse en lo siguiente:

- No saludar a un cliente en público a menos que él salude primero.
- No revelar la identidad del cliente de forma que pueda ponerle en un apuro.
- No robarle los clientes a una compañera (podría hacerme lo mismo).

- Ayudar a las «hermanas» que están en apuros (si no es peligroso).
- No colaborar con la policía.

¿Qué es una «chica de bar»?

Cuando el negocio va mal, las prostitutas como Daphne rondan los bares. Hay chicas que deambulan por los bares baratos de las esquinas mientras que otras visitan clubes más selectos. Las prostitutas de categoría eligen las coctelerías de los hoteles elegantes. Las chicas como Daphne encuentran degradante tener que ir de bar en bar, pero como dijo una de ellas con un guiño, hay que comer para vivir.

Dentro de esta misma categoría se hallan las prostitutas que trabajan en saunas y salones de masajes. Generalmente cobran 50 dólares por un masaje. Y es producto obligado. Después el cliente negocia otros servicios. En algunos lugares la lista es complicada y dice algo así:

1. Masturbación con chica vestida (el cliente no puede tocar).
2. Masturbación con chica *topless* (el cliente no puede tocar).
3. Masturbación con chica desnuda (el cliente no puede tocar).
4. Categorías anteriores con tocamiento de pechos.
5. Categorías anteriores con tocamiento de nalgas.
6. Felación en cualquiera de las categorías anteriores.
7. Sexo completo.
8. Sexo anal.

El primer artículo de la lista suele añadir 50 dólares al precio del masaje. Si el cliente elige el número 8, la cuenta puede ascender a un total de 250 dólares.

Algunos salones de masaje son agujeros infestados de cucarachas. Otros están limpios como una patena. Los hay que incluso tienen facilidades para inválidos.

Los salones de masaje siguen, casi sin excepción, la nueva tendencia en preservativos.

¿Qué nueva tendencia?

Hoy en día prácticamente todas las prostitutas insisten en usar preservativo salvo las que hacen la calle, que a veces están demasiado drogadas o borrachas para importarles. Otra excepción son las mujeres que cobran más por hacer la felación o realizar el coito sin condón. Saben que hay hombres dispuestos a pagar el doble por notar el contacto directo del pene contra una vagina desnuda. Los hombres a veces pagan con la vida, riesgo que también corren las chicas. El sida es un viaje sin retorno.

Pero la nueva tendencia es aún más conservadora. La mayoría de las chicas insisten en utilizar preservativo para la felación, preservativo cortado para el cunilingus y dos preservativos para el sexo vaginal. Desde el punto de vista profesional, es lógico. Antes, si el preservativo se rompía podía significar un embarazo o un aborto. En la actualidad puede significar la muerte. Y no sólo por sida.

¿No es el sida el principal peligro?

La hepatitis también puede transmitirse por vía sexual, y cada año mata a más personas en el mundo que el sida. La hepatitis no tiene cura y el 35 % de las prostitutas la padece. Para colmo de males, la sífilis y la gonorrea vuelven a cobrar importancia.

En cuanto a enfermedades de transmisión sexual (ETS), Estados Unidos es uno de los países más peligrosos del mundo. Cada año aparecen 12 millones de nuevos casos de enfermedades de transmisión sexual, el índice más elevado de los países industrializados del planeta. A modo de comparación, la incidencia de la gonorrea en Estados Unidos es cincuenta veces la de Suecia. Puede que dos condones no sean suficientes.

¿Cuáles son las probabilidades reales de contraer una enfermedad de transmisión sexual de una prostituta?

Muchas. Aunque el porcentaje de casos de sida entre las prostitutas fuera reducido, la ley de probabilidades funciona implacablemente en su contra y en contra de los clientes.

¿Por qué?

Los preservativos no son perfectos. No todas las prostitutas y no todos los clientes los usan, y a veces los condones se salen o se rompen. Como consecuencia de ello, cada noche hay prostitutas que reciben secreciones corporales de sus clientes, ya sea por vía oral, anal o vaginal. Partiendo de un promedio de siete clientes por noche, la prostituta se expone a la posibilidad de contagio doscientas veces al mes o más de dos mil veces al año. Por muchas precauciones que tome, un solo accidente basta para contraer sida, hepatitis, sífilis, herpes, clamidia, gonorrea o cualquier otra ETS.

Mírelo de este modo: si dispara una pistola de agua contra un objetivo dos mil veces al año, tarde o temprano le dará.

¿Cuánto gana una prostituta?

Las prostitutas ganan mucho, pero los gastos se comen gran parte de sus ingresos. La contabilidad de una prostituta de alto nivel es más o menos la siguiente:

Diecinueve días de trabajo al mes, con una media de siete clientes diarios a 150 dólares cada uno (extras incluidos), suman unos ingresos brutos de 19.950 dólares mensuales. Hay que restar seis días al mes por la menstruación (algunas chicas trabajan durante esos días para chiflados, pero a muchas no les gusta) y otros cuatro días destinados al descanso, pues, como cualquier trabajador, necesitan recuperar fuerzas.

Las prostitutas de alto nivel precisan de un apartamento donde recibir a sus clientes, y hasta el más pequeño cuesta un buen dinero. El alquiler y el servicio de ropa blanca (veinte sábanas al día) puede fácilmente representar un gasto de 1.500 dólares mensuales.

Ropa, zapatos, cosméticos, peluquería y otros complementos suman 2.000 dólares al mes. A las prostitutas se les suele cobrar más que a otras mujeres, porque las personas que les sirven saben que ganan mucho dinero. Por otro lado, las prostitutas saben lo mucho que cuesta abrirse camino en la vida y eso las lleva a ser generosas con las propinas.

La muchacha que viste con elegancia y cuida su aspecto atraerá a más clientes que una prostituta de aspecto descuidado.

¿Qué otros gastos hay?

El mayor, probablemente, sean los sobornos y las propinas. El sustento de una prostituta depende de su disponibilidad frente al mayor número posible de hombres, pero en muchos países (especialmente en Estados Unidos) sus actividades son ilegales. Para que una prostituta pueda trabajar la policía tiene que mirar hacia otro lado, y algunos cobran por ello.

Luego están los contactos (taxistas, camareros, botones, etc.), que cobran entre 10 y 20 dólares por cliente. Todo el mundo quiere llevarse un pedazo del pastel. El ascensorista que sube a los clientes hasta el apartamento, el gerente del edificio, incluso la criada. Eso puede suponer hasta 2.000 dólares mensuales.

Las prostitutas inteligentes gastan mucho en médicos y medicamentos, pues las infecciones son malas para el negocio. Las chicas de alto nivel se hacen un reconocimiento médico semanal y toman antibióticos regularmente. La factura de los medicamentos asciende a 500 dólares mensuales y las cuatro visitas al médico otro tanto o más. La consulta incluye un reconocimiento vaginal exhaustivo y de cultivos. (Los médicos especializados en prostitutas también cobran más.)

Todas las chicas de alta categoría tienen teléfono móvil y servicio de busca. Eso les hace la vida más fácil. En primer lugar, les ayuda a aislarse de la policía, lo que reduce uno de los riesgos de su oficio. En segundo lugar, aumenta su disponibilidad para con los clientes. En tercer lugar, les ahorra tiempo, pues cuando terminan con un cliente sólo tienen que llamar para saber el lugar y la hora de su siguiente cita. Un servicio de comunicaciones sofisticado puede costar 500 dólares al mes.

La chica necesita, además, un medio de transporte. No puede aparcar frente al hotel o el apartamento del cliente con un cacharro. Las neófitas utilizan utilitarios, pero a las prostitutas prósperas les gusta ir en primera clase. Prefieren conducir un BMW o un Cadillac, y las hay que van en Mercedes o Corvette. Los gastos del coche o el servicio de taxi pueden ascender a 1.000 dólares mensuales.

¿Hay algún otro gasto importante?

Sí, y podría definirse como «fondo de previsión». Pese a los sobornos y las precauciones, puede que la prostituta sea detenida. El fiador y el abogado querrán dinero contante y sonante. Los gastos legales por un simple arresto pueden ascender a 3.000 o 5.000 dólares. Las chicas prefieren pagar, pues treinta días en la cárcel supone dejar de ganar 19.950 dólares brutos mientras la mayor parte de los gastos continúan produciéndose en su ausencia.

Otro gasto es el aborto. Las prostitutas no quieren embarazos y todavía menos de sus clientes. Aunque pueden calcular la semana en que se produjo la concepción, el padre podría ser cualquiera entre cuarenta. El mayor inconveniente, por supuesto, es tener que dejar de trabajar durante siete meses, aunque hay excepciones.

¿Excepciones durante el embarazo?

Desde luego. Hay clientes que están dispuestos a pagar el doble por acostarse con una prostituta embarazada, y cuanto más avanzado sea el estado de gestación, mejor. Son pervertidos sexuales, pero algunas chicas los prefieren porque suelen ser menos exigentes.

Anita tiene treinta y cuatro años y lleva diez en la profesión. En su tiempo libre estudia psicología con la idea de dejar algún día la prostitución. Está embarazada de seis meses y es su primer hijo.

«No hay mucha demanda de prostitutas embarazadas, doctor, así que me conformo con lo que cae. Necesito comer, y un hijo es mucho gasto. Si puedo cobrar el doble a cada cliente, significa que sólo tengo que trabajar la mitad. Además, los clientes que buscan prostitutas embarazadas suelen ser tímidos y amables. Te tratan como si fueras su madre. —Hizo una pausa y añadió—: ¡Caray, nunca lo había pensado! Estoy embarazada y ellos me tratan como si fuera su madre. Preguntaré sobre eso en clase.»

Casi todas las chicas, sin embargo, optan por el aborto, pues la maternidad representa un obstáculo para sus carreras.

Trabajando once meses, una prostituta de alto nivel gana una media de 220.000 dólares brutos al año. Los gastos ascienden, como mínimo, a unos 60.000 dólares. Con el fondo de previsión, las propinas y las tasas legales, sus ingresos netos rondan los 100.000 dólares. A dos mil clientes por año, representa 50 dólares por cliente.

Eso suponiendo que trabajen cada día. ¿Acaso no descansan durante la menstruación?

Unas sí y otras no. La chica que recibe siete clientes por noche a 150 dólares cada uno, pierde 1.050 dólares por día no trabajado.

Jennie tiene veintinueve años y lleva seis en el oficio. Nos cuenta su punto de vista con una risita ahogada:

«Ahora comprendo por qué lo llaman la maldición de la mujer, doctor. Cuando era secretaria me encantaba permanecer sentada con las piernas cruzadas una semana al mes. A veces incluso me ausentaba del trabajo con la excusa de que los dolores me estaban matando.

»Pero en mi profesión actual no hay un plan de pensiones para mujeres como nosotras. Así que cuando me viene el período, esterilizo una de esas esponjas y antes de recibir al cliente me la introduzco para detener la sangre. —Tras una pausa, agrega—: Siempre hay clientes que me llaman justamente cuando tengo el período. Ellos llevan la cuenta mejor que yo y es el único momento en que les gusta practicar el sexo. Hace tiempo que dejé de intentar comprender a los hombres. Si eso les pone cachondos, por mí no hay problema. —Sacude la cabeza y añade—: Si la tengo abundante no les dejo que me hagan sexo oral y a veces me pongo un diafragma bien ajustado. Estoy pensando en probar ese extractor que utilizan algunas para no quedarse embarazadas. Dicen que lo absorbe todo y no pierdes un solo cliente.»

¿Es cierto que la mayoría de las prostitutas apenas conservan la mitad de sus ingresos?

Peor que eso. Como la prostitución se considera delito, las prostitutas no tienen derecho a baja por enfermedad, paro y seguridad social. Es una ocupación sin beneficios complementarios.

Pero tienen que pagar impuestos, ¿o no?

Según la ley, deberían hacerlo. El recaudador de impuestos siempre tiene un ojo puesto en estos últimos baluartes de la libre empresa y no se corta a la hora de visitar a las prostitutas para recoger la parte del pastel que corresponde al gobierno.

En una de sus visitas, esto fue lo que le dijo una de las chicas: «¿Qué demonios queréis que haga? ¿Que me ponga un taxímetro entre las piernas?» El tipo sacudió al cabeza y se marchó.

Si la prostitución no da tanto dinero, ¿por qué las chicas se dedican a ella?

Casi todas están en la profesión porque quieren. Es evidente que algunas de las que deciden alquilar su vagina a docenas de hombres a la semana tienen problemas emocionales. Son mujeres que ven en la prostitución una profesión atractiva, excitante y extrañamente gratificante. Una de ellas lo explica así:

«Sé que algunas personas piensan que es una profesión horrible, pero en el fondo ignoran de qué están hablando. No hay nada que pueda hacer a una chica sentirse tan poderosa como saber que los hombres la persiguen, que dejan a sus esposas para hacerlo con ella y que puede controlarles mediante el sexo.»

Otra prostituta es más directa:

«Me encanta ver cómo me suplican. Lloriquean como niños

para que les hagas una mamada. Me excita aceptar su dinero. Cien pavos por quince minutos de trabajo, ¿quién puede quejarse?»

Hay chicas que tienen otra característica en común: odian a los hombres.

¿Por qué?

El razonamiento es complejo y tiene que ver con el estado emocional que las introdujo en el mundo de la prostitución. Básicamente, la prostitución es una forma paradójica de venganza hacia los hombres a través de los clientes. Una prostituta de alto nivel que ejerce su profesión en Dallas lo resume así:

«Piensan que se me están tirando, pero se equivocan, doctor. Soy yo quien se los tira. Les hago el numerito pero nunca siento nada. Ni uno solo de esos "grandes amantes" hace mella en mí.»

No hay duda de que las prostitutas no se llevan lo mejor de los hombres.

¿Por qué lo dice?

La prostitución es un oficio duro. Una chica suele tener entre seis y doce clientes por noche. Y una noche llena de pervertidos sexuales puede ser realmente penosa.

Algunos hombres tienen ideas originales. Está el que paga para que la chica mire cómo se masturba lentamente. A veces mantiene una conversación; otras hace que la chica siga un guión. Los hay que gustan de masturbarse mientras la prostituta orina sobre ellos. Algunos hombres pagan para ver a la chica masturbarse. En ocasiones el masoquismo es muy peligroso e insume mucho tiempo; lo que empezó como unos azotes amistosos puede terminar con la prostituta en el hospital y sin derecho a baja por enfermedad.

A algunos hombres les gusta estar con dos mujeres a la vez.

¿Qué puede hacer un hombre con dos chicas a la vez?

Gran parte del placer es emocional, pues un pene no puede penetrar en dos vaginas a un tiempo. Hay hombres que disfrutan de este consumo ostentoso, mientras que a otros les atrae el hecho de hacer algo prohibido. Las actividades son variadas. El hombre puede practicar el coito con una chica mientras le hace el cunilingus a la otra, o puede pedir a ésta que le acaricie el ano.

En ocasiones la prostituta puede asociarse con un ayudante masculino (generalmente homosexual) para un cliente especial. La chica y su socio copulan y hacen otras cosas mientras el cliente mira. Cuando se cansa de mirar, se divierte activamente con uno de los dos o con ambos. El último grito es el trío: el cliente copula con la prostituta mientras el socio realiza el coito anal al cliente.

A veces el cliente contrata a dos chicas para copular con una mientras la otra le penetra analmente con un consolador de cadera.

Otras veces es al revés. Tres (o más) hombres contratan a una chica y realizan con ella el sexo oral, anal y vaginal al mismo tiempo. Para la chica es estupendo, porque cobra el triple. Lógicamente estas prácticas desgastan mucho.

¿Por qué la gente hace esas cosas?

Los hombres que pagan por esta clase de malabarismos sexuales tienen problemas emocionales. El cunilingus y la felación son prácticas relativamente corrientes hoy en día, y si los hombres pudieran hacerlo con sus esposas, las prostitutas probablemente se quedarían sin trabajo. Pero las variedades explicadas en el último punto superan los límites de la heterosexualidad.

El hombre que paga para ver a dos chicas actuando también tiene problemas, como también los tienen el padre y el hijo que son clientes de la misma prostituta. Consciente o inconscientemente, la prostituta funciona muchas veces como una válvula de seguridad sexual. Es preferible que el exhibicionista se masturbe delante de una prostituta que delante de una señora en el supermercado. Es preferible que un mirón pague a una prostituta para que se masturbe delante de él a que fisgonee a la vecina.

¿Por qué las prostitutas no quedan embarazadas más a menudo?

El riesgo de embarazo no es tan alto como parece. Muchas prostitutas contraen la gonorrea o la clamidia al principio de sus carreras y quedan estériles debido al cierre de las trompas de Falopio. Además, no todos los clientes hacen cosas que puedan dejar embarazada a la chica. Por eso las prostitutas prefieren la felación y el cunilingus.

Por otro lado, en la actualidad, y gracias a la píldora anticonceptiva, es difícil que una prostituta quede embarazada a menos que lo desee.

El sida también ha reducido el riesgo de embarazo. Desde la

norma del «doble preservativo» apenas si se producen accidentes. Las prostitutas que quedan embarazadas o son increíblemente descuidadas o son drogadictas.

Si hay prostitutas que copulan hasta veinte veces al día, ¿no afecta eso a sus órganos sexuales?

No mucho. El revestimiento de la vagina se compone de una membrana mucosa casi idéntica a la de la boca. Si las chicas utilizan una buena lubricación (natural o artificial), el roce y el desgaste son mínimos.

A veces, si la estimulación a lo largo de la noche ha sido intensa, la prostituta acaba sufriendo una congestión del clítoris y los labios de la vulva que permanece después del trabajo. Generalmente lo arregla provocándose un orgasmo.

Puesto que la mayoría de las prostitutas se preocupan de atender sus irritaciones e infecciones vaginales, sus genitales suelen estar en mejor forma que los del resto de las mujeres.

¿Disfrutan las prostitutas del sexo?

Con los clientes, casi nunca. Raras veces la prostituta experimenta placer sexual. El cliente, sin embargo, insiste en que tenga un orgasmo o algo que se le parezca, y está dispuesto a pagar por ello.

¿Tienen orgasmos las prostitutas?

Desde luego, pero pocos. En una ocasión, cuando un inspector estaba interrogando a una chica que acababa de ser detenida en una redada, le preguntó por curiosidad: «Vosotras, las chicas, ¿disfrutáis alguna vez con los clientes?» La chica le clavó esa mirada que las prostitutas tienen reservada a los polis y respondió: «Vosotros, los polis, ¿ponéis alguna vez multas de aparcamiento?»

Hay casos en que la prostituta empieza a tener orgasmos regulares con los clientes, lo que constituye una mala noticia.

¿Por qué?

Porque el orgasmo significa implicación emocional, y colgarse de los clientes señala el principio del fin. Las prostitutas saben por experiencia que los orgasmos en el trabajo son, a menudo, el primer síntoma de un inminente ataque de nervios. Todas conocen a alguien que se ha suicidado o dado a las drogas poco después de dejar que los clientes le hicieran alcanzar el orgasmo. Cuando eso empieza a ocurrir, se toman unas vacaciones hasta que se tranquilizan. Si eso no basta, a veces acuden a un psiquiatra.

¿Por qué quieren los hombres que las prostitutas tengan orgasmos?

Muchas esposas nunca alcanzan el orgasmo durante el coito con sus maridos, y se quejan de ello. Hay hombres que temen ser sexualmente ineptos, hombres que temen que sus esposas no disfrutan porque ellos lo hacen mal. Entonces recurren a una prostituta para demostrar que pueden hacerlo. Pagan, la prostituta hace el papel de la mujer apasionada y todo el mundo sale ganando... o perdiendo, según se mire.

¿No se da cuenta el cliente de que la prostituta está fingiendo?

Si el cliente reflexionara por un instante, si le diera por analizar la situación, se levantaría y se iría. Además de alquilar su anatomía, la buena prostituta también vende fantasías. Sus gemidos y achuchones hacen creer al cliente que realmente están copulando.

¿Y no es así?

No en un sentido real. Más que cópula, se trata de masturbarse con una vagina. Además, la prostituta y el cliente son, en realidad, adversarios. Él quiere hacer que dure todo lo posible para que le salga rentable. Ella quiere que termine cuanto antes para buscarse otro pene. Él quiere que ella sienta algo; ella quiere protegerse de una relación emocional. El resultado suele ser un arreglo intermedio. Él la mira con desdén pero necesita su vagina; ella le desprecia pero quiere su dinero. Lo dicho: la prostitución es una profesión dura en muchos aspectos.

¿Existen hombres que practiquen la prostitución?

Sí. En todas las ciudades grandes hay docenas de hombres jóvenes, altos y atléticos, llamados «chaperos», que alquilan sus servicios sexuales. Sofisticados, bien vestidos, pueden contratarse para una hora, una noche o un mes. Son muy diestros en el sexo y están dispuestos a realizar toda clase de coitos salvo uno.

¿Cuál?

El coito con mujeres. La mayoría de estos chaperos son homosexuales. Reflejo de sus homólogas femeninas en muchos sentidos, sirven al pequeño ejército de homosexuales que quieren contratar un pene. Existen, sin embargo, diferencias importantes.

Casi todos los chaperos se prestan a la felación activa y pasiva, al coito anal activo y pasivo y a cualquier otra cosa que se le ocurra al cliente. En cierta manera, la vida del chapero es más fácil. Como sus clientes raras veces pretenden entablar una relación romántica, no pierden el tiempo con preámbulos. La transacción es mucho más rápida y directa. Un homosexual con empuje puede servir el doble de clientes que una prostituta en el mismo tiempo. Su capacidad orgásmica, claro está, es limitada, pero existen formas ingeniosas de solventar el problema.

Nickie, uno de los chaperos más reclamados de la ciudad, explica cómo lo hace:

«Bueno, sólo tengo veintidós años, por lo que aún poseo bastante aguante. Aun así, ¿qué sentido tiene derrocharlo si no es necesario? En el primer servicio intento que el cliente me haga una felación. Eso me pone en forma para el resto del día. Luego me aseguro de que los próximos cinco o seis clientes sean tipos mayores. Pagan mejor (por obligación) y siempre quieren una mamada porque no pueden correrse de otra forma.

»Después realizo varios coitos anales activos porque para entonces tengo la boca cansada. Antes de cenar busco tipos que me quieran para el coito anal pasivo. Lo único que tengo que hacer es tumbarme y gemir como si estuviera disfrutando como un loco.

»Después de cenar los precios suben y tengo que hacer lo que el cliente quiera. Pero no me gusta apostar fuerte; paso totalmente de las prácticas sadomasoquistas.

»Hasta medianoche hago, sobre todo, mamadas, a menos que esté trabajando en una orgía. Esas malditas orgías me dejan agotado y no se cobra demasiado. Las locas —homosexuales afeminados— quieren que pases con ellas toda la noche. Piensan que te están haciendo un favor. No se dan cuenta de que estoy trabajando y tengo que ganarme la vida.»

Los chaperos tienen otras diferencias. El índice de sida dentro de la profesión es mucho mayor que entre las prostitutas. Hay muchos clientes de los que contagiarse y, por extraño que parezca, a algunos no parece importarles. El gran problema, por supuesto, es que el sexo anal es la principal vía de contagio del sida.

En realidad, los chaperos sólo tienen una auténtica ventaja profesional sobre las prostitutas, y es que no pueden quedarse embarazados. Pero hay algunos que no encajan en ninguna de estas dos categorías.

¿Cuáles?

Los hombres castrados que tienen una vagina artificial. Son transexuales y algunos acaban prostituyéndose para los hombres. Se calcula que en San Francisco, por ejemplo, el 25 % de las prostitutas son, en realidad, hombres con una vagina artificial. Cuando el cliente ingenuo descubre lo que ha estado haciendo, se lleva una sorpresa inolvidable.

¿Hay chaperos para mujeres?

Pese a las fantasías de los adolescentes de verse perseguidos por ejércitos de chicas hermosas dispuestas a pagar por una noche de pasión, los gigolós nunca han tenido verdadero éxito. Pocas mujeres tienen problemas para encontrar pareja en la coctelería de la esquina. La mayoría de las mujeres sienten que el sexo alquilado es absurdo y prefieren disfrutar de una implicación emocional imaginaria en sus encuentros sexuales. Incluso el gigoló contratado durante un tiempo prolongado por una dama de mediana edad debe jugar al amor. Si permite que sus verdaderos sentimientos salgan a la luz, se le acabó el trabajo. En nuestra sociedad, la dama madura y el acompañante joven y atractivo es lo más parecido a la prostitución heterosexual masculina.

¿Hay prostitutas lesbianas para mujeres?

No es una especialidad declarada, pero casi todas las prostitutas aceptan mujeres. Puesto que algunas son lesbianas en su vida privada, hacerlo con otra mujer es como coser y cantar.

¿El chulo es el hombre que busca clientes para la prostituta?

Lo es en lenguaje de argot, pero para la prostituta es el hombre que vive con ella y de ella. Hoy día la mayoría de las chicas tiene una clientela estable que aumenta mediante contactos proporcionados por taxistas, camareros y otras personas clave. Además los clientes, en su mayoría, saben lo que quieren y dónde encontrarlo. El papel del chulo ha quedado obsoleto debido a los avances de la comunicación.

Pero nadie está en condiciones de reemplazar al chulo. Es el único hombre con quien la prostituta puede hablar de verdad. Cuando llega a casa de madrugada, agotada y «quemada» después de haber atendido a tres pervertidos seguidos, su chulo es el único que la entiende. Si ella tiene ganas de sexo (generalmente no considera sus actividades profesionales como sexo), el chulo siempre está dispuesto a satisfacerla. Si es arrestada, él aparece con la fianza y un abogado. Su chulo es el novio que le brinda el calor emocional de que es capaz.

¿Cuánto se lleva el chulo?

Por sus servicios se lleva una buena tajada. De los 100.000 dólares netos que gana la prostituta, el chulo puede quedarse con 60.000 o más. Si la chica está pasando por un momento bajo, es posible que el chulo se busque una prostituta a la que le vayan mejor las cosas. Es como una cadena donde la prostituta se trabaja al cliente y el chulo se trabaja a la prostituta. (Inevitablemente, otra prostituta se trabaja al chulo y todo vuelve a empezar.)

A las prostitutas les cuesta mucho diferenciar entre el cliente y el chulo, por lo que su frigidez profesional se traslada a su vida privada. Pocas prostitutas alcanzan el orgasmo en la intimidad de su dormitorio.

¿Qué les ocurre a las prostitutas cuando envejecen?

Cuando llega ese momento la cosa se pone difícil. Las más afortunadas han conseguido ahorrar suficiente dinero para abrir un pequeño negocio. El predilecto es una tienda de ropa y lencería para otras prostitutas. Algunas se casan, se retiran y llevan una vida normal. Generalmente lo hacen con hombres que desconocen su pasado y ellas no tienen ninguna prisa en revelarlo. Como dijo una: «¡Cómo crees que se lo tomaría mi marido si supiera que me tiré a 25.000 hombres antes que a él?»

Raras veces se casan con un cliente, y más raras aún son las bodas entre prostituta y chulo. «Sabemos demasiado de la "profesión" para confiar el uno en el otro», aseguran al respecto.

Contrariamente a la creencia popular, las ex prostitutas no son esposas ideales. La rabia interna y comprensible que sienten por los hombres casi siempre resurge y crea problemas en la relación. Algunas no pueden resistir la tentación de seguir aceptando clientes. Alice es una de ellas; su explicación resume el problema básico con que tropiezan las prostitutas cuando intentan sentar la cabeza y llevar una vida «decente»:

«Después de quince años de oficio pensé que había llegado la hora de iniciar una vida respetable, ya sabe, trabajar en la cocina en lugar de hacerlo en el dormitorio. ¡Qué equivocada estaba! A los seis meses creí que me volvería loca. Y el muermo de banda que tocó en el club de campo aquel fin de semana fue la gota que colmó el vaso. Cuando trabajaba salía cada noche con tipos que gastaban quinientos dólares sólo a modo de calentamiento. Me aburría mucho, así que, para distraerme, acepté un par de clientes. Cuando mi marido se enteró, me puse hecha una fiera y le dije que se podía ir al cuerno. Y aquí estoy, trabajando otra vez. La vida de casada no iba conmigo.»

¿Qué hacen las chicas que no se casan?

Algunas se dedican a otros trabajos, como actuar en películas porno, posar para fotografías porno o lo que caiga. La solución más frecuente es la que eligió Tina:

«Tengo cuarenta y dos años y he engordado quince kilos. No hay mucha demanda de prostitutas obesas que digamos. Había estado en lo más alto, así que ahora no me veía aceptando clientes por 25 dólares. Entonces pensé que si había empezado sirviendo mesas, podía volver a lo mismo. Tengo un horario fijo y seguridad social, algo que nunca conseguí cuando estaba en la profesión. Ahora trabajo de pie en lugar de tumbada. Para mí es la mejor salida.»

Muchas chicas terminan su carrera donde la empezaron, esto es, trabajando de camareras o en bares de alterne. Consiguen salir de la «profesión» con la mente y el cuerpo intactos. Son las afortunadas.

12

MÉTODOS ANTICONCEPTIVOS

(Advertencia importante: Nada de lo expuesto en este capítulo debe interpretarse como un consejo médico. Se trata de información veraz de carácter general. Para consejos específicos, consulte a su médico. Después de todo, para eso está.)

¿Qué son los métodos anticonceptivos?

Los métodos anticonceptivos son las técnicas que se utilizan para separar el arte de la cópula del arte de la reproducción. Desde los inicios de la civilización los hombres han buscado formas de verter los espermatozoides en la vagina e impedir que siguieran avanzando. Por desgracia, las criaturitas tienen la manía de nadar corriente arriba para unirse a un óvulo expectante y combaten todo intento de frenar su progreso.

El espectro del embarazo no deseado siempre ha proyectado su sombra sobre el placer sexual. La posibilidad de que cada coito añada un nuevo ser a la familia ha calmado el apetito sexual de miles de millones de maridos y esposas, y el hecho de que pueda generar el inicio de una familia también ha fastidiado la diversión de muchas personas solteras. He aquí algunos de los comentarios más tristes pronunciados durante el coito:

- ¡Sigue así, Roger! ¡Ooooh! ¡Sigue, sigue! ¡Oh! ¿A qué día del mes estamos? ¡Para! ¡Paaara! ¡Sigue, sigue!
- Tranquila, Alice, que mañana te toca la menstruación, ¿o no?
- Me estaba preguntando, Milt, qué haría mi marido si me quedara embarazada mientras él está de viaje.

- Sigamos. A fin de cuentas, ya llevo un retraso de tres semanas.

Pero ahora las cosas han cambiado, y mucho.

¿En qué sentido?

Los métodos anticonceptivos han entrado en la Era Espacial. El conocimiento moderno de la fisiología humana ha permitido la aparición de todo un nuevo arsenal de defensas contra los ejércitos implacables de espermatozoides.

El coito es, en cierto modo, como jugar al marro. Los 100 millones de espermatozoides que el hombre lanza con cada eyaculación tienen como única misión en su corta vida ir a la caza del óvulo. El trabajo de los métodos anticonceptivos es impedir que lo consigan.

Cada vez que en la vagina entra un chorro de semen, el juego comienza de nuevo. A veces el óvulo lleva ventaja.

¿Por qué?

El espermatozoide tiene un tiempo limitado para realizar su trabajo. Por término medio sólo vive 72 horas, aunque algunos aguantan hasta siete días y siete noches. El óvulo, sin embargo, únicamente tiene 24 horas de existencia cada mes. Si el espermatozoide no le da caza en ese margen de tiempo, es prácticamente imposible que se produzca el embarazo.

¿Significa eso que la mujer sólo puede quedarse embarazada un día al mes?

Muchas personas que creían eso están ahora criando hijos. Una mujer puede ser fecundada por lo menos siete días al mes.

Supongamos que un marido vierte sus espermatozoides en la vagina de su esposa un lunes por la noche y algunos de esos espermatozoides entran inmediatamente en el cuello del útero e inician su andadura hacia las trompas de Falopio.

Aunque la mujer ovule una semana más tarde, para entonces pueden quedar espermatozoides sobrevivientes en algún lugar del cuello uterino y las trompas, y sólo hace falta uno para fecundar el óvulo. Por eso el método anticonceptivo más sencillo y antiguo del mundo parece el más lógico.

¿De qué método se trata?

El que se ocupa de levantar una pared impenetrable entre el semen y el óvulo para impedir el paso de los espermatozoides. El más corriente es el preservativo, también llamado condón.

¿Qué tal funciona?

Bien, aunque su tarea no resulta nada fácil. El sexo es sensibilidad y para un hombre la sensibilidad está en el pene, especialmente en el glande, que es, justamente, por donde salen los espermatozoides. Por tanto, si cubre el glande con un material grueso pierde sensibilidad y si lo cubre con un material delgado corre el riesgo de que millones de espermatozoides logren filtrarse. Por eso de los primeros condones que salieron se decía que eran «una coraza contra el placer y una telaraña contra la enfermedad».

En la actualidad no están tan mal, y ello se debe a que se han utilizado muchos materiales diferentes.

El que resta menos sensibilidad es el intestino de cordero, pero permite la filtración del virus del sida.

El condón más utilizado es el de látex, material que mantiene a raya a los espermatozoides pero también resta bastante sensibilidad. Es como hacer el amor con el pene envuelto en el dedo de un guante de goma. El condón puede hacerse más delgado hasta permitir una sensibilidad plena, pero entonces se corre el riesgo de verter millones de criaturitas en la vagina. Por otro lado, existe lo que se llama «condón para desesperados».

¿Condón para desesperados?

Es el que utilizan los hombres cuando no tienen a mano un condón normal. Charlie tiene experiencia en ello:

«El diciembre pasado fui a la boda de un primo en Cincinnati. Allí conocí a una chica encantadora, bebimos un montón de champán y acabamos a las dos de la mañana en su habitación del hotel. Cuando estábamos a punto de hacerlo (ya me entiende) recordé que tenía los condones en el maletero del coche. Estaba nevando y fuera hacía un frío que pelaba.

»¿Qué podía hacer? ¿Pasar del condón? ¿Con una chica que acababa de conocer? En ese momento divisé un globo verde de la fiesta en la mesita de noche. Lo abrí, introduje el pene y lo hicimos. No fue ninguna maravilla, pero supongo que más valía eso que nada. Y le diré una cosa, doctor. Quien lo hace con un globo nunca vuelve a quejarse de que el condón resta sensibilidad.»

Otras personas, en situaciones desesperadas, han recurrido al plástico de cocina o a las bolsas para emparedados. No es una gran idea, pero cuando un hombre está desesperado, recurre a medidas desesperadas. Quizá de ahí provenga el dicho: «Cuando la cabeza pequeña de un hombre despierta, la cabeza grande se duerme.»

Por extraño que parezca, el envoltorio de plástico para el pene se ha convertido en un método «respetable».

¿Envoltorio de plástico para el pene?

Exacto. Pero ya no tiene forma de bolsa de emparedado. Me refiero al preservativo de poliuretano, un material que permite reducir su grosor significativamente. La sensibilidad es buena, pero presenta el problema de siempre. Cuanto más delgado, más fácil es que se rompa, y algunos informes afirman que los condones de poliuretano se rompen siete veces más que los de látex. Y al parecer, también se salen seis veces más.

Aun así, los usuarios declararon que preferían los preservativos de plástico porque permitían mayor sensibilidad.

La decisión es difícil: ganar en protección y perder en sensibilidad o viceversa. ¿No sería fantástico que el hombre pudiera utilizar un condón sin necesidad de ponérselo?

¿Es eso posible?

Desde luego. Estoy hablando del «condón femenino», una idea brillante. Es como una bolsa de plástico para emparedados con un aro de plástico en cada extremo que la mantiene firme. La bolsa se introduce en la vagina, de modo que durante el coito el pene se desliza contra el plástico, la eyaculación tiene lugar dentro de la bolsa y no hay embarazo.

¿Funciona?

Más o menos. El problema del condón masculino es que interrumpe la actividad sexual. En el momento crucial, la mujer tiene que dejar de jugar con el pene y el hombre tiene que dejar de jugar con el clítoris, abrir el envoltorio y sacar el preservativo, por lo que la magia del momento se evapora lentamente. Hay mujeres que intentan conservarla poniendo ellas el condón en el pene de su compañero. (Algunas profesionales dominan el arte de colocarlo sin utilizar las manos, lo que exige una compleja coordinación entre los labios y la lengua.)

Pero si poner el condón masculino supone una distracción, colocar la versión femenina es algo muy distinto. La acción debe detenerse por completo para poder introducirlo con cuidado y precisión. Hay quien sugiere que la manipulación debería «formar parte de la excitación preliminar». A mí me parece que para la mayoría de la gente introducir una bolsa de plástico en la vagina no tiene nada de excitante:

«Prepárate para algo realmente estimulante, cariño. Voy a desplegar esta bolsita de plástico y ni te imaginas lo que pienso a hacer con ella.»

El condón femenino, con todo, ayuda a evitar enfermedades y lleva en el mercado el tiempo suficiente para poder afirmar que ofrece la misma protección que un condón masculino. Pero es lógico suponer que su índice de fracasos a la hora de proteger contra el VIH y el embarazo es el mismo (enseguida veremos por qué). Si el hombre se niega a utilizar condón, la mujer puede protegerse hasta cierto punto utilizando la versión femenina del mismo. Eso, no obstante, plantea una interesante cuestión que los defensores del condón femenino deben tener en cuenta: ¿qué mujer en su sano juicio estaría dispuesta a acostarse con un hombre que se niega a asumir la responsabilidad de protegerla de cualquier enfermedad que pueda padecer?

¿Qué tal funcionan los condones como método anticonceptivo?

Sorprendentemente bien. Existen toda clase de estadísticas sobre la eficacia de los métodos anticonceptivos. En general, los condones ofrecen una eficacia del 97 % a la hora de evitar el embarazo, pero sólo si se utilizan correctamente.

«Correctamente» significa colocarlo con cuidado, lubricarlo y sujetarlo por la base después de la eyaculación para que cuando el pene encoja no gotee ni se salga. En la práctica, el condón funciona el 88% de las veces. No está mal teniendo en cuenta que es barato, rápido de poner y no implica el uso de hormonas que afectan el organismo.

También ofrece otras ventajas. Las mujeres pueden tenerlos siempre a mano, se fabrican en diferentes colores y algunos hasta llevan pintada una cara para ocasiones especiales. Además, hay condones tratados con Nonoxinol 9.

¿Qué es el Nonoxinol 9?

El Nonoxinol 9 es un espermicida muy eficaz y el principal ingrediente en la mayor parte de cremas y espumas anticonceptivas. Hay preservativos impregnados con N-9 para aumentar su eficacia anticonceptiva. Probablemente no sirva de mucho, pues no está en contacto con el esperma mucho tiempo, y sin embargo sí puede crear irritación en los penes y las vaginas sensibles. (Hablaremos del N-9 más adelante.)

¿Son eficaces los condones femeninos?

Más o menos. Existen discrepancias en cuanto a su índice de fracasos, pero en general se habla de un 21% en la práctica. A eso hay que añadir que son mucho más caros que los condones masculinos y el pequeño detalle de que, una vez colocado, por la entrada de la vagina sobresalen dos o tres centímetros de condón. Quizá fue eso lo que llevó a un hombre a decir: «Si mi mujer no llega pronto a casa, ¡le haré el amor a la bolsa del supermercado!»

¿En qué medida afecta el preservativo la práctica del sexo anal?

El grosor del preservativo masculino típico mide la septingentésima parte de un milímetro, por lo que es demasiado fino para resistir la fricción que se produce en el coito anal. Algunas empresas fabrican condones supergruesos para homosexuales, pero volvemos al problema de siempre. Es como hacer el amor con una cámara de bicicleta. Algunas mujeres ingeniosas —o desesperadas— han conseguido la proeza de colocarse un condón femenino en el ano para practicar el sexo anal. No es aconsejable, pues el artilugio no está diseñado para eso.

¿Qué otros métodos anticonceptivos existen?

En un intento de devolver la sensibilidad que se pierde con el preservativo, los diseñadores inventaron hace unos años el «diafragma».

Consiste, básicamente, en un disco de caucho con un reborde de resorte metálico forrado asimismo de caucho. El disco se cubre con gelatina espermicida, se dobla y se introduce de costado en la vagina. Debe descansar justo detrás del hueso pubiano y cubrir el cuello del útero para impedir que el esperma juegue al marro con el óvulo. El diafragma tiene la ventaja de que puede colocarse con antelación, por lo que no hace falta interrumpir la actividad sexual.

Puesto que el caucho es impermeable al agua (y al semen), la eficacia del diafragma debería ser total, y sin embargo no lo es. Si no se coloca correctamente y se mueve durante el coito, sólo servirá para guiar a millones de espermatozoides hacia la cérvix. Y aun cuando el diafragma esté bien puesto, un agujerito en la membrana basta para que se filtre por él el esperma. Por eso, en la práctica, el diafragma tiene un índice de fracasos del 18 %.

También existe un minidiafragma denominado «sombrero cervical». Es un sombrerito de caucho que cubre la cérvix como si fuera un gorro de ducha. Y como tal, su trabajo es proteger la cérvix del chorro de esperma. A veces el «sombrero» no está lo bastante fijo y puede aparecer a la mañana siguiente en la entrada de la vagina. El índice de fracasos es, también, del 18 %. Pero hay un detalle importante a tener en cuenta.

¿Cuál?

Una cérvix después del embarazo no es la misma que antes del mismo. Una vez nacido el bebé es mucho más irregular y resulta casi imposible ajustar bien el sombrero cervical. Este dispositivo es, en realidad, un pequeño condón vuelto al revés. Trate de mantener un condón sobre un pene gordo de 5 centímetros de largo durante un coito enérgico. Por eso después del parto el índice de fracasos del sombrero cervical aumenta hasta el 36 %.

Existe otro método vaginal que vale la pena mencionar.

¿Cuál?

Los «espermicidas». El más utilizado es el Nonoxinol 9 (ya mencionado), un poderoso detergente que mata a los espermatozoides destruyendo su delicada superficie. También fulmina el virus del sida y algunos de los microorganismos causantes de enfermedades de transmisión sexual... en el tubo de ensayo. Nadie conoce su grado de eficacia contra tales enfermedades dentro de la vagina. Lo que sí se sabe es que mata a los espermatozoides. La idea es acabar con ellos antes de que penetren en el óvulo.

La mujer puede introducir el Nonoxinol 9 en la vagina en forma de crema o de espuma, empujar una esponjita impregnada de N-9 por el canal vaginal, o insertar un cuadrado de película plástica empapada de N-9 y pegarlo contra la cérvix. El espermicida tiene ciertas ventajas: puede aplicarse mucho antes del coito, de modo que no hay que detener la actividad sexual, y proporciona lubricación extra en caso de necesitarla. Pero también presenta inconvenientes.

¿Por ejemplo?

En primer lugar, tiene un sabor horrible, lo que es importante si desea practicar el sexo oral. Además, su eficacia es del 80 % en la práctica, por lo que no conviene dejar el futuro en sus manos. La protección contra el sida y las ETS (enfermedades de transmisión sexual) es sólo teórica, y tiene su lado negativo: el N-9 mata bacterias malignas pero también benignas. Un ejemplo de esta última es el lactobacilo, una bacteria que se encuentra en la vagina y que protege a la mujer contra ciertas infecciones vaginales.

Otro problema del N-9 es que puede irritar la piel, además de la vagina y el pene. Teóricamente, ello genera una mayor vulnerabilidad frente al sida y las ETS porque reduce las defensas cutáneas naturales. No es algo que deba quitarle el sueño, pero debe tenerlo en cuenta.

Existe, en cualquier caso, un método anticonceptivo muy eficaz de no ser por un pequeño detalle.

¿De qué método se trata?

Del «método de Ogino» y todas sus variaciones. Este método parte del hecho fisiológico de que la fecundación tiene más probabilidades de producirse si el coito se realiza unos días antes o después de la ovulación. Teniendo en cuenta que la ovulación ocurre en el punto medio del ciclo menstrual, la pareja que utiliza el método de Ogino evita el coito durante ese tiempo. El método funciona en la teoría. En la práctica es una galería de tiro reproductor donde el óvulo es el plato.

El problema está en que la ovulación suele producirse 14 días antes del primer día de la siguiente menstruación. Por lo tanto, para ganar la mujer ha de poder prever con total exactitud qué ocurrirá dentro de dos semanas. Si fuera capaz de predecir algo así, también podría predecir el número ganador de la lotería nacional.

Existe otro pequeño detalle a tener en cuenta. La ovulación, en realidad, puede producirse en cualquier día del ciclo menstrual, incluso durante la menstruación. El travieso óvulo no sigue ningún ciclo, y la prueba de ello es que el método de Ogino falla el 25 %

de las veces. Con todo, existe otro método que funciona dentro de la vagina y es increíblemente eficaz.

¿Cuál?

El llamado «dispositivo intrauterino», o DIU. Si alguna vez existió el método anticonceptivo teóricamente perfecto, ése es el DIU. («Teóricamente» es la palabra clave.)

Todo lo que tiene que hacer es introducir un pequeño artilugio de plástico en el útero y durante los próximos diez años podrá realizar el coito cada día con un riesgo de embarazo de sólo el 1%. Nada de píldoras ni condones ni diafragmas ni cremas. Y cuando quiera quedar embarazada, sólo tiene que quitárselo y en pocos meses su deseo se verá cumplido. Sin riesgos, sin efectos secundarios, sin peligro.

¿Dónde puede adquirirse el DIU?

En el planeta Marte, o quizá en Saturno, porque en la Tierra no existe. Aquí tenemos algunos DIU que funcionan bastante bien, pero están muy lejos de ser el método anticonceptivo perfecto. De hecho, el DIU ha sido un método polémico desde el principio.

¿Por qué?

Aparte de la vieja técnica de introducir un hueso de albaricoque en el útero de las camellas para evitar embarazos durante las largas travesías por el desierto, el moderno DIU no es, en realidad, tan moderno. Ya en el año 1900 algunos médicos alemanes colocaban aros de catgut envueltos con alambre en el útero de la mujer para evitar el embarazo. Los japoneses lo mejoraron añadiendo otra vuelta para que el DIU no se saliera. Luego, el cambio de la situación mundial convirtió el crecimiento demográfico en una prioridad nacional en ciertos países y el DIU se dejó de lado. Superada la Segunda Guerra Mundial, el mundo decidió que estaban apareciendo demasiadas caras nuevas con demasiada rapidez. El control de la natalidad pasó a ser la nueva prioridad, y el DIU parecía la solución perfecta.

¿Lo es?

No exactamente. A medida que aumentaba su uso y los médicos aprendíamos más sobre él, algunos problemas empezaron a salir a la luz. En primer lugar, las mujeres no son camellas. Sus cuerpos son muy delicados y el aparato sexual aún más. Algunos de los primeros DIU que salieron al mercado fueron retirados por causar serias infecciones pélvicas.

En la actualidad existen dos tipos de DIU en Estados Unidos. Uno contiene cobre y el otro está impregnado de progesterona, una hormona sexual femenina.

¿Cómo funcionan?

La verdad es que nadie lo sabe con exactitud. El cobre y los productos químicos que segrega son venenosos y probablemente matan a los espermatozoides. También es posible que avancen lo bastante para afectar al óvulo e impedir que acepte el esperma.

El DIU impregnado de progesterona suelta un poco de esta hormona cada día, haciendo que el revestimiento interno del útero se atrofie y contraiga.

Actualmente, el DIU de cobre puede durar hasta diez años según las autoridades sanitarias. El DIU de progesterona que se utiliza en Estados Unidos agota la hormona cada año y debe reemplazarse. El índice de embarazos durante el primer año con el DIU de progesterona es el doble que con el de cobre, pero, con todo, sólo representa un 1%.

En otros países es posible obtener DIUs hormonales que duran diez años y son casi tan eficaces como los de cobre. Aun así, el DIU sigue creando polémica debido a un detalle que indigna a algunas personas mientras que a otras les trae sin cuidado.

¿Qué detalle?

Hay gente que está totalmente en contra del aborto en todas sus modalidades. Algunas personas sospechan que el DIU puede provocar miniabortos dentro del útero. Si el DIU impide que el óvulo fecundado se implante en el útero, ¿es un aborto?

¿Lo es?

No puedo dar mi opinión porque lo ignoro. Pero es un aspecto que preocupa a algunas personas y vale la pena mencionarlo. A medida que tengamos más información sobre cómo funcionan los DIUs, el tema se irá aclarando y, con suerte, tranquilizará a muchos.

¿Presenta problemas el uso del DIU?

¿Por dónde quiere empezar? Los problemas aparecen desde el momento de su implantación. Mientras el médico empuja el DIU hasta el útero, la mujer sufre intensos dolores y calambres. Es posible que los calambres continúen y haya que calmarlos con fármacos. El dolor puede durar varios meses.

Durante las primeras tres semanas existe un riesgo de infección seria. Alrededor del 1% de las mujeres contraen alguna infección, muchas de ellas debido a su estilo de vida.

¿Por qué?

Por extraño que parezca, el DIU es el único método anticonceptivo que emite juicios morales, y de una forma bien curiosa.

La vagina de la mujer es un lugar extraño. Posee inmensas colonias de bacterias que se renuevan constantemente al tiempo que mantiene un entorno muy especial y estable. Cuando algo perturba esa tranquilidad bacteriológica, pueden aparecer problemas.

Si una mujer mantiene relaciones sexuales con un hombre de forma regular, las condiciones dentro de su vagina se ajustan a ese hombre. Si adopta una nueva pareja, esas condiciones cambian y la mujer se vuelve mucho más propensa a las infecciones vaginales y pélvicas. Pero eso no es todo.

Por increíble que parezca, la vagina es tan sensible que aunque la mujer tenga un único compañero sexual, si éste copula con otra mujer y luego con su pareja, la condición de la vagina de esta última cambia. Por lo tanto, las mujeres que se acuestan con más de un hombre —o con un hombre que se acuesta con otras mujeres— corren un riesgo mucho mayor de contraer infecciones pélvicas si llevan el DIU.

En la práctica significa que dicho dispositivo es sólo aconsejable para mujeres —y hombres— que van por el camino recto. Para las que se desvían, el DIU puede imponer un duro castigo.

Cuando se lo expliqué a una paciente, la mujer enarcó una ceja y dijo indignada: «¡Qué injusticia! ¿Por qué no hacen un DIU para los hombres?»

¿Hay más problemas relacionados con el DIU?

Sí. Si la mujer contrae una ETS (enfermedad de transmisión sexual), el DIU debe retirarse enseguida, pues de lo contrario existe un gran riesgo de que la enfermedad se extienda hasta la pelvis.

¿Puede una mujer que lleva el DIU quedar embarazada?

Desde luego. Recuerde que las estadísticas son como un biquini: lo que dejan ver es interesante, pero lo que ocultan es trascendental. El índice de embarazos con el DIU puede ser del 1%, pero para la mujer que queda embarazada es del 100 %. El embarazo con el DIU es traicionero. Si el dispositivo es de cobre, será ectópico en el 6 % de los casos.

Un embarazo ectópico se produce cuando el bebé crece fuera del útero, generalmente en la trompa de Falopio. La solución es una intervención quirúrgica de emergencia para evitar la ruptura de las trompas y complicaciones fatales tanto para la madre como para el feto.

¿Existen otros riesgos si una mujer queda embarazada con el DIU?

Sí. Si la mujer queda embarazada con el DIU, tiene un 50% de probabilidades de sufrir un aborto espontáneo. Es posible que no le preocupe demasiado, puesto que si utiliza el DIU es porque no quiere ser madre. No obstante, si cambia de opinión y pide a su médico que tire del DIU, el riesgo de aborto se reduce casi a la mitad.

¿Ha dicho tirar del DIU?

Exacto. Introducir un DIU es una experiencia interesante. El médico coge un tubito de plástico parecido a una caña de refresco y lo introduce por la vagina hasta la cérvix o cuello del útero. Luego lo empuja hasta el interior de éste, como si fuera un tampón con aplicador. Atados al DIU hay dos cordeles que salen de la cérvix y que el médico corta para que no asomen por la vagina.

Al principio, la mujer que utiliza el DIU debe introducirse un dedo en la vagina después de cada coito para palpar los cordeles a fin de asegurarse de que no han entrado en el útero. Más adelante deberá comprobarlo una vez al mes. Si el médico necesita sacar el dispositivo, la forma más sencilla consiste en tirar de los cordeles. Alrededor del 15 % de las mujeres con DIU piden que les tiren de los cordeles antes del primer año, generalmente porque sufren dolores y hemorragias. Hay ocasiones, no obstante, en que el médico no necesita hacerlo.

¿Por qué no?

Porque el dispositivo se desprende por sí solo. Por eso la mujer debe palpar los cordeles regularmente y mirar entre sus tampones y compresas para comprobar si el DIU se ha caído. De ser así, las probabilidades de embarazo aumentan astronómicamente.

Si no nota los cordeles, puede que sencillamente se deba a que han entrado en el útero. Pero también puede significar que el DIU ha atravesado la pared uterina y está flotando en algún lugar de la cavidad abdominal. Eso significa que hay que operar, pues es la única forma de sacarlo.

¿Es el DIU una buena elección?

Depende. Como cualquier otra decisión de esta naturaleza, debe tomarse con asesoramiento médico. Cabe observar, como dato interesante, que menos del 1% de las mujeres estadounidenses lo utilizan. Pero hay otra cosa que la mujer puede introducirse en el útero.

¿Qué?

Algo que nadie podría imaginar: un puñado de comprimidos contra la malaria. Aunque parezca una locura, más de un millón de mujeres de todo el mundo ha utilizado comprimidos contra la malaria como método anticonceptivo definitivo.

¿Método anticonceptivo definitivo? ¿A qué se refiere?

A la esterilización. Hace unos años unos científicos descubrieron que la quinacrina, un fármaco corriente y barato utilizado contra la malaria, también podía esterilizar a las mujeres de forma rápida y decisiva. El procedimiento es increíblemente sencillo. El médico (aunque no es necesario que sea un médico, y en la mayor parte de los casos no lo es) introduce siete de estos comprimidos en el útero. Para ello utiliza el mismo instrumento que se emplea para colocar el DIU. Un mes más tarde repite la operación y a partir de ahí la mujer debe tomar la píldora anticonceptiva durante tres meses.

¿Qué hacen esos comprimidos?

El ingrediente activo se filtra en las trompas de Falopio y las cierra. El objetivo es irritar el revestimiento de las mismas lo bastante para que se peguen e impidan para siempre que el esperma y el óvulo se encuentren. Es mucho más barato que el procedimiento tradicional de ligar las trompas mediante sutura. Esto último cuesta entre 2.000 y 4.000 dólares incluyendo el cirujano, el anestesista, las medicinas y la estancia en el hospital. El método de la quinacrina cuesta unos 5 dólares. Más de 100.000 mujeres lo han utilizado y no se ha producido ninguna muerte.

En ese caso, ¿por qué no se utiliza en lugar de la intervención quirúrgica?

Al parecer, existen algunos problemas. En primer lugar, casi todos los países del mundo desaprueban la introducción de esos pequeños comprimidos en el útero. Hay quien afirma que no se ha demostrado totalmente su inocuidad. En segundo lugar, puesto que pueden hacerlo personas ajenas al campo de la medicina, la técnica se acerca mucho a un proceso de autoesterilización. El «extractor menstrual» y la «píldora del día siguiente» (métodos de los que hablaré más adelante) ya han brindado a la mujer el control de una gran parte de su capacidad reproductora. Una técnica capaz de esterilizar a una mujer para siempre, que cuesta poco y ni siquiera precisa de la ayuda de un médico está destinada a crear polémica.

Pero si la mujer no quiere quedar embarazada por el momento, siempre puede tomar la píldora.

¿La píldora?

La píldora o anticonceptivo oral (AO) es una genialidad. Durante siglos los científicos han estado buscando algo que la mujer pudiera consumir por la boca para evitar el embarazo. Finalmente, hace cincuenta años, se hicieron la siguiente pregunta: «¿En qué momento es prácticamente imposible que la mujer quede embarazada?»

La respuesta estaba delante de sus narices: «¡Cuando ya lo está!»

Así pues, lo único que tenían que hacer era inventar una píldora que hiciera creer al cuerpo que la mujer estaba, de alguna forma, embarazada.

Y eso es lo que hicieron.

En el momento de nacer, una niña tiene unos 300.000 óvulos inmaduros en sus pequeños ovarios. Desde los catorce años de edad, aproximadamente, hasta los 50, cada mes uno de esos óvulos madura bajo la influencia de dos hormonas que no proceden de los ovarios.

Estas dos hormonas son, en realidad, las «hadas madrinas de la reproducción femenina». No se las conoce, pero hacen que todo lo demás sea posible. Producidas por la glándula pituitaria en la base del cerebro, reciben el nombre de «hormona estimulante de los folículos» o FSH y «hormona luteinizante» o LH.

La FSH controla el crecimiento de algunos óvulos cada mes y

fomenta la producción por parte del ovario de estrógenos, una hormona sexual femenina. Más tarde, cuando los óvulos maduran, la otra hada madrina, la LH, desencadena el «gran acontecimiento del mes»: el lanzamiento del óvulo. Cuando la pequeña nave despega hacia el espacio interior, casi puede oírse en la torre de control de Houston: «¡Ovulación en marcha!»

Los restos del proceso de maduración del óvulo que quedan en el ovario producen una estructura amarillenta llamada «cuerpo lúteo». Esta estructura libera la hormona sexual femenina denominada «progesterona».

Ahora las cuatro hormonas clave de la reproducción se hallan en su lugar y la mujer está lista para quedar embarazada. De hecho, muy lista. Si la mujer realiza el coito al azar durante un mes, la probabilidad de quedar encinta es del 85 %. Eso significa que bajo circunstancias normales, a menos que utilice alguna forma de contracepción, tarde o temprano quedará embarazada.

El revestimiento aterciopelado del útero madura bajo la influencia de los estrógenos hasta la mitad del ciclo. En este momento se produce la ovulación y la progesterona vuelve el revestimiento cálido, jugoso y suculento a la espera de que el óvulo fecundado caiga. Como es natural, a medida que los estrógenos y la progesterona aumentan, los niveles de LH y FSH disminuyen.

Aquí es donde los anticonceptivos orales hacen su trabajo. En la actualidad la mayor parte de píldoras anticonceptivas contienen estrógenos y progesterona. La glándula pituitaria advierte la presencia de estas hormonas en la sangre, pero no sabe si proceden del ovario o de una píldora que la mujer acaba de ingerir. La pobre pituitaria reacciona ante la presencia de estrógenos y la progesterona y decide que la mujer podría estar embarazada. Inmediatamente cierra la liberación de FH y LH y bloquea la liberación del óvulo. La torre de control de Houston tiene todos los sistemas a punto, pero el mensaje este mes es: «¡No hay lanzamiento! ¡Misión abortada!»

¿Misión abortada? ¿Se trata de un aborto?

Lo veremos más adelante. Ahora, sigamos la trayectoria de un espermatozoide inocente camino de fecundar un óvulo protegido por los anticonceptivos orales.

Cuando el espermatozoide es lanzado al interior de la vagina, empieza a nadar desesperadamente para llegar al cuello del útero.

Aquí es donde recibe la primera sorpresa desagradable. Normalmente, la entrada del cuello del útero está cubierta por una capa de mucosidad. Bajo la influencia de la píldora la mucosidad se vuelve densa y dura y el pobre espermatozoide tiene que abrirse paso a través de algo que parece pegamento.

Si consigue atravesarlo, nada corriente arriba por el útero hasta la trompa de Falopio, donde, para su desazón, ¡no hay óvulo sobre el que abalanzarse! Empieza a nadar por el oscuro pasadizo hasta que se da cuenta de que está totalmente solo. La píldora ha bloqueado la ovulación. Es el fin de don Espermatozoide.

¿Siempre sucede así?

No. Y aquí es donde la cosa se pone realmente interesante. En aproximadamente el 3 % de los casos (más o menos, puesto que las estadísticas sobre concepción no son precisas), sí se produce la ovulación. Entonces don Espermatozoide se encuentra con doña Óvulo en los aposentos falopianos y se introduce en ella. Los cromosomas de ambos se unen y: «¡Houston! ¡Fecundación cumplida!»

Ya no es un óvulo ni un espermatozoide. Es un «cigoto» u óvulo fecundado.

Unos días más tarde el cigoto se abre camino hasta el útero, pero tropieza con una situación imprevista. En lugar de un revestimiento denso y jugoso lleno de vasos sanguíneos y alimentos, encuentra una especie de desierto. Debido a la influencia de la píldora, el revestimiento se ha atrofiado, es escaso, inhóspito y lúgubre. La mayor parte de las veces el cigoto se marchita y muere. La implantación ha sido un fracaso y la contracepción un éxito. Todo ha terminado hasta el próximo mes.

¿Qué quería decir con lo de «misión abortada»?

Es un tema delicado. Algunas personas creen —y tienen todo el derecho a hacerlo— que la vida humana comienza en el momento en que el espermatozoide fecunda al óvulo. De ser esto cierto, puede decirse que la píldora que impide que el óvulo fecundado sobreviva está provocando un aborto. Por otro lado, si usted cree que la vida comienza un poco más tarde, no debería representar un problema.

¿Existen píldoras anticonceptivas diferentes?

Sí. Aunque hay más de cuarenta clases en el mercado, en general forman tres grupos distintos, pero en cualquier momento pueden surgir nuevas categorías. Las versiones originales eran una mezcla de estrógenos y progesterona en concentraciones bastante elevadas.

El anticonceptivo oral más utilizado estos días es la «micropíldora». Se la llama «micro» porque tiene menos de 50 microgramos de estrógenos. En un intento de mejorar el rendimiento de la píldora, los fabricantes han concebido numerosas fórmulas. Existen tres clases de píldora principales: monofásica, bifásica y trifásica.

La píldora monofásica mantiene la cantidad de estrógenos y de progesterona en el mismo nivel durante todo el mes; la bifásica aumenta la cantidad de progesterona hacia el final del mes; y la trifásica intenta imitar la secreción hormonal natural variando a lo largo del mes la dosis de hormonas. El resultado final es el mismo: una protección sumamente eficaz contra el embarazo. Pero, como todo lo demás, dicha protección tiene un coste.

¿Qué clase de coste?

Las píldoras anticonceptivas no son caramelos, sino fármacos muy poderosos que alteran el sistema reproductor y afectan a todo el cuerpo. Por ejemplo, las mujeres que toman la píldora no tienen la menstruación. Sangran cada mes, pero no es una menstruación normal, sino una especie de hemorragia que se produce cuando el suministro de hormonas se detiene al final del mes. Por otro lado, hay algunos riesgos que se atribuyen principalmente a los estrógenos.

En las mujeres que fuman y/o son mayores de treinta y cinco años, existe el riesgo de que se formen coágulos de sangre que pueden provocar infartos, ceguera repentina, apoplejías y otros males. Si una mujer que toma la píldora experimenta súbitamente fuertes dolores de cabeza, visión borrosa, insensibilidad en las extremidades, tos con sangre, malestar en las piernas o un dolor insoportable en el pecho, debería ver a un médico DE INMEDIATO. Aunque el riesgo es, estadísticamente, bajo, si le ocurre a usted, el riesgo es total.

La píldora ofrece, con todo, algunas ventajas.

¿Cuáles son?

Protegen contra las siguientes enfermedades:

- Cáncer de ovarios.
- Cáncer del revestimiento del útero (endometrio).
- Enfermedades pélvicas inflamatorias (algunas).
- Embarazo ectópico.
- Anemia por falta de hierro.
- Quistes ováricos.

Aunque la protección no es absoluta, se trata de una ventaja que se agradece. Puesto que la mayor parte de los efectos secundarios de la píldora se atribuyen a los estrógenos, ha aparecido una nueva fórmula llamada «minipíldora». Se espera que las mujeres que tomen la minipíldora tengan miniproblemas.

¿Y es así?

La minipíldora no contiene estrógenos. Es todo progesterona pero sólo tiene la mitad que una píldora normal. No siempre puede detener la ovulación pero sí espesa la mucosidad de la cérvix y hace más difícil que el óvulo fecundado se implante en el útero. Sin embargo, dado que el 60% de las mujeres que la toman sigue ovulando, ofrece material de debate a quienes creen que una píldora que impide la implantación en el útero está provocando, en realidad, un aborto. Son creencias personales que deben respetarse. Yo no puedo decantarme por un lado u otro.

¿No es cierto que la minipíldora presenta algunos problemas?

Dado que su eficacia depende de su acción sobre la mucosidad de la cérvix, debe tomarse cada día y exactamente a la misma hora. Unas pocas horas de diferencia pueden aumentar el riesgo de embarazo. Y sólo resulta la mitad de fiable a la hora de impedir el embarazo que la píldora combinada. Es aconsejable utilizar otro método anticonceptivo durante los tres primeros meses de minipíldora para permitir que ésta se asiente.

La minipíldora también puede causar hemorragias entre menstruaciones o interrumpir el período por completo. Eso a menudo constituye un problema, pues cuando la mujer deja de sangrar cabe la posibilidad de que esté embarazada. Pero ¿y si ha dejado de sangrar a causa de la minipíldora? En conclusión, si el período se detiene, debe visitar a su médico de inmediato.

Probablemente éste sea el aspecto más importante que hay que recordar en lo referente a las píldoras anticonceptivas. No deben tomarse sin consultar a un médico, aunque en Tailandia, Corea y Bangladesh es posible comprarlas sin receta. La mujer debe trabajar estrechamente con su médico para evitar los riesgos de la píldora y sacar partido de todas sus ventajas. Si se salta una dosis, tiene síntomas o sencillamente no está segura, una llamada telefónica quizá ahorre muchos problemas.

La píldora anticonceptiva presenta otro inconveniente del que, sin embargo, no es responsable.

¿Qué inconveniente?

No protege contra el sida ni las ETS. A menos que esté totalmente segura de su compañero, la mujer debe insistirle en que utilice preservativo. Este aspecto suprime dos de las principales ventajas de la píldora: el contacto directo y natural de la vagina con el pene y la práctica sexual sin altos en el camino. Con todo, el coste es muy pequeño. El condón se coloca en cuestión de segundos, pero el sida es para siempre.

Existen otras formas de tomar progesterona que no dependen de una píldora.

¿Cuáles?

La primera es una sencilla inyección de medroxiprogesterona —un compuesto de progesterona— que dura tres meses. La eficacia anticonceptiva puede alargarse hasta un año, pero la inyección se administra cada doce semanas para ir sobre seguro.

La medroxiprogesterona actúa como la minipíldora y tiene prácticamente los mismos efectos secundarios potenciales. Alrededor del 40% de las usuarias deja de ovular y menstruar. La protección contra el embarazo es elevada, con un índice teórico de fracasos del 1%. Pero, como con todo lo demás, tiene un precio.

¿Cuál?

Cada vez que la mujer recibe la inyección se compromete a tres meses o más de infertilidad. Si las inyecciones se repiten, el período puede alargarse hasta un año. Por otro lado, los posibles efectos secundarios duran por lo menos tres meses. La inyección de progesterona también induce al aumento de peso, quizá de un kilo al año. Cabe la posibilidad de que produzca hemorragias fuera del ciclo y, más adelante, frene totalmente la menstruación.

Las ventajas son, sin embargo, importantes. Las inyecciones de progesterona pueden ayudar a las mujeres que padecen anemia de células calciformes y ciertos tipos de epilepsia. Más importante aún, hay mujeres que deben evitar el embarazo por razones de salud. Si una mujer debe medicarse debido a una enfermedad grave y el medicamento puede provocar serios defectos en el bebé, ¿qué hace? Si quiere estar tan segura como sea posible de que no quedará encinta, estas inyecciones podrían ser la solución.

Con todo, hay algo que dura aún más.

¿Qué?

Los implantes de levonorgestrel. Es un método anticonceptivo fiable que dura hasta cinco años con una sola aplicación. Consiste en introducir seis palitos de silicona bajo la piel de la parte interna del brazo, por encima del codo. Los palitos miden menos de 3,5 centímetros de largo por 2,5 milímetros de ancho, algo así como una cerilla. Están impregnados de un fármaco progestógeno de larga duración y constituyen uno de los métodos anticonceptivos más fiables. El índice de fracasos no llega, probablemente, al 0,2 %.

Otra ventaja es que empieza a funcionar casi de inmediato si se introduce durante los primeros siete días del ciclo menstrual. Posee, con todo, una característica poco usual: son más eficaces en las mujeres que pesan menos de 75 kilos. Pueden provocar aumento de peso, pero menos que la inyección de progesterona; generalmente, medio kilo al año. (Lo mismo que algunas damas ganan sólo con comer chocolate, y el chocolate no evita los embarazos.)

Como es natural, el coste inicial es alto, requiere una pequeña intervención quirúrgica y debe extraerse si la mujer desea quedar embarazada. En cualquier caso, ha de retirarse cada cinco años. Este método resulta útil para las mujeres que quieren o necesitan una protección a largo plazo muy fiable. Aun así, toda mujer que desee evitar quedar embarazada debe seguir la Primera Ley de Anticoncepción del Doctor Reuben.

¿Qué ley?

¡Visitar al médico y seguir su consejo! Cada método anticonceptivo tiene sus ventajas y sus desventajas. No sólo cada mujer es diferente, sino que una misma mujer cambia de mes en mes y de año en año. Algunos métodos pueden ser incompatibles con ciertos medicamentos o causar efectos secundarios evitables. En la actualidad, la anticoncepción no es un asunto de aficionados. Ello es especialmente cierto en lo que al llamado «método anticonceptivo retroactivo» se refiere.

¿Qué es el método anticonceptivo retroactivo?

Es una suerte de fórmula mágica de la medicina moderna. Supongamos que el condón se rompe, el diafragma se sale u olvidó tomar la píldora más de dos días seguidos. No está casada, no puede tener hijos ahora o por la razón que sea un embarazo en estos momentos arruinaría su vida. ¿Qué hace?

Suda. Sufre. Cuenta los días que faltan para la menstruación. No llega y empieza a pensar en abortar. Los problemas se multiplican a medida que pasan los días. Es una pesadilla que no acaba.

Desde hace treinta años existe una solución sencilla que, a excepción de investigadores científicos y algunos médicos, pocas personas conocían.

En realidad, la solución fue evidente desde el principio. Si la píldora anticonceptiva intercepta la implantación del cigoto (óvulo fecundado) en el revestimiento del útero, ¿por qué no aumentar la dosis e intentar interceptarlo cuando desciende por la trompa de Falopio camino del útero? Eso es lo que hace la llamada «píldora del día siguiente».

El proceso es sencillo. La mujer ha de tomar dos dosis dobles (o más) de unos comprimidos anticonceptivos determinados cada 12 horas dentro de las 72 horas posteriores al coito. Después de eso, sus probabilidades de quedarse embarazada son únicamente del 2 %. Como es natural, existen algunos efectos secundarios, principalmente náuseas y vómitos. A veces la mujer vomita los comprimidos y debe repetir la dosis. Pese a todo, es preferible un ataque de vómitos que un embarazo no deseado. La píldora del día siguiente funciona muy bien pero debe tomarse a tiempo.

¿Significa eso que si la mujer aguarda demasiado no hay esperanza?

En la medicina siempre hay esperanza. Existe otro método anticonceptivo retroactivo que la mujer puede utilizar hasta siete días después de una catástrofe anticonceptiva. Es el DIU de cobre.

Si se coloca dentro de los 14 días siguientes, es casi seguro que evitará el embarazo.

Este método, lógicamente, genera los mismos problemas que cualquier DIU, sobre todo si la mujer es propensa a las infecciones pélvicas. Pero como cualquier otra decisión de esta índole debe tomarse con asesoramiento médico.

¿Pueden las píldoras del día siguiente reemplazar a los métodos anticonceptivos tradicionales?

No es aconsejable, a menos que la mujer quiera utilizar el DIU de cobre como principal método anticonceptivo. Las dosis elevadas de anticonceptivos orales presentan inconvenientes. Los métodos anticonceptivos tradicionales siguen siendo la mejor elección.

Con todo, la píldora del día siguiente satisface una necesidad muy particular. Es el caso, por ejemplo, de la joven que ha sido violada o de la mujer que está sometida a quimioterapia a causa de un cáncer y olvida tomar la píldora tres días seguidos. Si queda embarazada, es casi seguro que tendrá un hijo terriblemente deformado. Estos casos, y muchos otros, precisan ayuda. Son las pacientes idóneas para la píldora del día siguiente. Para las demás mujeres que eligen métodos anticonceptivos retroactivos, la decisión es totalmente personal.

Quedar embarazada o no, cuándo hacerlo, cuántos hijos tener, son las decisiones más delicadas y personales que debe tomar el ser humano. Existen pocas elecciones en la vida que ofrezcan un potencial mayor de felicidad o infelicidad. Por eso merecen una reflexión detenida, información actualizada y orientación profesional. Si lo hace así, tendrá muchas probabilidades de no equivocarse.

13

ABORTO

(Advertencia importante: Este capítulo no está ni a favor ni en contra del aborto. Se trata, únicamente, de una explicación médica y científica sobre cómo se realiza el aborto y bajo qué circunstancias.)

¿Qué es el aborto?

El aborto es la interrupción del embarazo en cualquier momento anterior al parto. No hay duda de que la palabra «aborto» posee un alto peso emocional, especialmente si tenemos en cuenta que proviene de la palabra latina *aboriri*, que significa «desaparecer». Una verdad ineludible es que en el aborto el embrión, el feto, el producto de la concepción o como queramos llamarlo, desaparece. (El embrión es el nombre dado al bebé a partir de las tres semanas de su fecundación hasta los dos meses. El feto es el bebé desde que cumple dos meses hasta que nace.)

Existen dos clases de aborto: espontáneo y provocado. El aborto espontáneo es la interrupción natural del embarazo. En este caso la madre, por la razón que sea, no puede conservar la criatura y su cuerpo la expulsa. Aproximadamente uno de cada cuatro embarazos termina en un aborto espontáneo.

¿Cuál es la causa del aborto espontáneo?

Probablemente sea la forma que tiene la naturaleza de decir «no». Alrededor de la mitad de estos abortos se deben a un defecto en el producto. El espermatozoide o el óvulo son imperfectos y dan lugar a un embrión imperfecto. Tales abortos, pese al dolor de los padres, tal vez sean, en el fondo, una bendición. El bebé ha sido desechado por un vigilante mecanismo de defensa reproductor. La mayor parte de los embriones abortados son monstruosidades, seres a los que un giro del destino biológico ha hecho inadecuados para la vida en la tierra. Los productos abortados espontáneamente podrían conformar una cámara de los horrores. Hay bebés sin cabeza y bebés con dos cabezas, bebés con cabeza pero sin cerebro, y bebés con cerebros gigantes que sobresalen del cráneo. No hay razón para lamentar la pérdida de estos errores genéticos.

¿Cuál es la causa de la otra mitad de los abortos espontáneos?

El resto se produce en el breve momento de la implantación, cuando el óvulo fecundado se une al revestimiento del útero. El sistema circulatorio de la madre se conecta al de la criatura, pero si la conexión es débil el embarazo terminará en ese instante o más adelante.

Cuando el aborto provocado era ilegal en la mayor parte de Estados Unidos, recibía el nombre de aborto «criminal». Ahora que es legal en casi todos los estados, se llama aborto «provocado».

¿Son los abortos provocados más frecuentes que los espontáneos?

Sí. En Estados Unidos hay un millón de abortos espontáneos al año. Obviamente, no resulta fácil obtener cifras exactas en cuanto a los abortos provocados, pero es probable que alrededor del 30 % del total de embarazos se interrumpa voluntariamente, lo que representa más de dos millones de abortos provocados al año. (La cifra «oficial» es menor, pero es muy posible que estos cálculos aproximativos se acerquen más a la realidad.)

¿Qué es un aborto «terapéutico»?

Este término ha adquirido un nuevo significado hoy en día. Antes de que el aborto fuera legal en Estados Unidos, a todos los futuros médicos se les decía que no debían realizar abortos a menos que se hicieran bajo un control legal estricto. Recuerdo que en una de las primeras conferencias que recibimos en la universidad, el decano de la Facultad de Medicina nos dijo: «Caballeros, si desean alcanzar el éxito y el respeto como médicos, hay dos cosas que no deben hacer nunca: comenzar o terminar un embarazo en su consulta.»

Hoy en día no se sabe cuántos embarazos comienzan en la consulta del médico, pero sí se sabe que son millones los que finalizan en ella.

El aborto terapéutico tenía un doble propósito. Se llevaba a cabo, como en la actualidad, cuando la vida de la madre corría peligro o cuando era evidente que el feto sufría deformaciones terribles e incurables. Esta clase de aborto estaba permitido, por ejemplo, si el feto no tenía cabeza o era bicéfalo, o si la madre padecía una enfermedad que podía deformar terriblemente a la criatura, como en el caso de la rubéola. El objetivo era impedir el nacimiento de un ser incurable y desvalido o la muerte de la madre.

Con todo, el concepto de aborto terapéutico era lo bastante flexible para permitir realizar abortos no tan necesarios como podía parecer en un principio. Pero todo eso es agua pasada.

Tal como están las cosas hoy en día, la mayoría de las mujeres de Estados Unidos puede abortar cuando menos durante la primera etapa del embarazo. Las leyes varían de estado en estado, pero si busca, a una mujer no le resultará demasiado difícil dar con un lugar que le permita hacer lo que desea hacer.

Actualmente, sin embargo, no tiene que buscar si no quiere.

¿Por qué?

El aborto se ha convertido casi en una práctica casera. La mujer puede encontrar instrucciones —con dibujos incluidos— sobre cómo construir su propia «máquina abortiva» personal. Se llama «dispositivo de extracción menstrual» y su objetivo, teóricamente, es extraer la sangre menstrual en el momento del período. Tiene, además, algo en común con una máquina de coser.

¿Una máquina de coser?

Así es. Finalizada la Primera Guerra Mundial, los tratados internacionales prohibieron a Alemania fabricar armas bélicas. En los años treinta del siglo XX, un joven alemán trabajaba en una fábrica de máquinas de coser y su esposa no paraba de pedirle que le comprara una. El joven, que no tenía dinero para comprarla, decidió robar de la fábrica una pieza al día.

Transcurridos tres meses, cuando ya tenía todas las piezas, se pasó un fin de semana entero montándolas. Para su sorpresa, se dio cuenta de que había montado una ametralladora.

La verdadera finalidad del «extractor menstrual» parece ser la de provocar un aborto, pero la descripción lo presenta como algo muy distinto. Se ofrece a las usuarias para algo totalmente absurdo, esto es, «evitar la molestia del período menstrual durante la luna de miel».

¡Genial! Eso significa que la mujer utilizará el extractor una vez (o dos) en la vida. Si realmente quiere «evitar la molestia del período menstrual durante la luna de miel», sólo tiene que calcular cuándo ha de venirle la menstruación y a partir de ahí fijar la fecha del viaje. No es tan difícil.

Si estudia la máquina detenidamente, quizá se dé cuenta de que es posible utilizarla para algo más. Una persona suspicaz tal vez crea que ofrece la posibilidad de abortar en la intimidad del hogar.

¿Cómo funciona?

Se trata de una jeringuilla de plástico con una boquilla larga y flexible que la mujer —o una amiga— introduce en el útero a través de la vagina y la cérvix. Huelga decir, aunque no siempre sea el caso, que los instrumentos deben esterilizarse de antemano. Las mujeres a quienes angustia el hecho de interrumpir su embarazo suelen estar asustadas, nerviosas e impacientes por terminar con el asunto.

Es importante comprobar un pequeño detalle. El dispositivo ha de tener una válvula de una sola dirección —«válvula de seguridad»— para evitar que entre aire en el útero. De lo contrario, la extracción menstrual podría enviar a la madre directa al cementerio.

¿Por qué?

Durante el embarazo las venas que suministran sangre al revestimiento uterino están dilatadas y próximas a la superficie, sobre todo en la zona cercana al embrión. Si el llamado «extractor menstrual» inyecta accidentalmente aire en el útero, dicho aire podría pasar a las venas y de ellas al cerebro, produciendo una coagulación dentro de los vasos sanguíneos de éste. La muerte en tales casos es inmediata.

La mujer que quiera utilizar este método debe consultar primero a su médico. Una cosa es estar embarazada y otra muy distinta estar muerta.

¿Qué ocurre entonces?

Si todo va bien, el extractor succiona la «sangre menstrual» del útero llevándose por delante el embrión, en caso de existir. Ello se ajusta a la promesa del aparato: «Evite la molestia del período menstrual durante la luna de miel.»

Los embriones también pueden ser una molestia durante la luna de miel.

Es aconsejable tener un frasco de cristal a mano para recoger lo que sale del útero. De esa forma la mujer evita tener que ponerlo todo perdido cuando le llega la hora de buscar el embrión muerto entre el material extraído. Una vez realizada la extracción menstrual la prueba del embarazo es mucho menos fiable que ver el embrión en persona. Si no lo descubre entre la sangre y los tejidos, no podrá saber si el aborto ha sido un éxito.

El extractor es bastante eficaz dentro de las cuatro primeras semanas de embarazo, y puesto que la prueba del embarazo puede hacerse a los ocho días del «accidente», el sistema resulta atractivo para algunas mujeres.

Pero ¿es aconsejable?

Yo no lo recomiendo, pues supone introducir un cuerpo extraño en el útero y jugar con burbujas de aire aun cuando la válvula de seguridad ofrezca cierta protección. Por otro lado, cabe la posibilidad de que la mujer no consiga extraer el embrión la primera vez y tenga que repetir el proceso. Luego, para colmo, tiene que examinar la materia extraída a fin de encontrar el embrión.

La mujer que desea abortar se siente, en muchos casos, desesperada y dispuesta a recurrir a este aparato. Con todo, no hay que olvidar que se trata de una máquina abortiva casera y no una forma de «evitar molestias durante la luna de miel».

¿No podría considerarse un método anticonceptivo?

El aborto es, en cierto sentido, un método anticonceptivo retroactivo, pues detiene el embarazo haciendo que el embrión o el feto desaparezcan. En la actualidad, sin embargo, existen formas más seguras de evitar el embarazo que introducir un tubo de plástico en el útero cada mes y succionar el contenido con una jeringuilla.

¿Está usted en contra del aborto?

No estoy ni en contra ni a favor. El aborto no es un asunto que la gente se tome a la ligera. Pregunte a cualquier mujer que haya tenido uno. Y pregunte a los médicos que lo han practicado. El aborto afecta emocionalmente a las personas involucradas y se utiliza como último recurso. Si la mujer tuviera la posibilidad de dar marcha atrás, volvería a aquella noche en que bebió demasiado u olvidó tomar la píldora y actuaría de forma diferente. Aun así, allí donde es legal las mujeres pueden tener abortos y los médicos pueden practicarlos.

¿Qué técnica utilizan los médicos?

Algunos emplean la extracción menstrual, si bien con instrumentos esterilizados y en un entorno clínico, pero existe otra técnica. Cuando la mujer se halla en una fase avanzada del embarazo —después de las siete semanas—, los médicos suelen optar por el método tradicional de «dilatación y raspado». El procedimiento es idéntico al que se utiliza en los hospitales para mujeres no embarazadas. Una parte de la operación emplea una técnica que tiene más de cinco mil años.

¿Cuál?

Empecemos por el principio.

Lo primero que se hace es afeitar el vello pubiano de la mujer y lavar la vagina con una solución germicida. Luego el médico introduce en la vagina un instrumento llamado «espéculo» para abrir las paredes y acceder a la cérvix o cuello del útero. La cérvix es un tubo firme de unos 5 centímetros de diámetro. Tiene mucho músculo y un canal diminuto, de menos de 7 milímetros de ancho, que conecta la vagina con el útero. El medico, para poder llegar al embrión que yace dentro del útero, tiene que dilatar la cérvix. Podría hacerlo introduciendo en la abertura varillas de acero cada vez más grandes, pero es un trabajo tedioso y presenta algunos riesgos.

El método utilizado por los médicos hoy en día es el mismo que empleaban sus antecesores miles de años atrás. Consiste en introducir en el canal cervical una varilla hecha de alga seca. El alga, a lo largo de unas horas, absorbe la humedad de la vagina, se hincha y hace que el canal se ensanche. En ese momento se retira la varilla y es cuando el médico introduce en el útero una cucharilla curvada unida a una varilla de acero inoxidable. Luego raspa el revestimiento del útero para arrancarlo y, con él, el embrión de 2,5 centímetros. El procedimiento es bastante rutinario. Lo difícil viene después.

¿En qué consiste?

En clasificar lo que el médico ha sacado del útero. La mezcla de tejidos, sangre y restos de embrión ha de examinarse para comprobar que se ha extraído todo lo que debía extraerse. Una de las complicaciones graves del raspado es dejar dentro del útero parte de las membranas que acompañan al embrión, pues ello puede causar hemorragias, infecciones y otros problemas.

Si la operación se realiza en un entorno esterilizado, el riesgo de complicaciones no llega al 1%. Con la anestesia y los analgésicos debidos, el malestar posterior es reducido. La mujer está en condiciones de reanudar sus actividades domésticas a los pocos días y las relaciones sexuales a las pocas semanas.

Pero si el embarazo se halla en fase avanzada, el raspado no funciona.

¿Por qué no?

Tras las 12 primeras semanas de embarazo el bebé empieza a crecer con rapidez y es difícil de raspar. El riesgo de complicaciones también aumenta. Por consiguiente, los médicos recurren a otra técnica abortiva llamada «dilatación y evacuación».

La técnica es parecida a la del raspado en lo que a la dilatación se refiere. Esta vez el médico tiene que utilizar varios tallos de algas, pues necesita una cérvix más dilatada por una razón importante: ha de cortar el feto en trozos pequeños y sacarlos uno a uno. Hecho esto, introduce en el útero un tubo de unos 12 milímetros de diámetro y succiona el líquido amniótico que rodea al feto, la pequeña placenta y los restos del feto que puedan quedar. Una vez más, alguien ha de unir las piezas de aquél para asegurarse de que se ha sacado todo. Si dentro del útero queda algún bracito, piernecita o trocito de cabeza, la ex futura madre podría contraer una infección y sufrir serias complicaciones.

¿Es realmente tan horrible?

Todas las descripciones están tomadas de libros de medicina actuales. Si la mujer piensa abortar, es justo que sepa exactamente qué le ocurrirá a su cuerpo y al cuerpo del feto o del embrión. Hablar del «producto de la concepción» y de la «extracción menstrual» es engañarse.

¿Por qué es tan importante afrontar una realidad tan desagradable?

Por una razón fundamental. Una de las complicaciones más frecuentes del aborto es la depresión y ciertos trastornos emocionales. Ello agrava la tensión física que ya conlleva la operación en sí. La mujer que conoce desde el principio los aspectos más crudos del aborto tiene más posibilidades de salir de la experiencia emocionalmente ilesa. Un aborto dura alrededor de una hora, pero el sufrimiento mental posterior puede durar años. No es justo que una mujer sufra porque no está preparada emocionalmente. Además, la técnica de evacuación presenta otro problemas.

¿Cuáles?

El útero de una mujer embarazada es blando como una pera madura y mientras se raspa el feto con un instrumento afilado se corre el riesgo de perforarlo. La perforación uterina exige una intervención quirúrgica inmediata y en ocasiones una histerectomía, esto es, la extracción total del útero. También se corre el riesgo de perforar el intestino. Si el contenido intestinal se extiende, el resultado es una peritonitis a menudo mortal.

Ésa es la razón por la que los médicos prefieren utilizar otra técnica abortiva después de la vigésima semana de embarazo. Como el feto ha crecido considerablemente y el útero ha cedido tanto que alcanza el ombligo de la mujer, se realiza la «inducción médica».

En este método abortivo el médico introduce una aguja larga en el útero de la mujer a través del abdomen y atraviesa el saco amniótico. Acto seguido extrae el líquido amniótico —hasta 160 gramos—, lo tira e introduce 160 gramos de una solución salina muy fuerte. Eso, generalmente, pone a la mujer de parto en veinticuatro horas; el feto y la placenta son expulsados doce horas después. A veces se utilizan otras sustancias, como oxitocina, una hormona o una prostaglandina.

¿Qué le ocurre al bebé?

No se le llama bebé, ¿recuerda? Es un feto. Eso, teóricamente, resta emotividad al asunto. La solución salina entra en el líquido amniótico, el feto la ingiere y muere.

Pero ¿no es ésa la finalidad del aborto?

Por desgracia, a veces la mujer también absorbe la solución salina y muere junto con el feto. No es frecuente, pero puede ocurrir. Esta clase de aborto también puede conducir a otras situaciones dramáticas.

¿Como cuáles?

Una forma de provocar el parto consiste en suministrar a la mujer una sustancia llamada «prostaglandina». Si la mujer recibe una dosis de prostaglandina, ya sea en forma de supositorio vaginal o de inyección, se pondrá de parto mucho antes que con el método salino. Pero eso puede hacer que el feto sea expulsado con vida. Dado que la única función de la prostaglandina consiste en provocar las contracciones musculares que expulsan al feto, cabe la posibilidad de que éste sobreviva, es decir, que tenga pulso y respire.

¿Y entonces?

¿Recuerda lo que significa la palabra «aborto»? Significa «desaparecer». Si se practica un aborto, el feto tiene que desaparecer. Punto.

Los embriones, los fetos y los «productos de la concepción» no van a una suerte de «tierra especial» donde viven felices para siempre. Hay que hacerlos desaparecer, y si consiguen salir al exterior con vida... bueno, ya se lo puede imaginar.

Eso no significa que una mujer deba o no deba abortar. Sólo significa que existe un hecho innegable: los fetos abortados no sobreviven. Y todo el mundo debería saberlo.

Hay otros aspectos que debemos afrontar.

¿Por ejemplo?

La «terminación» provocada del feto, conocida con el encantador término de «feticidio». Últimamente se habla de un nuevo concepto llamado «reducción del nacimiento múltiple». Si una mujer espera trillizos, cuatrillizos o más, puede que su médico decida que es mejor para ella «reducir» el número de nacimientos. En otras palabras, algunos fetos tienen que morir.

Como no es posible apuntarles con una pistola, el método habitual consiste en inyectar cloruro de potasio en sus corazoncitos. Curiosamente, es la misma sustancia que se utiliza para ejecutar a asesinos condenados a pena de muerte en Estados Unidos. Pero no es el único método. Algunos médicos han encontrado un sistema de microcirugía que les permite llegar al útero y hacer un nudo en el cordón umbilical. De ese modo el feto, al no recibir sangre portadora de oxígeno, se ahoga.

Con todo, ¿no existen a veces buenas razones para practicar el aborto, como por ejemplo, cuando la madre o el niño corren peligro?

Es posible. Si la continuación del embarazo pone en peligro la vida de la madre, podría ser razón suficiente para abortar e intentar nuevamente tener un hijo si ella así lo quiere. También existen terribles casos de chicas violadas por el padre o por parientes cercanos que plantean decisiones difíciles.

La violación es uno de los temas más difíciles relacionados con el aborto. Si se trata realmente de una violación, y no de un «arrepentimiento del día siguiente» porque «nunca pensé que me la metería toda», ha de tenerse en cuenta la posibilidad de abortar. Es evidente que la adolescente que ha sido violada por cuatro drogadictos no está impaciente por tener un hijo fruto de esa violación. Como tampoco lo está la madre de tres hijos violada por un asesino en serie que acaba de salir de un psiquiátrico. Para ellas probablemente existe una solución mejor.

¿Cuál?

La píldora del día siguiente y el dispositivo intrauterino o DIU (más información en el capítulo sobre métodos anticonceptivos). Vale la pena saber que hasta 72 horas después de la violación la píldora del día siguiente puede evitar casi el ciento por ciento de los embarazos. El DIU de cobre funciona hasta dos semanas después del trágico suceso. Estos métodos anticonceptivos pueden ahorrar a la víctima el trauma añadido del aborto, y con las pruebas del embarazo modernas es posible controlar de cerca su eficacia.

¿Acaso no es la violación la causa de muchos abortos?

Por extraño que parezca, no. Resulta difícil obtener cifras exactas, pero probablemente no más del 3% de los abortos se debe a violaciones o incestos. Otro 7% tiene su causa en el peligro que la continuación del embarazo supone para la vida o la salud de la madre. El riesgo para la salud mental de la madre representa otro

7 % de los abortos, y un 3 % se lleva a cabo por deformaciones graves en el feto.

¿Cómo puede saberse si el bebé sufrirá deformaciones?

En la actualidad existen pruebas genéticas muy sofisticadas. La amniocentesis es una de ellas, y se trata de un procedimiento relativamente sencillo.

Generalmente se lleva a cabo en la decimocuarta semana de embarazo, y aunque suene poco agradable, es una técnica bastante inocua. (Siempre cabe la posibilidad, no obstante, de que surjan complicaciones, como infecciones, perforación del feto o reacciones inmunitarias en la madre.) El método es el siguiente: tras comprobar la ubicación del feto mediante una ecografía, el médico introduce una aguja larga en el abdomen de la madre hasta el saco amniótico, extrae un poco de líquido y lo hace analizar. Eso es todo.

¿Puede la amniocentesis provocar un aborto espontáneo?

Por desgracia, sí, pero las probabilidades son reducidas, en torno al 0,5 %. Dada la importante información que brinda el método, tal vez este riesgo sea justificable.

Por ejemplo, si la prueba detecta el síndrome de Down en el feto, tal vez los padres decidan que es preferible el aborto. El síndrome de Down recibía antes el nombre de «mongolismo». Los niños que nacen con este trastorno sufren retraso mental, a veces de naturaleza muy grave, y la mayoría muere prematuramente. El riesgo de concebir un hijo con este síndrome en mujeres mayores de cuarenta y cinco años es del 5 %.

¿Justifica eso el aborto?

Es una decisión personal y difícil. Nadie quiere tener un hijo mentalmente retrasado, pero, al mismo tiempo, nadie quiere deshacerse de un bebé si puede evitarlo. Aun así, existen defectos de nacimiento peores, por ejemplo, defectos en los tubos neurales.

¿Cómo son?

Tremendos. Los bebés con los tubos neurales defectuosos pueden nacer sin cerebro o con la médula espinal sobresaliente y un cráneo del tamaño de una sandía. Las probabilidades de nacer así son de un 2 %. Los bebés sin cerebro no tienen futuro, de modo que abortar no resulta una decisión demasiado difícil. Si el líquido amniótico muestra alfafetoproteína (AFP), es probable que el bebé tenga un tubo neural defectuoso y nazca con deformaciones muy graves.

Existe todo un abanico de defectos genéticos que pueden detectarse con la amniocentesis, y algunos de ellos exigen una profunda reflexión. La decisión nunca es fácil. El aborto es, de por sí, un tema muy complejo y cada caso es diferente.

He aquí un par de ejemplos:

«Estoy desesperada, doctor. ¡No puedo tener este bebé! Aunque sea totalmente normal, ¡no puedo tenerlo!»

La mujer, de treinta y un años, viste un elegante traje de chaqueta azul y un pañuelo de seda amarillo.

«Doctor, es imposible. Mi marido es presidente del banco y ya tenemos un hijo. ¡Me moriré si he de tener este bebé! ¡Imagínese, nacería en plena exhibición anual de lirios del Club de Damas Jardineras! ¿Qué pensaría la gente?»

La siguiente paciente es una chica de diecisiete años muy deprimida que todavía lleva puesto el uniforme de camarera. Parece cansada y mechones de pelo rubio le cubren los ojos. Se retira el pelo de la cara y dice:

—No sé qué hacer, doctor. Vivo sola. Mi padre se ha marchado de casa y mi madre vive en un asilo. Trabajo por las noches para poder cuidar de mi futuro bebé durante el día, pero acabo de salir de la clínica y me han dicho que tiene un problema en la espina.

—¿Dijeron «espina bífida»?

—Creo que sí —respondió la chica, asintiendo—. Dijeron que tendría una cabeza muy grande y que a lo mejor no podría caminar nunca. Aun así me gustaría tenerlo, aunque no esté casada. Dicen que es niño y siempre quise tener un niño. ¿Qué debería hacer?

De acuerdo con la legislación actual de Estados Unidos, ambas mujeres tienen derecho a abortar. Pero desde el punto de vista humano, son dos mundos diferentes.

¿Qué puede hacer una mujer si espera más tiempo para abortar?

Si ha esperado veinte semanas desde el momento de la concepción, puede someterse a una técnica llamada «dilatación y extracción». También se conoce como «aborto parcial», y no es recomendable para las mujeres apocadas.

A estas alturas del embarazo el bebé puede pesar ya medio kilo y medir 20 centímetros. Con un bebé de ese tamaño es preciso dilatar mucho la cérvix, lo cual se hace con los tallos de alga y en ocasiones requiere varios días. Acto seguido, y luego de suministrar anestesia general a la mujer, el médico introduce la mano en el útero y gira al bebé para que los pies salgan primero. Luego, con ayuda de un fórceps, agarra una de las piernas del bebé y tira de ella hasta que la cabeza choca contra la cérvix. El bebé ha quedado atascado porque su cabecita es demasiado grande para pasar por el cuello del útero, por lo que es preciso dar otro paso. El médico introduce unas tijeras en el cráneo del bebé, hace un agujero, inserta un tubo y aspira el cerebro. Luego aplasta el cráneo, extrae el resto del cuerpo y retira la placenta. El aborto ha terminado.

¿Se practica muy a menudo esta clase de aborto?

Por razones obvias, es bastante infrecuente. En Estados Unidos no se practican más de 3.000 al año, aunque nadie lo sabe con exactitud. Esta técnica es fuente de polémica social, política y emocional, y resulta imposible predecir si continuará, si dejará de practicarse o si se regulará. No se extrañe si cuando se tome una decisión al respecto la noticia aparece en la primera página de su periódico local.

¿No existen métodos abortivos más suaves?

Hay un par de métodos menos traumáticos, aunque cuando se habla de aborto, la palabra «suave» es relativa.

Uno de ellos es la famosa RU-486. Se ha escrito tanto sobre la polémica «píldora abortiva» que es hora de poner las cosas en su sitio. La RU-486 es una sustancia química llamada «mifepristona» que posee la extraña característica de ocupar los lugares del cuerpo donde la progesterona gusta de aposentarse. Es como si usted llegara al teatro y encontrara a un tipo grande y antipático sentado en su butaca. Si no quiere tener problemas, sabe que lo mejor que puede hacer es irse a casa.

Cuando, una vez fecundado, el embrión empieza a crecer en la pared del útero, para prosperar necesita progesterona, y mucha. Si la mujer toma RU-486, los ovarios seguirán segregando progesterona, pero cuando las moléculas lleguen al útero descubrirán que las moléculas grandes y antipáticas de la RU-486 les han quitado el sitio. Como el embrión no puede sobrevivir sin un suministro constante de progesterona, acaba por morir.

¿Significa eso que la mujer sólo tiene que ir a la farmacia, comprar la píldora y poner punto final al embarazo?

No exactamente. En primer lugar, necesita una receta médica. Luego tiene que hacerse la prueba del embarazo para confirmar que está encinta. La RU-486 no es un caramelo inofensivo y en ocasiones produce efectos secundarios serios. Hay que tener muy buenas razones para tomarla.

Confirmado el embarazo, la mujer ha de hacerse una ecografía para asegurarse de que el embrión está instalado en el útero, pues en algunos casos excepcionales el embrión se aloja en las trompas de Falopio. Es el llamado «embarazo tubario» y generalmente requiere una intervención quirúrgica urgente. Si el bebé sigue creciendo dentro de la trompa, la romperá y provocará estragos en la madre. Una vez el médico está seguro de que el bebé se halla en el útero, la mujer puede tomar las píldoras. A menos que...

¿A menos que qué?

A menos que esté embarazada de más de siete semanas, sea fumadora y tenga más de treinta y cinco años. El riesgo de sufrir efectos secundarios es mucho mayor si pertenece a alguna de esas categorías. Pero suponiendo que no sea el caso, se toma la píldora y el proceso empieza.

¿Qué proceso?

La reacción, que a menudo incluye náuseas, vómitos, dolor de cabeza, debilidad o diarrea. Uno o dos días después, la mujer toma una dosis de prostaglandina para provocarse contracciones uterinas y expulsar el embrión. Dos semanas más tarde debe ver a su médico para hacerse un reconocimiento y evitar sorpresas desagradables.

¿Qué clase de sorpresas?

Si la RU-486 no ha acabado con el embrión, puede provocar defectos de nacimiento muy serios, por lo que la mujer tendrá que someterse a un aborto quirúrgico tradicional. El 5% de las veces la RU-486 no cumple su cometido.

Como método abortivo, la RU-486 recuerda a los primeros televisores o frigoríficos que salieron al mercado. Funciona, pero no tan bien como uno desearía. Para ser una píldora abortiva ideal tendría que interrumpir el embarazo a los quince minutos de ser ingerida y sin producir efectos secundarios, hemorragias ni riesgos de ningún tipo. Aún está lejos el día en que una píldora que reúna estas características aparezca en el mercado.

¿Hay algún otro método?

Sí, una curiosa mezcla de sustancias químicas que encierra cierta ironía. Los médicos han descubierto que una sustancia llamada «metotrexato», combinada con otra llamada «misoprostol», puede inducir el aborto por una serie de circunstancias fascinantes.

El metotrexato es una sustancia asesina que salva vidas. Parece una contradicción, pero la ciencia médica está llena de contradicciones aparentes. Llevamos más de cuarenta años utilizando el metotrexato para salvar a las mujeres de un cáncer mortal llamado «coriocarcinoma». También se emplea contra el cáncer de mama, ovarios y cérvix.

El metotrexato es un «ácido fólico antagonista». Combate el cáncer deteniendo el crecimiento y la reproducción de células malignas, las cuales mata interrumpiendo el metabolismo de una sustancia conocida como «ácido fólico». Ésa es otra paradoja extraña.

¿Por qué?

El ácido fólico es fundamental para el ser humano. Las mujeres embarazadas que no consumen suficiente ácido fólico —ingrediente presente en los comprimidos multivitamínicos— pueden dar a luz bebés seriamente deformados. Por lo tanto, es necesario que lo consuman.

Pero existe otra seria amenaza que acecha al complejo mundo del sistema reproductor femenino. A veces el bebé crece en el lugar equivocado. En lugar de desembocar en el útero, el óvulo fecundado puede verse atrapado en el estrecho conducto de las trompas de Falopio. Al crecer rompe inevitablemente la trompa, lo que supone un grave peligro para la vida de la madre. Los médicos descubrieron que el metotrexato podía matar al embrión atrapado en las trompas de Falopio antes de que creciera lo bastante para poner en peligro la vida de la madre. Esta sustancia, por lo tanto, es capaz de destruir una vida al tiempo que salva otra.

El metotrexato, no obstante, también puede destruir embriones que están donde deben, es decir, en el revestimiento del útero. El metotrexato trata al embrión como si fuera un cáncer, matándolo a la vez que mata las nuevas células que contiene. Pero eso es sólo media batalla.

¿Cuál es la otra media?

No podemos dejar el embrión muerto dentro del útero, de modo que toca recurrir a las leales prostaglandinas. De eso se compone el «misoprostol». Su consumo provoca fuertes contracciones uterinas y empuja hacia afuera el embrión muerto. El procedimiento es el siguiente:

Antes de la novena semana de embarazo la mujer recibe una inyección de metotrexato. A partir de ese momento su destino está sellado. Ha de abortar sea como sea, pues si la inyección no acaba con el embrión tendrá un bebé terriblemente deformado. Este método suele producir los típicos efectos secundarios: náuseas, diarreas, calambres, llagas en la boca, vómitos, dolores de cabeza, mareos e incluso, en casos extremos, hemorragias vaginales.

Durante una semana la mujer no debe tomar vitaminas que contengan ácido fólico porque ello contrarrestaría el efecto del metotrexato. Transcurrido este tiempo, se introducen cuatro comprimidos de prostaglandinas en la vagina para provocar las contracciones uterinas y expulsar el embrión muerto. Si las contracciones no han comenzado pasados dos días, la mujer tendrá que introducirse otros cuatro comprimidos. Eso sí dará los resultados esperados. Pero no siempre es tan rápido.

¿Por qué?

Nadie sabe exactamente por qué, pero a veces el proceso dura un mes. Si la mujer no ha abortado en treinta días, debe someterse a un aborto quirúrgico. Esta mezcla de sustancias —una suerte de cóctel abortivo— tiene una eficacia del 90 % y, como es natural, presenta el riesgo de hemorragias descontroladas que generalmente pueden solucionarse con un raspado y quizá, en casos más graves, una transfusión de sangre.

Otro pequeño inconveniente es que la madre, para asegurarse de que ha habido aborto y no se trata de una simple hemorragia vaginal debida a los fármacos, ha de buscar entre la sangre y los tejidos expulsados el embrión muerto y la placenta, lo que no resulta una experiencia agradable. Pero eso es exactamente lo que debe hacer la ex embarazada si tal ha sido su elección.

¿Y si el embarazo está tocando a su fin?

La única posibilidad es una operación llamada «histerotomía». (No debe confundirse con la histerectomía, que consiste en la extracción completa del útero.) Se trata de una operación de cesárea. El médico efectúa un corte en el útero y saca al bebé. Lo que le ocurre a éste después es mejor dejarlo librado a la imaginación, pero acuérdese del significado de la palabra «aborto».

El índice de mortalidad entre las madres como consecuencia de esta operación es mucho mayor que el de un simple raspado realizado en las primeras etapas del embarazo.

Muy bien, y ahora, la pregunta difícil. ¿Es el aborto una práctica aceptable o censurable?

No lo sé. Yo sólo soy médico, cirujano y psiquiatra. Lo que sí sé es que el aborto forma parte de la existencia humana. Ha estado con nosotros desde los orígenes del ser humano. En las tribus llamadas primitivas las mujeres se introducen un «palo abortivo» en el útero para expulsar el feto. Las mujeres modernas aspiran el contenido del útero con una agradable jeringuilla de plástico. Sigue siendo un aborto.

Casi todos los médicos recordamos la época en que la interrupción del embarazo era ilegal en Estados Unidos y las mujeres morían a causa de abortos clandestinos. Todos vimos mujeres que se introducían sustancias cáusticas en la vagina para abortar, que ingerían toda clase de venenos para terminar con su embarazo y sólo conseguían terminar con su vida.

Mientras haya mujeres embarazadas que no quieran estarlo, habrá abortos. Todos los médicos lo saben.

La solución ideal son los métodos anticonceptivos económicos, fáciles de usar y totalmente fiables que hacen innecesario el aborto. Una sociedad que envía al hombre a los confines del espacio debería ser capaz de encontrar una forma igualmente fácil de impedir que los diminutos espermatozoides penetren en el pequeño espacio donde el óvulo aguarda. Esperemos que ese día llegue cuanto antes para que el problema del aborto sólo aparezca en periódicos y libros de historia viejos y polvorientos.

14

ENFERMEDADES DE TRANSMISIÓN SEXUAL

Enfermedades venéreas

¿Por qué a la sífilis y la gonorrea se las llama enfermedades venéreas?

El término «venéreo» hace referencia a Venus, la diosa del amor. Por eso resulta tan inapropiado. La gente no transmite esa clase de enfermedades a la persona que ama, ni ama a la persona que se las transmite; una vez que se enterara, claro.

Hoy día la expresión «enfermedad venérea» hace referencia a cualquier enfermedad transmitida por contacto sexual.

Ésta era la primera pregunta que aparecía en el capítulo sobre enfermedades venéreas de la primera edición de este libro. Desde entonces las cosas han cambiado mucho.

En primer lugar, ya no llamamos a estas enfermedades «venéreas». La referencia a la diosa del amor resultaba excesivamente romántica. Ahora las llamamos «enfermedades de transmisión sexual» o ETS.

En segundo lugar, antes las enfermedades venéreas eran cinco: sífilis, gonorrea, chancroide, linfogranuloma venéreo y granuloma inguinal. La gonorrea era el trastorno más frecuente, seguida de algunos casos de sífilis que aún deambulaban por ahí. Las tres enfermedades restantes eran excepcionales y sólo se veían en las salas de enfermedades venéreas de los hospitales públicos. Hoy en día, en cambio, hay más ETS que signos del zodiaco.

¿Cuántas son?

Depende del criterio de clasificación, pero he aquí una lista parcial:

- VIH-sida
- Candida
- Chancroide
- Clamidia
- Ladilla
- Papilomavirus humano (condiloma acuminado)
- Gonorrea
- Granuloma inguinal
- Hepatitis A
- Hepatitis B
- Hepatitis C
- Herpes simple
- Linfogranuloma venéreo
- Enfermedad inflamatoria pélvica
- Sífilis
- Tricomoniasis
- Vaginosis bacteriana

En total suman 18, y cada año aparecen otras nuevas. En los Centros para el Control y la Prevención de las Enfermedades de Estados Unidos se registran cada año entre 10 y 12 millones de nuevos casos de enfermedades de transmisión sexual.

¿Cada año se descubren nuevas ETS?

No necesariamente nuevas, pero sí estamos descubriendo que algunas enfermedades de toda la vida pueden transmitirse por vía sexual. Un ejemplo es la hepatitis C. No hace mucho se descubrieron casos de este tipo de hepatitis transmitida por contacto sexual. De hecho, la lista puede ser bastante exótica, como demuestra la siguiente historia:

Un trabajador de una fábrica de automóviles de Detroit que estaba en Miami de vacaciones conoció a una prostituta en un bar. La mujer le invitó a su habitación para mantener relaciones sexuales. Dos semanas más tarde, de regreso en Detroit, el hombre descubrió que tenía gonorrea. Un año después, de nuevo en Miami, encontró a la misma prostituta en el mismo bar y ésta le invitó a su habitación. El hombre sacudió la cabeza.

—¡Ni lo sueñes! El año pasado me pasaste la gonorrea

La mujer sacudió la cabeza.

—¡No fue culpa mía! Cuestión de mala suerte. ¡Dame otra oportunidad!

El hombre se encogió de hombros y subió a la habitación de la prostituta.

De vuelta en Detroit, no tardó en descubrir que tenía sífilis. Y un año más tarde, estando de vacaciones en Miami, vio a la misma chica en el mismo bar. Ésta se acercó, le posó un brazo alrededor del cuello y murmuró:

—Eh, muchachote, ¿quieres divertirte?

El hombre frunció el entrecejo.

—¡Diantre! ¿Qué vendes este año? ¿Cáncer?

¿Se puede contraer cáncer por vía sexual?

Hablaremos de ello más adelante. Antes, lo peor que se podía pillar por realizar el coito era la infección bacteriana conocida como sífilis. Si la víctima acudía pronto al médico, la penicilina u otro antibiótico acababa rápidamente con la enfermedad. Ahora, sin embargo, la situación es diferente. En la actualidad, enfermedades que antes eran insignificantes están empezando a atacar los órganos sexuales y a crear muchos problemas. ¿Quién iba a imaginar que la pupa que nos apareció en el labio la noche antes del baile del instituto iba a volver para atormentarnos?

¿Una pupa puede afectarnos sexualmente?

Así es. Esa molesta pupa que el maquillaje no consigue ocultar se debe a un virus conocido como «herpes simple». En el labio de la boca es una lata; en el labio de la vulva o en el pene es un tormento. El herpes simple de tipo 2 puede infectar los órganos sexuales del hombre y de la mujer.

La historia comienza así: un día nota una pequeña pupa, o dos, en la punta del pene o cerca de la entrada de la vagina. «Mmmm, ¿qué es esto?», se dice. Al día siguiente las pupas revientan y se transforman en pequeñas úlceras muy molestas. Las mujeres sienten dolor al orinar. En los hombres dichas úlceras pueden resultar muy dolorosas al rozar con el pantalón o el calzoncillo. Y duran varias semanas.

¿Qué debe hacer la persona que padece herpes simple?

Visitar a su médico sin pérdida de tiempo. El tratamiento consiste, sencillamente, en administrar un medicamento antiviral para aliviar los síntomas lo antes posible. Por regla general, el dolor y el malestar desaparecen y las úlceras cicatrizan. Pero la cosa no acaba aquí.

Tarde o temprano las pequeñas pupas reaparecen. El segundo ataque no es tan severo y el tratamiento antiviral es el mismo. Con todo, no le quepa duda de que volverán. Entonces toca más medicamento y cicatrización. Casi todos los pacientes sufren recurrencias y no les queda más remedio que vivir con ellas. A estas alturas ya no hay «cura». Lo único que puede hacerse es evitar todo aquello capaz de favorecer la recidiva. Cada persona es diferente, pero he aquí una pequeña lista de las cosas que hay que evitar:

1. Estrés, tanto emocional como físico.
2. Fatiga.
3. Otras infecciones.
4. Marihuana.
5. Sexo enérgico con mucho roce.
6. Menstruación.
7. Luces ultravioletas.
8. Embarazo.
9. Problemas con el sistema inmunológico.

¿Qué se puede hacer con respecto al herpes simple?

Lo mejor es evitarlo. Algunas medidas son obvias, como, por ejemplo, no dejar que nadie le haga una felación o un cunilingus si tiene una pupa en el labio. Y aun así no es tan sencillo. Aunque la persona no tenga pupas ni otros síntomas aparentes, puede alojar el virus en los tejidos bucales y extenderlo a sus partes más sensibles.

Utilice siempre condón. Eso impide que los virus que puedan rondar por la vagina o el pene sean traspasados y provoquen una infección. Por desgracia, en el caso del herpes no siempre funciona, porque el virus puede estar en la piel que rodea los órganos sexuales, zona que el condón no cubre.

Elija cuidadosamente a su pareja. Aunque pueda sonar desapasionado, hoy en día es muy sensato comprobar que la pareja sexual no tenga pupas, úlceras o granos en los órganos sexuales. Hay formas discretas de hacerlo. No es necesario meterse en la cama con una linterna. Pero no tema hacer preguntas. Puede decir algo como: «El otro día leí que el 20 % de la gente tiene herpes...» Si su nuevo amigo echa una rápida mirada a su zona pubiana, siga hablando.

O puede ser más directo: «Mira, me gustas mucho, pero también me gusta el sexo. Si tienes herpes u otra enfermedad que pudiera pillar, te ruego que me lo digas para que puedas seguir gustándome.»

No hay duda de que se trata de una pregunta muy personal, pero también lo es su felicidad sexual.

Preguntar a la otra persona si tiene herpes, sin embargo, no resuelve el problema. Aunque la respuesta sea honesta, el 75 % de la gente que padece herpes simple lo ignora. No sólo eso. Uno de cada cinco estadounidenses mayores de trece años está infectado. Se calcula que entre 40 y 60 millones de estadounidenses padecen herpes en la actualidad. Mañana la cifra será mayor.

La mejor solución es buscar una pareja sexual de la que sepa con certeza que no padece ninguna ETS y no separarse de ella. Y, por supuesto, asegurarse de que dicha pareja no se separe de usted. Desgraciadamente, el riesgo es cada día mayor.

¿Por qué lo dice?

Por el VIH —virus de inmunodeficiencia humano— o la peor enfermedad que ha azotado al mundo desde la peste bubónica de 1348. No se puede decir nada bueno sobre este organismo. Es un virus maligno que penetra en las células de la víctima en lugar de vivir fuera, donde es fácil de atrapar. Cambia constantemente, de modo que la vacuna creada hoy tal vez no funcione la semana que viene. Conduce, casi ineludiblemente, a una enfermedad llamada «síndrome de inmunodeficiencia adquirida» o sida. El sida destruye el sistema inmunológico de la víctima, por lo que cualquier enfermedad que aparece puede engullirla de un bocado. Y lo peor de todo es que hace que la historia del hombre de Detroit sea cierta. El sexo puede provocarle cáncer si contrae el sida.

¿Cómo?

Existe una clase de cáncer relativamente rara (salvo en personas con sida) llamado «sarcoma de Kaposi». Es un cáncer de piel que con el tiempo se extiende por todo el cuerpo y acaba por provocar la muerte si el paciente de sida no ha muerto antes de otra complicación. En ocasiones el sida también produce linfoma, un cáncer igualmente mortal que afecta al sistema linfático.

Por esta razón distinguimos entre VIH y sida. Técnicamente, el VIH es el virus que se halla en la sangre sin presentar síntomas. Cuando la persona con VIH empieza —casi inevitablemente— a mostrar síntomas, se dice que tiene el sida, esto es, el «síndrome» o colección de síntomas que conforman la enfermedad.

Una explicación exhaustiva del VIH-sida abarcaría todo este capítulo, todo este libro y quizá toda una enciclopedia. Mi intención es informarle de los hechos más importantes referentes a esta enfermedad que todavía desconoce. Por ejemplo, la verdad sobre su prevención y sobre los preservativos.

¿Protege el preservativo contra el VIH-sida?

Sí, no y quizá. La campaña implacable —y valiosísima— que promociona el uso del preservativo para evitar el VIH-sida no cuenta toda la historia. Para animar a las masas a actuar hace falta simplificar. Por ejemplo, las campañas contra la rabia instan a la gente a vacunar a sus perros una vez al año aun cuando el efecto de la vacuna contra dicha enfermedad dura dos años. Con todo, es la forma de hacer que la campaña alcance a tantos dueños de perros como sea posible.

El VIH-sida representa un problema mayor. La enfermedad se transmite fácilmente por vía sexual, es casi siempre mortal y no tiene cura. ¿Qué podemos decir a los miles de millones de personas que practican el sexo un día tras otro? Les decimos lo único que podemos decirles: «¡Utilice preservativo!» Es cierto que esa medida ayuda a reducir el número de casos nuevos, pero es preciso analizar la verdadera protección que brinda a una persona concreta en un acto sexual concreto.

(Permítame hacer una pausa para decir lo siguiente: lo que viene a continuación es un análisis médico-científico basado en investigaciones actuales. En ningún momento recomiendo el sexo sin preservativo. Si alguien afirma lo contrario, me enojaré mucho —una forma educada de decir que llamaré a mi abogado.)

De acuerdo con una cuidadosa investigación, el preservativo protege eficazmente contra el VIH-sida un 69 % de las veces. Otro examen sugirió que con un uso «sistemático», la protección es de un 90 % o 95 %. Según otro estudio, teniendo en cuenta la forma «real» en que la gente utiliza el preservativo, éste no conseguía proteger contra el VIH-sida el 9,7 % de las veces. Otra investigación declaraba que casi el 8 % de los condones se rompía o se salía durante el coito o se rompía en el momento de sacarlo. Otro 7 % de los casos se salía mientras se estaba retirando. Estas cifras transmiten un mensaje importantísimo, un mensaje de vida o muerte.

¿Qué mensaje?

Que los condones no son perfectos. A fin de cuentas, el grosor de un preservativo corriente es la septingentésima parte de un milímetro. Esa delgadez es cuanto se interpone entre usted y una terrible enfermedad mortal. Un 1,5 % de los preservativos comprados al azar para un estudio reciente reventaron al probarlos. Para colmo de males, es imposible comprobar previamente la eficacia de un condón. Si lo infla, puede debilitarlo y aumentar así las posibilidades de que falle en el momento crucial.

Entonces, ¿qué se puede hacer?

Analizar la situación detenidamente. Los condones no son perfectos. Tomemos la estadística más optimista, la que parece demasiado buena para ser verdad. Supongamos que el preservativo protege contra el VIH-sida un 95 %. Eso es lo mismo que llevarse un revólver a la sien y apretar el gatillo sabiendo que sólo tiene un 5 % de probabilidades de levantarse la tapa de los sesos. Esa bala puede atravesarle el cráneo al primer disparo o al nonagésimo, pero tarde o temprano lo hará.

¿Qué ocurre, sin embargo, con el estudio científico que asegura que el condón sólo protege el 69 % de las veces? De ser cierto, es probable que el tercer disparo le mate. En otras palabras, aun cuando utilice condón, por término medio una de cada tres cópulas con una persona infectada le expondrá al VIH-sida.

Como ya dijimos, las estadísticas son maravillosas pero se asemejan a un biquini. Lo que revelan es interesante, pero lo que ocultan es trascendental. Si usted es el hombre o la mujer que contrae el VIH-sida por un fallo en el preservativo incluido en ese 5 % (o 31 %), en lo que a usted respecta es como si nunca hubiese utilizado condón.

Por eso algunos observadores analíticos han surgido con la teoría radical de que TEÓRICAMENTE usted correría un riesgo menor de contraer el VIH-sida si no empleara preservativo. (Recuerde: no recomiendo no utilizar preservativo.)

Se trata de un razonamiento interesante. Si confía en que el condón le protege, se acostará con gente de la que no está realmente seguro. ¿Recuerda al tipo de los tatuajes que conoció en aquel bar? ¿Lo haría con él sin condón? ¿Qué me dice de esa chica tan atractiva de la fiesta que va con manga larga pese al calor? ¿Intenta ocultar unos brazos delgados o las marcas de una aguja? ¿Lo haría con ella sin condón?

Si cree que el condón ofrece una protección total, puede que corra el riesgo. Pero si quiere practicar el sexo sin condón, probablemente no se arriesgará.

He aquí el mensaje salvavidas que se deduce de todo esto: no tenga trato sexual con nadie a menos que esté personalmente convencido de que no correría ningún riesgo si lo hiciera sin preservativo. Y entonces,

¡UTILICE PRESERVATIVO!
¡Utilice SIEMPRE preservativo!
¡SIEMPRE!

¿Hay algo más seguro que el condón?

Desde luego. Dos condones. No es ninguna broma. Utilizando dos preservativos el riesgo de rotura se reduce casi a cero. Se preguntará usted qué se puede sentir con dos condones. La respuesta es: seguridad.

A veces uno se halla en situaciones en que cree que no debería tener contacto sexual pero le cuesta aguantarse, en fin, ya sabe de qué hablo. Es el momento de doblar la protección. ¿Qué más da que sólo disfrute la mitad? Recuerde, el VIH-sida es para siempre.

En el caso de otras prácticas sexuales, como, por ejemplo, el sexo oral, ¿cómo se utiliza el condón?

No existen condones para lengua, pero sí existe lo que llaman «diques dentales», unos cuadrados hechos con látex, como los preservativos. El cuadrado debe colocarse sobre el clítoris y la entrada vaginal de la mujer antes de hacerle el cunilingus. No parece muy divertido, a menos que el látex le ponga cachondo, pero es mejor que el VIH-sida o cualquier otra ETS.

Puede mejorarlo lavando primero el látex y untando un lubricante soluble al agua por un lado y un lubricante con sabor por el otro. Si durante el «banquete» el látex se desprende, asegúrese de que no lo recoloca al revés y empieza a lamer el lado que estaba en contacto con la mujer.

Existe una versión casera de fabricación instantánea. Corte la punta de un condón —sin lubricar y sin Nonoxinol 9 (el espermicida que contienen algunos preservativos)—, ábralo a lo largo y aplique sus propios lubricantes. Sigue existiendo, sin embargo, un inconveniente.

¿Cuál?

Como habrá imaginado, para sostener el látex le harán falta las dos manos, y eso afectará su técnica. Pero hay una solución para cada problema. Si la mujer lleva puesto un portaligas, puede utilizar los broches para sujetar el cuadrado de látex. Eso le dejará las manos libres. Y a ella se le caerán las medias.

La protección al practicar el sexo oral en un hombre es más sencilla. Sólo hay que utilizar un preservativo sin lubricación ni N-9. La posibilidad de contraer el VIH-sida no es tan elevada como en el coito, pero de todas maneras existe. Sé que lamer látex no es lo mejor del mundo, pero es preferible a palmarla.

¿De qué otras formas, aparte del coito vaginal y el sexo oral, puede contraerse el VIH-sida?

El sexo anal es el más arriesgado. El ano no está diseñado para recibir un pene duro y largo y la penetración desgarra los vasos sanguíneos. Por eso la mayor parte de casos de VIH-sida corresponde a homosexuales varones.

Las mujeres también corren un mayor riesgo que los hombres al realizar el coito vaginal. Algunas cifras indican que la probabilidad de que la mujer contraiga el VIH-sida mediante el coito es cuatro veces mayor que la del hombre debido al volumen de semen infectado que recibe, así como a la mayor superficie y vulnerabilidad del revestimiento vaginal. Si realiza el coito durante la menstruación, el riesgo aumenta.

Cualquier contacto con fluidos corporales constituye una amenaza. El virus del sida se halla en la sangre, la leche humana, el sudor, las lágrimas y la orina. También puede estar presente en las heces y el vómito. La enfermedad se transmite asimismo mediante el uso compartido de cuchillas de afeitar, cañas para esnifar cocaína o agujas hipodérmicas. Los trabajadores de los hospitales pueden infectarse a través de las agujas o la sangre de pacientes infectados si les entra en la nariz o en los ojos. (Una cosa más de la que tenemos que preocuparnos los médicos.)

Pero existe otra vía posible de contagio de la que nadie quiere hablar demasiado.

¿Cuál?

Los insectos. Supongamos que un mosquito muerde a alguien que tiene el VIH-sida, le chupa la sangre, cruza la calle volando y le pica. ¿Puede transmitirle el VIH-sida?

Es una pregunta razonable que precisa respuesta. Los insectos, cuando pican, extraen sangre, y la sangre es portadora del virus. La explicación oficial dice que no puede contraerse el VIH-sida a través de los insectos porque:

- La gente portadora del VIH-sida no siempre tiene elevadas concentraciones de virus en la sangre.
- Los insectos retienen poca sangre en sus estructuras bucales.
- Los insectos no suelen ir a por otra persona inmediatamente después de haber picado a alguien.

Es comprensible que las autoridades sanitarias teman crear el «pánico» entre la población. Con todo, el VIH-sida es una enfermedad terrible, y en mi opinión todo el mundo tiene derecho a saber la verdad sobre ella para poder protegerse. Y la verdad es ésta:

- Los portadores del VIH-sida pueden tener una concentración elevada de virus en la sangre en el momento en que el insecto la chupa (ley de Murphy).
- ¿Cuánta sangre infectada con el VIH-sida quiere que entre por su piel?
- Tal vez los insectos no acostumbren «ir a por otra persona inmediatamente después de haber picado a alguien», pero quizá lo hagan justo la noche que usted está sentado en la terraza de su casa (ley de Murphy).

Estudios científicos han demostrado que el VIH puede existir en los siguientes insectos:

1. Mosquito.
2. Mosca de la fruta.

3. Mosca mediterránea.
4. Tábano.
5. Chinche.
6. Garrapata.

También se ha demostrado que el virus sobrevive durante ocho días en las chinches y diez en las garrapatas. Según varios estudios científicos, existe acuerdo en que los insectos podrían ser una fuente del virus del sida.

¿Significa eso que los insectos pueden transmitir el VIH-sida?

No necesariamente. Pero tampoco significa que no puedan. He aquí los tres eslabones de una posible cadena:

- El VIH-sida sobrevive durante una semana o más en los insectos succionadores de sangre más comunes.
- La sangre infectada con el VIH-sida puede llegarles a la boca o el cuerpo.
- Cuando muerden a las personas, extraen sangre y a veces regurgitan en ellas. (Forma educada de decir que los insectos vomitan sobre la piel.)

Creo que todo esto debe saberse porque la ciencia moderna no es perfecta. En ocasiones los investigadores cometen errores o hacen descubrimientos que no coinciden con sus opiniones iniciales. Le cuento esto porque no quiero abrir un día una revista científica y leer: «Ah, por cierto, acabamos de descubrir que los insectos transmiten el VIH-sida. ¡Lo sentimos!»

El mejor consejo es no correr riesgos. Evite las picaduras de insectos siempre que pueda. Si hay insectos en el ambiente, lleve prendas de manga larga y pantalones largos, utilice un repelente contra insectos e incluso permanezca en lugares cerrados. Si hace todo lo demás para protegerse del VIH-sida, con todo el sacrificio que representa, sería una pena que contrajera el virus por culpa de un mosquito o un tábano.

¿Protege el preservativo contra todas las ETS?

Por desgracia, no. Como ya hemos visto, no es totalmente eficaz contra el herpes.

Funciona muy bien frente a la gonorrea porque esta enfermedad infecta el tracto urinario. En los hombres la bacteria de la gonorrea sale por la uretra para infectar a la pareja y entra por la uretra para infectar al hombre. (Recuerde que la uretra discurre por el centro del pene.) Si coloca un condón en el pene, frenará el torrente bacteriológico. Además, la gonorrea no suele considerarse una enfermedad mortal, tal como ilustra esta historia:

Marlene y Melanie estaban charlando en el salón de belleza cuando la primera preguntó a la segunda:

—¿Qué ha sido de Emily?

—¿Emily? Murió.

—¿Murió? Pensaba que estaba saliendo con Charlie, el levantador de pesas. ¿De qué murió?

—De gonorrea.

Marlene arrugó la frente.

—¿Gonorrea? ¡Nadie muere de gonorrea!

Melanie se encogió de hombros.

—Sí, si se la pasas a Charlie, el levantador de pesas.

Si la gonorrea no mata, ¿por qué hay que preocuparse por ella?

Porque Marlene se equivoca. La gonorrea sí mata. No ocurre a menudo, pero muchas personas han muerto por su causa. Además de eso, existen otras tres razones muy importantes para preocuparse por la gonorrea.

En primer lugar, porque han surgido nuevas cepas de gonorrea inmunes a casi todos los antibióticos corrientes disponibles. Cuando los antibióticos aparecieron, la penicilina extinguió la gonorrea de un manotazo. Hoy en día se necesita un fármaco especialmente poderoso y caro para combatir el mal.

En segundo lugar, se trata de una enfermedad muy común, por lo que la mayoría de la gente no se la toma en serio. En las grandes ciudades constituye un problema serio. Por ejemplo, Newark (Nueva Jersey), recibió hace poco el galardón de Capital de la Gonorrea (per cápita) de Estados Unidos, con 942,5 casos declarados por cada 100.000 habitantes. En este país aparecen cada año un millón de casos nuevos de gonorrea, pero la cifra real probablemente sea el doble o superior, pues muchos casos no se declaran.

La tercera razón por la que la gonorrea debe tomarse en serio es porque aunque raras veces mata, puede provocar esterilidad. La gonorrea es una de las principales causas de la enfermedad inflamatoria pélvica o EIP. Ésta se produce cuando una infección existente en la vagina y la cérvix se extiende hasta el útero, las trompas de Falopio y los ovarios. Puede incluso alcanzar la cavidad abdominal, y entonces sí es capaz de matar.

¿Es la EIP un trastorno muy frecuente?

Cada año aparecen en Estados Unidos millones de casos. Nadie sabe cuántos exactamente, pues los médicos no informan de todos los casos a Sanidad. La mayor parte de las EIP son causadas por la gonorrea u otra infección conocida como «clamidia». (Hablaremos de este problema en breve.)

Como ocurre con toda enfermedad, cuanto más se exponga alguien a ella más posibilidades hay de que se contagie. Las mujeres que mantienen relaciones sexuales con más de un hombre tienen un 500 % más de probabilidades de contraer la EIP, y las que utilizan el DIU, un 350 %. El problema, al parecer, es el pequeño cordel del DIU que baja por la vagina desde el útero. Las infecciones vaginales pueden trepar fácilmente por él hasta más allá del útero.

Existe otro aspecto interesante con respecto a la EIP causada por la gonorrea. Alrededor del 70 % de las mujeres de este grupo se infecta durante la primera semana posterior a la menstruación. Este elevadísimo porcentaje puede deberse al hecho de «viajar a dedo».

¿Viajar a dedo?

Así es. Si la mujer realiza el coito durante la menstruación, los gérmenes de la gonorrea pueden subirse al carro del esperma para formar una especie de equipo. Ello contribuye a extender la infección al útero, las trompas de Falopio y los ovarios.

La EIP es tremenda. Aunque la infección desaparezca, alrededor del 12 % de las mujeres queda estéril para siempre. Tras la segunda infección, el índice de esterilidad alcanza el 25 %. En el caso de producirse una tercera, el porcentaje de mujeres que ya no pueden tener hijos es del 50 %. Y aun cuando puedan tenerlos, el riesgo de sufrir un embarazo ectópico —fuera del útero— aumenta un 1.000 %. Esto se debe a que las cicatrices producidas en las trompas de Falopio aumentan las posibilidades de que el óvulo fecundado se aferre a ellas en lugar de implantarse en el revestimiento del útero.

¿Cómo se trata?

Antes de hablar de eso, el mejor consejo que puedo darle es: ¡No se deje infectar! Utilice preservativo aunque la protección que brinda sea limitada. No haga tonterías. Elija sabiamente a su pareja. ¿Conoce la historia de la prostituta que estaba haciendo una felación a un cliente? Se encontraba en plena labor cuando el cliente le dijo:

—Esta semana voy un poco mal de dinero. ¿Te importa si te pago con un vale para el restaurante nuevo de la esquina? Sólo por esta vez.

La mujer levantó la cabeza y repuso:

—De acuerdo, sólo por esta vez. Pero ¿estás seguro de que es un restaurante limpio?

He ahí el problema. La gente elige a su pareja sexual con menos escrúpulos que el restaurante donde come.

Los síntomas de la EIP son: dolor en la parte inferior del abdomen, secreciones vaginales de aspecto purulento y fiebre. Si aparecen estos síntomas, sobre todo durante la semana siguiente a la menstruación, visite a su médico de inmediato. La EIP se trata con antibióticos cuidadosamente seleccionados. Si la enfermedad no desaparece pronto, quizá el siguiente paso sea el ingreso en un hospital. Podría formársele un absceso ovárico (un saco lleno de pus en el ovario) y la única solución sería una intervención quirúrgica. La gonorrea también puede producir obstrucción intestinal o septicemia (conocida comúnmente como «envenenamiento sanguíneo»). Esta clase de complicaciones demuestran que Marlene se equivoca y confirman que la gonorrea es capaz de matar.

Otro detalle que hay que tener en cuenta es que la gonorrea y la mayoría de las ETS hacen a quien las padece mucho más vulnerable al VIH-sida.

Ha hablado de la clamidia. ¿Qué es?

La clamidia es una extraña bacteria que se remonta al Antiguo Egipto y existe de muchas formas, algunas de ellas bastante sorprendentes. Una, por ejemplo, es la «clamidia tracomatis», que provoca una enfermedad llamada «tracoma». Actualmente unos 500 millones de personas de todo el mundo están infectados y siete millones sufren ceguera como consecuencia de ella.

La clamidia también es capaz de infectar a los órganos sexuales, y aunque ahí no puede causar ceguera, sí puede hacer otras cosas. Hoy día esta bacteria parece hallarse en todas partes. La clase que afecta a los órganos sexuales es la ETS bacteriana más frecuente en Estados Unidos. La clamidia y la gonorrea son las responsables del 90 % de todas la EIP.

Se trata, además, de una infección muy contagiosa. Cada año aparecen 90 millones de casos nuevos en el mundo, cuatro de ellos en Estados Unidos. Para colmo, la infección esteriliza a unas 50.000 mujeres estadounidenses cada año. Y es una enfermedad extraña. Parece que la píldora anticonceptiva hace a la mujer más resistente a la gonorrea. (Tome nota: «resistente» no significa «inmune».) ¡Pero la misma píldora la hace más vulnerable a la clamidia! No hay duda de que las ETS han hecho el mundo más complicado.

Los hombres también pueden padecer la versión sexual de la clamidia, si bien, por lo general, no presentan síntomas. Eso significa que pueden contagiarla a mujeres sin saberlo. Las mujeres no salen mucho mejor paradas en este aspecto. Alrededor del 60 % de los casos de clamidia femenina no se detecta pero puede causar la EIP y otros problemas. Además, los niños que nacen de madres infectadas a menudo contraen serias infecciones de clamidia en los ojos.

La mejor solución es hacerse la prueba de la clamidia y, si sale positiva, tomar los antibióticos necesarios para erradicar la infección. Eso es todo. Pero asegúrese de hacerlo antes de que sea demasiado tarde. Las precauciones, obviamente, son las mismas que en la gonorrea: evite todo contacto sexual a menos que se atreva a utilizar el cepillo de dientes de la otra persona, pues si se acuesta con ella utilizará elementos que pueden transmitir cosas mucho peores que el cepillo.

Mejor aún, busque a una persona a quien pueda amar y en quien pueda confiar y organice su vida sexual en torno a ella. Siempre ha sido una buena idea, pero ahora es aún mejor, puesto que puede salvarle la vida en el proceso.

¿Salvar la vida? ¿Tan terribles son las ETS?

Juzgue por sí mismo. Existe otra enfermedad que ha empezado a destacar últimamente llamada «papilomavirus humano» o PVH. «Papiloma» viene de la palabra latina *papilla*, que significa «pezón» y la palabra griega *oma* que significa «tumor». Como dijo alguien, ninguna palabra que sea medio latina y medio griega encierra nada bueno.

Esa persona hablaba, naturalmente, de la palabra «televisión», pero es aún más pertinente en el caso del PVH. Se trata de una enfermedad que podría haberla inventado un científico chiflado procedente de Marte. Un papiloma es un tumor cutáneo benigno (no canceroso), y ése es el aspecto del PVH. Pero no se deje engañar.

Generalmente parecen verrugas, pero surgen en la entrada de la uretra, el prepucio o el cuerpo del pene. A veces también aparecen en torno al ano y la vagina, a veces incluso en su interior. Durante años recibieron el nombre de «condilomas acuminados», y no fueron tomados en serio. Ahora se los toma muy en serio.

¿Por qué?

Resulta que estos pequeños tumores —que en realidad no son simples verrugas— los causa un virus muy especial. ¿Recuerda que de niños temíamos que nos aparecieran verrugas por tocar sapos? Bueno, no le saldrán verrugas de PHV por tocar sapos, pero sí por tocar otras cosas, como un pene o una vagina.

El papilomavirus humano es bastante contagioso y suele transmitirse a través del coito. Si tiene un papiloma en el pene o la entrada de la vagina, por ejemplo, es casi seguro que hay virus y que puede pasárselo a otra persona. También es probable que conserve el virus en su propio cuerpo el resto de su vida. Aunque ahora mismo no tenga papilomas, si los ha tenido en el pasado posiblemente pueda contagiarle el virus a su pareja.

¿Y le aparecerán los papilomas?

Depende, en gran medida, de la fortaleza de su sistema inmunológico, pero probablemente, sí. Con todo, hay una buena noticia. La mayor parte de las veces estos papilomas desaparecen por sí solos entre los tres y los seis meses. El virus, sin embargo, permanece. Y de vez en cuando los papilomas pueden reaparecer sin previo aviso. Existe otro problema.

¿Cuál?

El papilomavirus humano produce cáncer. Como dijo uno de mis pacientes: «¿Qué está ocurriendo en el mundo, doctor? ¡Uno ya no puede ni divertirse! Antes, si te acostabas con la persona equivocada podías pillar la gonorrea. ¡Ahora hasta puedes pillar cáncer y palmarla!»

Lo cierto es que hay mucha verdad en eso. Ahora se sabe que

una infección de PVH puede provocar cáncer de cérvix, pene, clítoris-labios-vestíbulo vaginal, vagina, uretra y ano. El cáncer de cérvix es especialmente grave y el segundo más frecuente en la población femenina mundial. Se trata de un cáncer malvado que ha matado a millones de mujeres.

Por fortuna, no todas las noticias son malas. Existen unas veinte clases diferentes de PVH que causan tumores en los órganos sexuales. Los que generan esas «verrugas» son, generalmente, del tipo 6 y 11 y muy raras veces desembocan en un cáncer.

Por otro lado, el hombre puede tener el virus alojado en el fondo de la uretra, el conducto que transporta el semen y la orina por el centro del pene. Si eso ocurre, es probable que esté llenando de virus la vagina de su pareja cada vez que eyacula.

Si el PVH es tan peligroso, ¿cómo evitar el contagio?

No es fácil. El condón no cubre todas las zonas donde se aposenta el virus y eso significa que sólo brinda entre un 10% y un 50% de protección. O lo que es lo mismo, de cada dos disparos de revólver saldrá una bala. Con suerte, de cada diez. Los espermicidas ayudan un poco, pero es imposible aplicarlos en todas partes, especialmente en ciertos orificios donde crecen estas verrugas. Resulta tan difícil protegerse de este virus que es de agradecer que no sea el del sida.

Como siempre, la mejor solución consiste en no exponerse. Lo cierto es que tal y como están las cosas, es preferible masturbarse a acostarse con alguien a quien no se conoce.

¿Hay otras ETS de las que preocuparse?

No necesariamente, si bien debería conocerlas. Por ejemplo, existe una enfermedad que afecta a la vagina. Se llama «vaginosis bacteriana» y no sólo tiene de extraño el nombre. En la terminología médica utilizamos la terminación «itis» para indicar la infección de un órgano. Por ejemplo, amigdalitis es una infección en las amígdalas. La vaginosis, en cambio, implica la vagina pero no necesariamente una infección de la misma.

Exceptuando una secreción vaginal moderada, la enfermedad no presenta síntomas. Las mujeres que la padecen, no obstante, corren un riesgo mucho mayor de sufrir un aborto infeccioso o un parto prematuro. Hasta el diagnóstico es inusual. El médico toma un poco de secreción vaginal, lo coloca en una platina, lo trata con una sustancia química corriente y ¡retrocede diez mil años! Puede decirse que determina el diagnóstico oliendo la muestra. Si huele a pescado o moho, probablemente es vaginosis bacteriana.

Pero el misterio no termina aquí. No existen pruebas de que el hombre transmita esta infección a la mujer. Sin embargo, si utiliza preservativo la incidencia de la vaginosis disminuye espectacularmente.

La vaginosis bacteriana se trata con antibióticos administrados por el médico. Los resultados suelen ser satisfactorios.

¿Existen otras infecciones vaginales?

Sí, dos variedades importantes que, junto con la vaginosis bacteriana, suman el 90 % de todas las infecciones vaginales.

La primera se llama «tricomona» y es muy extraña. No la produce ninguna bacteria ni ningún virus, sino un animal que vive dentro de la vagina. Como habrá imaginado, es un animal muy pequeño, del tamaño aproximado de una ameba. Pertenece a la misma familia que el «protozoo», el animal unicelular más sencillo. El nombre entero del animal es «tricomona vaginal» y causa alrededor del 25 % de todos los casos de vaginitis.

A las mujeres no les gusta esta enfermedad porque provoca secreciones verdosas y malolientes. También tremendos picores en la zona que rodea la vagina, lo cual es difícil de soportar cuando se tiene una entrevista de trabajo, una primera cita o una visita a la futura suegra. También supone un problema para las camareras, azafatas y modelos.

Los hombres la detestan porque el acto sexual resulta doloroso para la mujer, lo que hace que el sexo desaparezca temporalmente de sus vidas. El tricomona es una ETS y, además, una infección que recuerda a un partido de tenis. El hombre contrae la enfermedad de la mujer y a partir de ahí se la van pasando. El partido continúa indefinidamente a menos que el médico le ponga fin. Eso significa que para exterminar por completo esos millones de animalitos tiene que tratar a la mujer y al hombre al mismo tiempo.

Existe otra infección vaginal frecuente y molesta que no la provoca ninguna bacteria, ningún virus y ningún animal.

¿Qué la provoca entonces?

Aunque cuesta imaginarlo, una levadura. Se llama «candida albicans» y suele portarse muy bien. Alrededor del 30 % de las mujeres tienen esta levadura creciendo normalmente en su vagina sin mostrar síntomas. Pero en ocasiones, si la mujer toma la píldora anticonceptiva o antibióticos orales, la levadura se multiplica de manera descontrolada. Se parece a la forma en que la levadura crece al hacer pan. Los resultados, sin embargo, son muy diferentes.

La mujer produce una secreción blanca y espesa que casi parece una «cuajada». También sufre terribles picores. Curiosamente, la vagina en sí no escuece porque no tiene la clase de terminaciones nerviosas capaces de «sentir» picor. Sin embargo, cuando la enfermedad se extiende fuera de la vagina, los picores son tremendos.

El tratamiento es sencillo y eficaz, si bien la infección tiene la fastidiosa manía de volver una y otra vez. Una de las razones de ello es la irrigación vaginal, fenómeno que altera el «ecosistema» de la vagina. No hay motivo para introducir líquidos en ésta a menos que el médico así lo aconseje. (Tal y como están las cosas en la actualidad, probablemente hasta debería pensarse dos veces lo de permitir el vertido de semen en la vagina, a menos que desee tener hijos.)

Otra forma útil de evitar las infecciones recidivantes de levadura guarda relación con la forma en que crece una hogaza de pan. La levadura se reproduce más rápidamente en un entorno caliente, oscuro y húmedo. Eso describe bastante bien la vagina, ¿no le parece? La mujer puede ayudar a prevenir la reaparición de la infección reduciendo el nivel de humedad de la misma, y ello se consigue no llevando ropa interior siempre que sea posible. Ese pequeño secado de la atmósfera frena en gran medida la levadura. Cuando sea necesario llevar ropa interior, lo mejor es que sea de algodón y holgada. No es muy elegante, pero tampoco lo es rascarse cuando pica.

Hablando de pan, existe un pequeño riesgo para quienes trabajan con este producto.

No hace mucho una mujer acudió a su médico porque padecía una infección vaginal causada por un tipo de levadura poco corriente. El médico, interesado en identificar el organismo exacto que había provocado la infección, pidió un análisis a un laboratorio. Cuando obtuvo los resultados, comprobó que la infección vaginal provenía de un tipo específico de levadura encontrado en dos lugares. Uno era la pizzería donde trabajaba el marido. El otro, los dedos de éste. Moraleja: «Lávese las manos después de amasar pan.»

Técnicamente, una infección de candida no se considera una ETS, pero puede llegar a serlo. Como con el triconoma, la mujer puede infectar la cabeza del pene o, si el hombre no está circuncidado, la levadura puede crecer bajo el prepucio. Es entonces cuando el hombre también precisa tratamiento, el cual es sencillo y eficaz.

¿Qué otras ETS importantes hay?

Existen dos infecciones que la mayoría de la gente no sabe que pueden transmitirse por vía sexual. Al menos tres tipos de hepatitis —inflamación del hígado— pueden transmitirse de ese modo. Son las hepatitis A, B y C. La hepatitis A suele contagiarse a través del sexo anal, y las otras dos por el coito penevaginal.

La buena noticia es que el preservativo impide que los tres tipos pasen de una persona a otra, dentro, naturalmente, de la eficacia limitada del preservativo. Recuerde las estadísticas: los condones tienen una eficacia del 69 % como mínimo y del 95 % como máximo. Por más que lo intente, eso no suma un 100 %. Así pues, no corra riesgos.

¿Hay otras ETS importantes?

Todas son importantes cuando se contraen. En ocasiones muy engañosas, como por ejemplo las ladillas, esos diminutos piojos que habitan en el vello pubiano e inmediaciones. Son molestos, embarazosos y contagiosos. Si no los tenía antes, probablemente los haya contraído de alguien con quien mantuvo relaciones sexuales. El impulso más frecuente es correr a la farmacia y explicar al farmacéutico: «Mi tío acaba de llamarme. Le han salido ladillas en su... ya sabe. Me preguntaba si tiene algún remedio.» El farmacéutico le encontrará una loción o crema muy eficaz que acabará con las ladillas en un día o dos. Fácil, seguro y... ¡puede costarle la vida!

¿Cómo?

Piénselo. No es su tío, sino usted. Y no pilló esos bichos viendo la tele. Si la persona con quien se acostó tenía ladillas en el vello pubiano, imagine qué más puede tener. ¿El VIH-sida, quizá? Si padece una infección o enfermedad cerca de los órganos sexuales, no se le ocurra tratarla en la farmacia. Acuda a su médico y permita a éste realizar las pruebas que juzgue necesarias. La loción del bien intencionado farmacéutico acabará con las ladillas, pero no con el VIH-sida.

Existe otra ETS parecida.

¿Cuál?

Tiene dos nombres y las abreviaturas son UNE y UNG. No se deje engañar por las iniciales. No son los nombres de ninguna universidad, aunque puede pillarlas en muchas de ellas. Estoy hablando de la «uretritis no específica» y la «uretritis no gonocócica». (Como es habitual, los médicos tenemos solución para todo. En lenguaje médico «uretritis no gonocócica» significa que no se trata de gonorrea e ignoramos qué diantre es exactamente.)

Este trastorno se caracteriza por una inflamación de la uretra, el conducto que va de la vejiga al exterior tanto en hombres como en mujeres. Lo llamamos no específico y no gonocócico porque la causa no está clara. Estas ETS suelen ser peores en las mujeres que en los hombres, crean malestar al orinar, a veces producen secreciones y son un auténtico fastidio. Normalmente responden a los antibióticos y el médico casi siempre puede erradicarlas con facilidad. Pero presentan el mismo riesgo que las ladillas. La UNE y la UNG no se contraen jugando al solitario, sino, casi siempre, por vía sexual, y de ser así, es probable que haya pillado también algo mucho peor. Aunque la enfermedad desaparezca por sí sola, ¡acuda a su médico!

¿Qué me dice de las demás ETS?

He aquí algunas de las menos conocidas o frecuentes. El principal riesgo es que muchas tienden a reducir las defensas frente al VIH-sida.

Tomemos, por ejemplo, el chancroide. Esta enfermedad es causada por una bacteria que penetra en la piel de los genitales y forma unas llagas purulentas. Dichas llagas se convierten muy pronto en úlceras dolorosas que se extienden sobre toda la zona púbica y genital. Las úlceras son especialmente nocivas porque atacan a la víctima de dos formas. Unas penetran profundamente en la piel; en el caso de los hombres pueden filtrarse en el pene hasta la uretra y hacer que la orina salga de forma descontrolada. Otras se extienden rápidamente por la superficie cutánea para cubrir el estómago, las ingles y los muslos. Como la piel de las úlceras está abierta, la víctima es mucho más vulnerable frente al VIH-sida. El preservativo no tiene demasiada utilidad porque las úlceras están en el estómago y las ingles, de modo que haría falta uno que cubriera todo el cuerpo.

La siguiente en la lista es el granuloma inguinal. Como el chancroide, la causa es una bacteria y suele transmitirse a través del sexo anal. Lentamente, sobre los genitales empiezan a brotar unos bultitos. Poco a poco se transforman en masas de tejido húmedo que cubren el pene, los labios de la vulva, el clítoris y el ano. Luego aparece un intenso hedor. En algunos casos el pene, el clítoris o el escroto aumentan significativamente de tamaño de forma permanente. Si el paciente sufre un caso resistente, la mitad inferior del cuerpo se ulcera por completo, el paciente pierde peso y al final muere.

Hay otros dos aspectos que hacen del granuloma inguinal una enfermedad peligrosa. Los primeros síntomas son indoloros, lo que lleva a las víctimas a retrasar el tratamiento hasta que el trastorno está muy avanzado. Además, pueden pasar tres meses entre el momento de la infección y la aparición del primer síntoma. Para entonces cabe la posibilidad de que el portador original de la enfermedad haya infectado a mucha gente. Por otro lado, las úlceras abiertas hacen que el paciente sea mucho más vulnerable al VIH-sida. Con todo, si la enfermedad se trata a tiempo y responde a los antibióticos, los resultados son buenos.

Existe otra ETS desagradable llamada «linfogranuloma venéreo» o LGV. La provoca la misma bacteria que la clamidia tracomatis. Para colmo de males, tiene un efecto pronunciado en todo el cuerpo. La víctima suele sufrir náuseas, así como fiebre, escalofríos y dolor en las articulaciones. Por desgracia, eso no es nada en comparación con lo que ocurre después.

Los cambios más humillantes e incapacitadores tienen lugar cuando la infección se extiende desde los ganglios linfáticos de las ingles hasta los del ano. En ese momento se produce una contracción anal y el tejido cicatrizal obstruye por completo el ano. La única esperanza es la dilatación constante del recto de por vida. En un intento desesperado de mantener el conducto abierto, la víctima visita semanalmente a su médico, que inserta un dedo enguantado y lubricado en el recto y expande vigorosamente la abertura. Aunque afecta a heterosexuales de ambos sexos, cada vez se dan más casos de hombres homosexuales que lo transmiten por vía anal.

Otro problema del LGV son los nódulos linfáticos hinchados que atraviesan la piel en una docena de puntos diferentes. Por estas aberturas sale pus constantemente, sobre todo en el perineo, la zona que se halla entre los genitales y el ano. Como la pus brota de una docena o más de agujeritos simultáneamente, se dice que el paciente tiene un «perineo aspersor». Desgraciadamente, la descripción no podría ser más precisa.

Aunque no son enfermedades corrientes en Estados Unidos, existen y hay gente que las contrae. Tenga cuidado.

¿Y la sífilis?

La historia de la sífilis nos brinda un fascinante paseo por la evolución de las ETS. En los tiempos en que se llamaba «enfermedad venérea», la sífilis era profusa y preocupante. Ahora, con los antibióticos y la concienciación de la gente ha pasado a segunda fila. En Estados Unidos aparecen alrededor de 300.000 casos de sífilis al año, una cifra mucho menor que los millones de casos procedentes del VIH-sida, el PVH, el herpes y la hepatitis.

Otros dos avances han permitido reducir la incidencia de la sífilis. En primer lugar, los análisis de sangre, y en segundo lugar los antibióticos.

¿Cuál es la solución a todas estas terribles ETS?

Lo importante es no engañarse. En psiquiatría existe un concepto fascinante conocido como la «inmunidad del Yo». Es la creencia de que, por muy alto que sea el riesgo, uno siempre permanece inmune. Se trata de una fantasía alimentada por las películas y las series de televisión donde el héroe o la heroína siempre consiguen salir ilesos. Poco tienen que ver, sin embargo, con la vida real. Si se comporta de forma imprudente e impulsiva en el sexo, los microorganismos acabarán visitándole. Ellos no saben nada de finales felices, pero sí saben que usted no es inmune. Crecerán hasta perjudicar seriamente su salud.

En el mundo hay cada vez más ETS incurables. Quizá el mejor consejo sea lo que mi viejo y sabio profesor de medicina interna nos dijo una vez: «La vida está llena de retos. Unas veces los superarán y otras fracasarán. Unas veces serán sabios. Otras veces, necios. Pero, al menos, hagan lo posible por no contraer enfermedades incurables.»

15

MENOPAUSIA

¿Qué es la menopausia?

Técnicamente, la menopausia es aquel momento en el desarrollo sexual femenino en que la mujer deja de tener la menstruación. En otras palabras, no más sangre, no más calambres, ¡no más compresas! La «maldición femenina» pasa a ser historia. Adiós a los métodos anticonceptivos, adiós al miedo al embarazo, adiós al síndrome premenstrual. Debería ser un motivo de celebración.

Pero para la mayoría de las mujeres no lo es. La menopausia también se conoce como el «cambio de vida». La experiencia puede traer muchos «cambios», pero no todos deseables.

Eso incluye cosas como bochornos, osteoporosis (adelgazamiento de los huesos), depresión, pérdida del deseo sexual, aumento del riesgo de infarto, trastornos vaginales y urinarios y otra media docena de problemas.

¿Qué causa la menopausia?

Un pequeño defecto en el diseño del ser humano. Hace unos cuantos miles de años, la esperanza de vida de la gente era de cuarenta años y la mayor parte de los órganos humanos estaban diseñados para durar ese tiempo. (Órganos vitales como el corazón y el cerebro estaban mejor fabricados.) Más tarde, la medicina moderna entró en escena e hizo que la gente viviera mucho más tiempo del que jamás había soñado. Antiguamente, la mujer «caducaba» antes que sus hormonas. Hoy, su cuerpo vive cuarenta años más tras la muerte de sus ovarios.

¿Puede decirse que los ovarios «mueren»?

Desde el punto de vista funcional, sí. A partir de los cuarenta años aproximadamente, la sangre que circula por esas glándulas con forma de huevo empieza a disminuir. Célula por célula, el órgano se descompone y es reemplazado por tejido cicatrizal. Antes de la menopausia los ovarios producen hasta 300 microorganismos estrógenos al día. Cuando la menopausia se encuentra en fase avanzada, los ovarios han perdido casi toda su función.

¿Importa mucho que los ovarios dejen de funcionar?

Sólo si es usted mujer y sólo si se trata de sus ovarios. La base de la feminidad son los estrógenos, la hormona que producen los ovarios y, en menor grado, las glándulas suprarrenales y, curiosamente, la grasa corporal.

Es lo que hace a las chicas diferentes de los chicos. Introducida en la circulación sanguínea gota a gota, esta hormona se esparce constantemente por todo el cuerpo y afecta a cada órgano. Durante la pubertad agranda el pecho, coloca depósitos de grasa subcutánea en las caderas, muslos y nalgas, y mantiene la piel suave y relativamente imberbe. También dispara el desarrollo del clítoris, los labios de la vulva, el útero y la vagina. Los estrógenos trabajan bajo la supervisión directa de la glándula pituitaria, que regula el ovario a través de su propia hormona, la gonadotropina.

Los estrógenos también son los responsables del estado de ánimo femenino. Hacen que las chicas piensen como chicas. Hacen que las chicas actúen como chicas, sobre todo en el terreno sexual. Los estrógenos rigen la sexualidad de la mujer. El término proviene de la palabra griega *oistros*, que significa «deseo loco». Es el vaivén de los estrógenos durante el ciclo menstrual lo que provoca las variaciones del deseo sexual de la mujer. Cuando la producción de estrógenos se detiene, también lo hace la esencia fundamental de ser mujer.

Los estrógenos son los responsables de todas las funciones sexuales femeninas. Causan el desarrollo sexual, la menstruación y la ovulación, y ejercen una importante función en el embarazo. También influyen en lo que las mujeres piensan sobre el sexo. Los hombres y las mujeres normales tienen una idea madura y realista del sexo. Sin embargo, llegan a ella desde puntos de vista diferentes. Durante el ciclo menstrual, el nivel de estrógenos en el cuerpo sube y baja. Cuando está alto, las mujeres tienden a sentirse animadas y seguras. Si baja, tienden a estar tensas e inquietas.

Una de las principales razones por las que la mujer es, por lo general, más sensible que el hombre reside en que cada treinta días su nivel de estrógenos pasa de cero a índices astronómicos y vuelve repentinamente a cero. La mayoría de las mujeres lo soportan admirablemente. Si a los hombres les arrebataran y devolvieran sus hormonas sexuales dos veces al mes probablemente habrían hecho peores cosas en este mundo de las que han hecho con las hormonas intactas.

¿Qué cambios se producen?

Dejemos que sea una mujer quien lo describa.

Irene tiene cuarenta y cinco años y dirige una pequeña tienda para distraerse ahora que los hijos se han marchado de casa. Dejó de tener la menstruación dos años atrás.

—Doctor, si no hubiese sabido que era imposible, habría pensado que me estaba transformando en un hombre. Al principio, cuando dejó de venirme la menstruación, pensé: «Bendito sea el cielo, no más dolores ni molestias.» Ahora ya no estoy tan segura. Cuando tenía la menstruación al menos me sentía mujer.

—¿Qué cambios ha notado?

—Lo primero que noté fue que mi cuerpo estaba cambiando. Era como si todo se derrumbara. Mis pechos empezaron a caer, la parte superior de mi cuerpo adelgazó y toda la grasa se concentró en las caderas, el abdomen y las piernas. Eso no me tiene muy contenta que digamos.

»Luego la piel y el pelo se me secaron y empezaron a salirme arrugas. Tengo la sensación de que he envejecido diez años en dos. Para colmo, todo lo que como parece convertirse en grasa. He ganado siete kilos en seis meses. Luego están los sofocos. Cada vez que me asaltan siento como si estuviera delante de un horno.

¿Qué es un sofoco?

Una sensación insoportable de calor que experimentan las mujeres menopáusicas. Es, probablemente, el síntoma más corriente del «cambio». Causado por la dilatación repentina de los vasos sanguíneos en la superficie de la piel, la mayoría de las mujeres lo describen con palabras dramáticas:

«Estoy viendo la televisión con mi marido cuando, de repente, la sala de estar se convierte en un horno y yo estoy en la parte más caliente. ¡Ahora sé lo que un pecador siente en el infierno! Puede ocurrir en cualquier momento. A veces me despierto a las dos de la madrugada ardiendo y sólo deseo salir y rodar por la nieve.»

Estas reacciones térmicas pueden producirse con intervalos de hasta diez minutos, tanto de día como de noche. Lo normal, por fortuna, son cuatro al día.

¿Todas las mujeres sufren estos cambios con la menopausia?

Casi todas, en mayor o menor medida. Curiosamente, las mujeres obesas sufren menos síntomas menopáusicos porque la grasa del cuerpo produce cierta cantidad de estrógenos.

Irene estaba experimentando los efectos generados por la falta de esta hormona: aumento de peso, traslado de los depósitos de grasa, incremento de las arrugas y sequedad en el pelo. Peores cosas pueden ocurrir. Dejemos que nos lo explique:

—Por eso estoy aquí, doctor. Durante los últimos meses me ha empezado a salir vello en la cara y mi voz es cada vez más grave. Pero eso no es todo. —Hizo una pausa. Parecía avergonzada—. Ni siquiera puedo tener relaciones con mi marido.

—¿Por qué? ¿Qué problema existe?

—No lo sé. No sé cómo describirlo. Mi..., mi marido... simplemente no puede...

Unos minutos de paciente interrogatorio revelaron lo que Irene intentaba decir: su vagina estaba encogiendo. La atrofia era tal que su marido ni siquiera podía penetrarla. El deseo sexual de Irene se había evaporado hacía más de un año y su marido y ella hacían el amor una vez al mes. En la última ocasión había tenido la sensación de que su vagina prácticamente había desaparecido. Este dramático suceso, unido a los demás cambios, provocó en ella una reacción de pánico.

Sin estrógenos, las características sexuales femeninas van desapareciendo. La vagina empieza a marchitarse, el útero disminuye de tamaño, los senos se atrofian, el deseo sexual desaparece y la mujer se vuelve totalmente asexuada. La cosa, sin embargo, no termina aquí.

¿Hay más?

Aunque la fabricación de estrógenos cesa, las glándulas suprarrenales siguen produciendo testosterona, la hormona sexual masculina. Eso hace que la mujer se vaya masculinizando poco a poco.

Fenómenos como vello facial, voz grave, obesidad y decaimiento de los senos y los genitales contribuyen a darle un aspecto masculino. Cutis áspero, agrandamiento del clítoris y alopecia gradual completan el trágico cuadro.

Aunque, evidentemente, nunca llegará a ser un hombre, la mujer va perdiendo muchos de sus atributos femeninos y poco a poco se va masculinizando. Para colmo de males, en esta etapa los problemas emocionales también se agudizan. Los hijos se han independizado, la relación con el marido tal vez ha decaído y muchas veces el sexo ya no le interesa. A veces el marido también sufre. Harry nos lo cuenta:

—¡Es una pesadilla, doctor! Hasta el año pasado Peggy era una esposa perfecta.

—¿Una esposa perfecta?

—Bueno, teníamos nuestras diferencias, pero nada como ahora. ¡Qué locura! Ya no hacemos el amor ni nos divertimos. Y cada vez que me vuelvo se queja de algo: «¿Por qué no salimos más a menudo?; ¿por qué no me prestas más atención?; ¿por qué no eres como otros maridos?»

»Luego, si no me pongo de rodillas y le pido perdón, rompe a llorar y deja de hablarme durante dos días. Si la situación no cambia pronto, me volveré loco.

Desgraciadamente, la situación de Harry no es un caso aislado. Además de los cambios físicos, la menopausia produce a menudo muchas alteraciones mentales, como depresión, irritabilidad o insomnio.

¿Los cambios de humor se deben también a la ausencia de estrógenos?

Es difícil saberlo. Cuando una mujer ve cómo sus atributos femeninos se evaporan, es lógico que se deprima y se vuelva un poco irritable. Esta reacción, impuesta por la deficiencia de estrógenos, puede causar muchos problemas. Durante esta etapa los índices de divorcios e infidelidad (difícil de medir con exactitud) aumentan vertiginosamente.

Para muchas mujeres la menopausia marca el final de su vida útil. La ven como el comienzo de la vejez, como el «principio del fin». Habiendo sobrevivido a los ovarios, sienten que han sobrevivido a su utilidad como seres humanos. Algunas creen que ya sólo les esperan años de decrepitud. Pero no tiene por qué ser así.

¡No tiene por qué ser así!

¿Por qué no?

Mucho tiempo atrás, cuando yo estudiaba anatomía en la Facultad de Medicina, nuestro profesor apareció un lunes por la mañana con aspecto cansado. Era evidente que había tenido un mal fin de semana; demasiado trabajo o demasiados refrescos. El tema para esa mañana era un hueso del cráneo llamado «etmoides». Vale la pena mencionar que el etmoides (que descansa sobre el puente de la nariz) es el hueso más difícil de describir y comprender de todo el cuerpo humano. Es un auténtico rompecabezas de cantos y superficies.

«El tema de hoy, caballeros, es el hueso etmoides —dijo el profesor. Acto seguido frunció el entrecejo, contempló el hueso que tenía delante, levantó la vista y añadió—: caballeros, sólo tengo una cosa que decir respecto al hueso etmoides esta mañana. ¡Al cuerno con él!»

Y yo sólo tengo una cosa que decir sobre el tema que nos ocupa:

¡AL CUERNO CON LA MENOPAUSIA!

No hay razón para que la mujer moderna renuncie a su felicidad, su paz mental y su satisfacción sexual porque un giro del destino le haya dado una esperanza de vida más larga que a sus ovarios. El hecho de que dos pequeñas glándulas perezcan no significa que la mujer deba abandonar la batalla. Recuerde: la esperanza de vida media de una mujer en Estados Unidos se acerca a los ochenta años. Si comienza la menopausia a los cuarenta, es posible que pasen juntas cuarenta años más.

Lo mejor que puede hacer es tomar las riendas de su vida tan rápida y firmemente como sea posible. La mujer posee todo un arsenal de armas a su disposición. Si está decidida y cuenta con un buen médico, juntos podrán retroceder en el tiempo y reponer aquello que la menopausia se ha llevado.

¿Cómo?

La forma más sencilla y eficaz consiste, simplemente, en restablecer la hormona perdida. Nadie puede devolverle los ovarios, pero sí la sustancia que producían. La mayor parte de los cambios indeseables que genera la ausencia de estrógenos puede invertirse mediante la administración justa de hormonas.

Para una mujer que ha sufrido las molestias de la menopausia, la transformación suele ser espectacular. Lo primero que experimenta una semana después de empezar a tomar hormonas es un repentino bienestar. Tras meses o años de depresión y desánimo, es como si una luz se encendiera en una habitación oscura.

Evelyn tiene más de cincuenta años y su menstruación cesó hace tres. A partir de ese momento empezó a ver cómo sus hormonas se desvanecían. Hace seis meses la situación se hizo tan insoportable que decidió acudir al médico.

«Es asombroso —dice—, no puedo creer lo que me está ocurriendo. Cuando fui al médico estaba tan desesperada que incluso pensé en suicidarme. Odiaba tener que levantarme por las mañanas. Ahora, en cambio, siento como si tuviera otra vez dieciséis años. Los pechos me han crecido y ahora pienso más en el sexo.»

Evelyn empezó a notar otros cambios agradables. Su voz subió una octava, el vello facial disminuyó, desaparecieron algunas arrugas y los senos ganaron en firmeza (las fibras elásticas de la piel recobran parte de su fortaleza). La piel y el cabello recuperaron su anterior brillo y textura. Con ayuda de una dieta, perdió los kilos que había ganado.

El efecto en los órganos genitales también es espectacular. Como dijo Evelyn, es como volver a la pubertad. El útero se agranda, la vagina se alarga, las paredes se vuelven húmedas y receptivas, el clítoris adquiere un tamaño más femenino y todo vuelve a su cauce normal.

¿Qué ocurre con las mujeres que, como Irene, tienen la vagina atrofiada? ¿Se les puede ayudar?

En la mayor parte de los casos, sí. La vagina es una estructura fascinante en muchos aspectos. Posee un revestimiento muy especial hecho de células escamosas como las que recubren la boca. El revestimiento de una vagina adulta es grueso y resistente porque tiene muchas capas celulares.

A medida que los estrógenos menguan, no obstante, dicho revestimiento va perdiendo grosor. Si es muy delgado, las embestidas del pene durante el coito pueden desgarrarlo, lo que resulta doloroso para la mujer.

Con todo, existe una buena noticia. La aplicación directa de estrógenos en la vagina reconstruye el revestimiento de forma rápida y eficaz y ayuda a restaurar su funcionamiento normal. El médico probablemente aconsejó a Irene que se administrara estrógenos directamente en la vagina en forma de crema. Tras unas semanas de tratamiento los tejidos vaginales se dilatan y ablandan lo bastante para acoger al pene. No obstante, aunque los nuevos estrógenos ayudan, la verdadera responsabilidad en cuanto a la curación de la vagina recae en Irene y su marido.

¿Qué tienen que hacer?

Mantener relaciones sexuales frecuentes. Las estructuras que no se utilizan regular y vigorosamente se marchitan, y la vagina no es una excepción. Algunos libros médicos recomiendan el uso de un instrumento muy especial para dilatar la vagina. Pero el marido de Irene posee un instrumento muy especial capaz de hacer el trabajo de manera mucho más gratificante.

Y tienen que utilizarlo, con delicadeza y cuidado al principio, pero tienen que utilizarlo. Si el marido sólo puede llegar con el pene hasta la entrada de la vagina, ya sólo el aumento de la corriente sanguínea que eso produce en los tejidos vaginales resulta beneficioso. A medida que pasa el tiempo será capaz de introducirlo un poco más. No se tarda mucho en conseguir que la vagina funcione de nuevo con normalidad. A partir de ahí, sólo queda la agradable tarea de mantenerla en funcionamiento.

También hay algo muy específico que Irene puede hacer para contribuir a «rehabilitar» la vagina y las estructuras adyacentes.

¿Qué?

Aplicarse la crema de estrógenos de un modo que resulta muy eficaz. Si utiliza la crema como lubricante para masturbarse dos veces a la semana durante dos o tres semanas, contribuirá al proceso de normalización de dos formas. Si frota la crema sobre el clítoris y el orificio de la uretra hará que los estrógenos tengan contacto directo con las zonas que más los necesitan. También es recomendable introducir un dedo o dos en la vagina y aplicar la crema directamente en las paredes. Esta clase de masaje completo y directo resulta mucho más eficaz que la mera introducción de un poco de crema en la vagina.

Pero hay más. El aumento de la corriente sanguínea estimulada por la masturbación ayuda a que la hormona se absorba de forma más rápida. Y si finalmente la mujer alcanza el orgasmo, el beneficio es aún mayor.

¿Y si la mujer se siente incómoda masturbándose?

En ese caso debe hacerlo como terapia, esto es, para tratar un problema de salud. Si pese a ello sigue sin parecerle bien, para eso está el marido. Si frota y acaricia la vagina y el clítoris con la crema cálida y resbaladiza, ambos lo agradecerán. También pueden utilizar la crema como lubricante a la hora de mantener relaciones sexuales, pero sin excederse en la dosis; el marido, por su parte, debe utilizar preservativo, porque su pene no necesita estrógenos. La pareja ha de practicar el sexo tanto como sea posible, y siempre que resulte agradable, y teniendo en cuenta que el revestimiento de la vagina tarda varias semanas en recuperar su grosor normal. Deben actuar de forma pausada y dejar que la crema de estrógenos haga su trabajo. La mezcla de hormonas y coito conservará el buen estado de los genitales de manera mucho más eficaz que cualquier otro método.

¿Qué clase de hormona se utiliza para suplantar los estrógenos producidos por los ovarios?

Se han probado numerosas clases de estrógenos. En el siglo pasado, muchos de los «tónicos para mujeres» eran, en realidad, extractos alcohólicos de plantas que contenían estrógenos vegetales. Otra fuente es la orina de las yeguas preñadas. En la actualidad, gran parte de los estrógenos recetados son sintéticos, es decir, elaborados en laboratorios.

El método de administración tampoco varía demasiado. Muchas mujeres toman las hormonas en forma de comprimidos, otras en forma de inyección, y hubo una época en que se implantaban debajo de la piel en forma de bolitas. En la actualidad también existen parches y comprimidos.

Para una aplicación directa en la vagina existe la crema de estrógenos y un aro que se coloca dentro del espacio vaginal y libera estrógenos gradualmente. Lo importante es que se filtre en la sangre y se extienda por todo el cuerpo.

¿Por qué la mujer debería tomar hormonas si la menopausia no es una enfermedad?

Los efectos que produce la carencia de estrógenos —como osteoporosis, atrofia vaginal y depresión— sí son enfermedades. Si la menopausia no es una enfermedad, parecería lógico preguntarse por qué hay que medicarse, mas no lo es. La gente no considera el dolor de cabeza una enfermedad, y sin embargo toman ácido acetilsalicílico, más conocido como aspirina, para aliviarlo. No consideran la acidez de estómago una enfermedad, y sin embargo toman antiácidos para combatirla.

En cualquier caso, los estrógenos no son un «medicamento» en el sentido tradicional. Es una hormona sustitutoria que se consume para compensar su carencia en el organismo. Las mujeres toman tiroides a pesar de que una glándula tiroides holgazana probablemente dará muchos menos problemas a la larga que la carencia de estrógenos. Y lo que es más importante, los estrógenos hacen algo más que acabar con los sofocos. Salvan vidas.

¿Cómo pueden los estrógenos salvar vidas?

Protegiendo de la enfermedad que mata a más mujeres. En Estados Unidos el 50 % de las mujeres mueren a consecuencia de un infarto o una apoplejía. Se ha demostrado infinitas veces que una terapia de estrógenos puede reducir nada más y nada menos que un 50 % el riesgo de la mujer de morir de infarto, y un 70 % el riesgo de morir de una apoplejía. No, no es una errata de imprenta. Las mujeres que consumen estrógenos durante la menopausia pueden reducir un 50 % el riesgo de morir de las enfermedades que a más mujeres matan.

¿Es cierto o no que los estrógenos provocan cáncer?

No existen pruebas determinantes de que los estrógenos provoquen cáncer. Los investigadores llevan años estudiando esta cuestión y han dirigido miles de experimentos. Lo que han descubierto es fascinante. Es posible que las mujeres que toman estrógenos durante la menopausia tengan una probabilidad ligeramente mayor de desarrollar un cáncer de mama, pero los investigadores no se ponen de acuerdo en lo que al nivel de riesgo se refiere. Algunos estudios dicen que no es significativo; otros afirman que ronda el 20 %.

Estos datos, no obstante, deben compararse detenidamente con el riesgo de no tomar estrógenos. La mujer que no toma estrógenos tiene el doble de probabilidades de morir de un infarto y el cuádruple de probabilidades de morir de una apoplejía. Además, los senos no son órganos ocultos. Están ahí fuera, donde el médico puede examinarlos y hacer mamografías siempre que lo crea oportuno. Cualquier anormalidad debería apreciarse rápidamente.

He aquí algunas cifras reveladoras. Cada año, unas 233.000 mujeres estadounidenses mueren de enfermedades cardíacas y 65.000 de fractura de cadera (un mal que los estrógenos ayudan a prevenir). Comparemos estas cifras con las 43.000 muertes por cáncer de mama. Eso significa que una mujer menopáusica tiene un 700 % más de probabilidades de morir de alguna de las enfermedades que los estrógenos previenen que de la enfermedad que podrían fomentar. No debería tratarse de una decisión difícil.

También existe la posibilidad teórica de que los estrógenos aumenten el riesgo de desarrollar un cáncer en el endometrio o revestimiento del útero. Pero si el estrógeno se combina con una pequeña dosis de progesterona —la otra hormona producida por los ovarios— el riesgo prácticamente desaparece.

¿Puede la mujer que ha tenido cáncer de mama o de útero tomar, pese a todo, estrógenos?

Esa pregunta debe responderla su médico. Depende, en gran medida, del tipo de tumor, su ubicación, cuánto hace que se trató, la historia familiar y otros factores que únicamente el médico personal puede evaluar.

¿Ofrece otras ventajas el consumo de estrógenos durante la menopausia?

Desde luego. Los sofocos y la depresión son una cosa desagradable. No resulta divertido sentir que a una la están asando cuando menos se lo espera. La depresión, por su parte, puede anular el placer de vivir. La increíble protección contra el infarto y la apoplejía que brindan los estrógenos es como un regalo caído del cielo, pero no se puede palpar ni sentir. Simplemente ocurre con los años; las amigas que no toman estrógenos desaparecen y usted sigue disfrutando de una vida saludable.

Con todo, los estrógenos proporcionan un beneficio muy especial que la mujer puede ver, sentir y experimentar cada día de su vida.

¿Cuál?

Protección contra una enfermedad terrible llamada «osteoporosis» (que proviene de las palabras griegas *ostion*, que significa «hueso», y *poros*, que significa «pasaje» o «abertura»). La osteoporosis es una enfermedad extraña y misteriosa que afecta prácticamente a todas las mujeres durante la menopausia. Actualmente casi 20 millones de mujeres estadounidenses la padecen.

A medida que el nivel de estrógenos mengua, la mujer va perdiendo gradualmente a través de la orina el calcio que mantiene sus huesos fuertes y duros. Durante los primeros cinco años menopáusicos, casi todas las mujeres pierden un 10 % de su masa ósea. A partir de ahí, la pérdida puede ser de un 1% al año. La osteoporosis tiene a veces consecuencias terribles.

Empieza con dolores corrientes en la espalda y las articulaciones. Las mujeres no suelen prestarle atención porque lo ven como un síntoma más de la menopausia. Un día el dolor de espalda se agrava y la mujer decide ir al médico. Éste le hace una radiografía y busca una forma suave de decirle que se ha roto la espalda.

¿Que se ha roto la espalda?

Exacto. Los estrógenos, entre otras muchas cosas, controlan el complejo metabolismo del calcio y el fósforo de los huesos. Por extraño que parezca, los huesos humanos son, en principio, blandos, como una gelatina rígida. Si sumerge el fémur de un animal en un ácido débil durante unas semanas para disolver los compuestos de calcio, al final podrá hacer un nudo con él. Lo que endurece el hueso es el calcio y el fósforo que se depositan en los diminutos poros óseos. (Los compuestos de calcio se asemejan a los que descansan en la concha de las almejas.)

Si una mujer carece de estrógenos, el calcio y el fósforo del hueso que se va por la orina ya no se repone. La proteína o parte gelatinosa del hueso también empieza a disolverse. Gran parte del daño recae en las vértebras, que son las que sustentan todo el peso del cuerpo.

A medida que la osteoporosis avanza, cabe la posibilidad de que las vértebras se desintegren una tras otra. El proceso es silencioso, insidioso y relativamente indoloro al principio. Tal vez la paciente se queje de cierto dolor en la espalda. Con el derrumbamiento de las vértebras la mujer pierde estatura, a veces a una velocidad de uno o dos centímetros al año. Pero el problema no termina aquí.

¿Qué otras cosas suceden?

En cualquier momento, sin previo aviso, la mujer con osteoporosis puede sufrir una pequeña caída o golpe que le provoque una fractura, la peor de las cuales es la de cadera. Se llaman «fracturas patológicas» porque apenas se requiere fuerza para romper los frágiles huesos.

Se trata de un riesgo realmente serio. Estados Unidos tiene el índice más elevado de fracturas por osteoporosis del mundo. Y decenas de millones de mujeres viven con esa amenaza.

En otras palabras, cada año la osteoporosis causa en Estados Unidos más de 500.000 fracturas de columna vertebral, 300.000 fracturas de cadera, 200.000 de muñeca y 300.000 de otros tipos. El coste directo de estas fracturas es de 10.000 millones de dólares.

Una muñeca rota descapacita, una espalda rota descapacita todavía más, pero una cadera fracturada es aún peor. Muchas personas mayores ya no vuelven a llevar una vida normal después de romperse la cadera, y al menos el 20 % muere a causa de alguna complicación.

Las mujeres blancas mayores de cincuenta años son más vulnerables, como también las fumadoras y las atletas que dejan de menstruar por exceso de entrenamiento.

¿Qué puede hacer una mujer al respecto?

¿Se acuerda del profesor y el hueso etmoides?

La mujer puede decir:

¡AL CUERNO CON LA OSTEOPOROSIS!

Cuanto necesita es información, determinación y un médico comprensivo. Uno de los problemas básicos de la osteoporosis es que el calcio no se asienta en los huesos. Algunas personas bien intencionadas dicen que la mujer menopáusica sólo tiene que tomar más calcio. Ésa no es la solución. Los huesos se hallan en constante «remodelación». El calcio viejo se expulsa para dejar entrar calcio nuevo. Pero en la menopausia el calcio, por mucho que se tome, no se deposita donde debe.

La solución es el consumo de estrógenos. Los estrógenos retroceden en el tiempo y dirigen el tráfico de calcio hacia donde debe ir. En una mujer menopáusica, la reposición de estrógenos puede reducir un 50% el riesgo de fracturas por osteoporosis.

Una vez que la mujer empieza a consumir estrógenos, es importante que tome suficiente calcio. Puede consumirlo en forma de comprimidos, aunque son caros y, además, demasiado calcio —más de 2.000 miligramos al día— puede provocar piedras en el riñón. Como si ya no tuviera bastante.

La forma más barata, fácil y sabrosa de obtener suficiente calcio es consumirlo dentro de la dieta alimenticia. El calcio abunda en los alimentos y a veces se encuentra donde menos lo esperamos. No sólo se halla en los productos lácteos, sino también en los vegetales verdes.

Por ejemplo, las hojas de la remolacha que los supermercados desechan tienen casi tanto calcio como la leche. Espinacas, col rizada, berza, brécol, hojas de nabo y otras verduras también son ricas en calcio. El tofu o cuajada de soja también es rico en calcio. Si le gusta la comida mexicana, las tortillas de maíz son una buena fuente de calcio. Puede que no esté acostumbrada a comer espinacas o brécol, pero es mejor y más barato que tomar comprimidos de calcio. Éstos sólo le dan calcio, mientras que la verdura le alimenta.

El ejercicio también ayuda a combatir la osteoporosis, pues cuanto más se utilizan, los huesos más se fortalecen. Pero no se exceda. Demasiado ejercicio puede reducir el nivel de estrógenos y aumentar la pérdida de calcio. El tabaco tampoco es aconsejable si quiere evitar la pérdida de masa ósea.

Así pues, para combatir la osteoporosis hasta el final lo mejor es un compuesto formado por estrógenos, calcio natural y ejercicio ligero como paseos a pie, baloncesto, fútbol, tenis, pesas, aeróbic o baile.

¿Qué resultados dan los nuevos medicamentos contra la osteoporosis?

Interesantes, pero presentan un problema fundamental: aunque combaten la osteoporosis, no contribuyen a aliviar los demás problemas de la menopausia. Los estrógenos, en cambio, no sólo protegen contra la osteoporosis sino también contra toda una serie de enfermedades, entre ellas el cáncer de colon. La mujer que toma estrógenos sólo tiene la mitad de probabilidades de contraer dicho cáncer y reduce dos tercios el riesgo de osteoartritis de rodilla.

También se está protegiendo el cerebro. Las mujeres que toman estrógenos tienen un 300 % menos de probabilidades de contraer el mal de Alzheimer. Como si no hubiese suficientes razones para tomar estrógenos, éstos también protegen contra las cataratas seniles y reducen la sequedad y el arrugamiento de la piel un 25 %.

Como dijo una paciente cuando oyó la noticia: «¿Dónde están los estrógenos? ¡Llevadme a ellos!»

La decisión de reponer la hormona más importante para la vida de la mujer debería hacerse sobre bases meramente científicas. Lo cierto es que no es una tarea que debiera recaer en manos de aficionados bien intencionados que quieren ayudar pero que no han invertido los muchos años de estudio necesarios para comprender la menopausia. Después de tratar a 10.000 pacientes menopáusicas, es posible comprender por qué no existe nada capaz de sustituir a los estrógenos.

La última palabra sobre el tema la dijo un grupo muy especial de mujeres que estaban «mejor capacitadas para juzgar la situación que cualquier otro grupo femenino del mundo». Si ellas dicen «sí», se puede confiar plenamente en su decisión.

¿Qué grupo puede saber tanto sobre estrógenos y menopausia?

Piense. Casi todos los médicos varones están a favor de reponer los estrógenos durante la menopausia. Sin embargo, sólo el 25 % de las mujeres menopáusicas toma los estrógenos que necesita. El grupo, no obstante, más capacitado para evaluar la seguridad y la eficacia de los estrógenos sólo pueden formarlo médicas menopáusicas. ¿Y qué decisión toman en tanto médicas y mujeres? ¿Estarían dispuestas a consumir un medicamento que pusiera en peligro sus vidas?

He aquí la respuesta, según un estudio realizado a partir de 1.466 doctoras en medicina: casi el 60 % (59,8 % para ser exactos), con edades comprendidas entre cuarenta y cuarenta y nueve años —entre ellas un elevado número de ginecólogas—, se recetan estrógenos a sí mismas.

Eso lo dice todo.

¿Es cierto que algunas mujeres no necesitan hormonas porque logran vencer la menopausia?

La mujer no puede «vencer» la menopausia porque no puede vencer la deficiencia permanente de una hormona vital. La menopausia no es algo que se supera con los años, después de los cuales la menstruación regresa, la producción de estrógenos se reanuda y todo vuelve a ser como antes.

La idea de que la mujer vence la menopausia me recuerda al granjero que se jactó ante su vecino de que estaba enseñando a su mulo a dejar de comer.

—¡Eso es genial, Clem! ¿Y cómo le va?

Clem se rascó la cabeza.

—No lo sé. Casi le tenía convencido cuando murió.

Es cierto que existe un pequeño grupo de personas que cree que la menopausia es algo que las mujeres superan con el tiempo. El único consejo que saben dar es: «¡Contrólate! ¡No hagas caso de los sofocos!» Ese grupo se compone, exclusivamente, de hombres. Hombres que nunca han tenido un sofoco, que nunca han visto cómo sus senos se encogían, que nunca se han roto la cadera.

Hay otros puntos de vista. Algunos médicos creen que las mujeres menopáusicas deberían tomar estrógenos y, al mismo tiempo, un pequeño suplemento de testosterona, la hormona masculina.

¿Es beneficioso para la mujer tomar testosterona?

La han estado recibiendo durante toda la vida. Las glándulas suprarrenales, los pequeños órganos que descansan sobre los riñones, producen testosterona durante toda la vida de la mujer. Es una de las razones por las que la falta de estrógenos da lugar a la masculinización. La hormona masculina, al no encontrar oposición, provoca cosas como agrandamiento del clítoris, crecimiento del vello y agravamiento de la voz. A medida que la mujer se hace mayor la secreción de testosterona también disminuye. Con todo, sigue siendo necesaria, aunque en cantidades mucho menores en comparación con el hombre. Uno de los efectos más importantes de la testosterona es que mantiene el deseo sexual durante la menopausia. Se cree que un pequeño suplemento de testosterona ayuda a eliminar los bochornos y mejora la textura del revestimiento vaginal. Y lo más importante de todo, puede devolver a la mujer el interés por el sexo, lo cual contribuye a que todo lo demás mejore.

¿Pierden las mujeres el deseo sexual con la menopausia?

Muchas sí. La depresión, los sofocos, los dolores, la osteoporosis, entre otras cosas, les hace perder todo interés por el sexo. La reposición de estrógenos con un poco de testosterona añadida hace maravillas a este respecto. Los efectos beneficiosos del orgasmo, por la oxitocina que produce, son muy deseables en esta etapa. Entre otros beneficios, la oxitocina es un poderoso agente contra la depresión (véase capítulo 16).

Por otra parte, algunas mujeres experimentan un espectacular aumento del impulso sexual cuando dejan de tener la menstruación. Ahora ya pueden concentrarse en el puro placer de la sexualidad sin tener que utilizar métodos anticonceptivos ni temer quedar embarazadas. Esta reaparición del impulso sexual puede acarrear dos problemas.

¿Cuáles?

El primero tiene que ver con el marido. Justo cuando la mujer se siente repentinamente rejuvenecida, el interés y la capacidad sexuales del marido empiezan a disminuir y cabe la posibilidad de que no pueda satisfacer los deseos de su esposa. El segundo problema es que el embarazo después del «cambio» es posible. Aunque la menstruación termina, la mujer todavía ovula de vez en cuando. A menos que lo haya planificado, el «cambio» puede traer una auténtica sorpresa.

¿Cuánto tiempo debe seguir la mujer con el uso de métodos anticonceptivos?

Para estar segura, por lo menos un año desde el inicio de la menopausia. Si a los once meses le aparece la menstruación, debería continuar un año más. Ese tiempo suele bastar, pero la fisiología humana es notoriamente impredecible. Más de una mujer se ha visto comprando de nuevo pañales a los cincuenta y cinco años. Si tiene dudas, es preferible que alargue el uso de algún método anticonceptivo.

Las mujeres cuya menopausia empieza a una edad temprana porque les han extraído los ovarios y/o el útero, ¿necesitan también hormonas suplementarias?

Las mujeres cuya menopausia comienza por razones quirúrgicas necesitan estrógenos tanto o más que aquellas cuyos ovarios dejan de funcionar gradualmente. La ausencia repentina del apoyo hormonal requiere una actuación rápida y enérgica por parte de la paciente y el médico para minimizar el malestar y el perjuicio. Aunque a la mujer sólo le hayan extraído el útero, el suministro de sangre a los ovarios puede disminuir y, con ello, la producción de hormonas. Lo mismo es aplicable al pequeño grupo de mujeres que comienzan la menopausia a los treinta años o incluso antes.

¿Es cierto que los estrógenos no previenen todos los cambios?

Sí, pero al menos los minimizan. Y van aún más lejos. Muchos de los cambios menopáusicos que la mujer experimenta, como falta de energía, aumento de peso, pérdida de interés por la vida y todo lo demás, son similares a los efectos del «envejecimiento». Si la mujer consigue eliminar los peores síntomas menopáusicos, también estará eliminando los peores efectos del envejecimiento. Y eso es fantástico.

Sin embargo, no es necesario esperar a que los efectos de la deficiencia hormonal aparezcan. Recuerde que aunque la mujer pase menopáusica la mitad de su vida, tiene derecho a disfrutar de cada momento de ella.

¿Existe la menopausia masculina?

Existiría si los hombres menstruaran. No olvide que la menopausia significa el final de la menstruación, por lo que los hombres no pueden padecerla. Pero, al igual que las mujeres, envejecen, y durante el proceso de envejecimiento la producción de testosterona, la hormona sexual masculina, disminuye. Mucha gente denomina este proceso «andropausia», pero no es lo mismo.

A partir de los cuarenta años aproximadamente, las células de los testículos que segregan testosterona empiezan a desintegrarse y son reemplazadas por tejido cicatrizal, como ocurre con el ovario. La producción de testosterona disminuye muy lentamente y, con ello, la sexualidad masculina. La secreción de la hormona cae a un ritmo de un 1% al año a partir de los cuarenta años. Naturalmente, cada hombre es diferente, y los hay que mantienen niveles de testosterona más altos que otros, y eso se sabe con sólo mirarles.

¿Cómo?

Dado que las glándulas suprarrenales masculinas también producen estrógenos, cuando el nivel de testosterona decae aquéllos empiezan a destacar. Poco a poco la barba clarea, la voz se vuelve más aguda, el cuerpo gana peso y los músculos se ablandan. A veces el pecho aumenta de tamaño. Y si tuviera ojos radiográficos, vería que el pene y los testículos empiezan a encoger. Existe, sin embargo, una paradoja interesante.

Aunque los hombres que pierden la testosterona experimentan un aumento relativo del nivel de estrógenos, éste no basta para protegerles de la osteoporosis. Con todo, esta enfermedad es mucho menos frecuente y severa en los hombres. En Estados Unidos, un hombre blanco de cincuenta años sólo tiene un 14 % de probabilidades de sufrir una fractura por osteoporosis.

La deficiencia de testosterona, sin embargo, produce otros efectos más sutiles.

¿Por ejemplo?

El hombre puede volverse más irritable, aletargado, deprimido y preocupado. En muchos casos también sufre problemas sexuales. Sin embargo, dado el estrés laboral al que están sometidos muchos hombres, a veces es difícil saber si tales síntomas emocionales se deben al trabajo o a la falta de testosterona.

¿Por qué no se les administra una terapia de hormonas como a las mujeres?

Sería la solución ideal. Una inyección o algunas pastillas de vez en cuando y ya está. De hecho, eso es exactamente lo que ocurre. Los hombres con deficiencia hormonal que toman testosterona se vuelven más fuertes, más agresivos, más interesados en el sexo y tienen erecciones más firmes y frecuentes. También les mengua la osteoporosis, en caso de padecerla.

No obstante, existe un pequeño problema que en ocasiones se convierte en un gran problema.

¿Cuál?

La próstata. Sentada a horcajadas sobre la uretra masculina, justo a la salida de la vejiga, la glándula prostática es muy sensible a la testosterona. Si el hombre recibe demasiada, la próstata crece y puede llegar a bloquear el paso de la orina. Nadie es consciente de lo importante que es orinar hasta que no puede hacerlo.

Compruébelo por sí mismo. La próxima vez que tenga muchas ganas de orinar, espere noventa segundos. Eso no es más que una pequeña parte de lo que tiene que sufrir un hombre con la próstata agrandada. Por lo tanto, llegamos a un auténtico dilema. Si repone la hormona, corre el riesgo de no poder orinar. Si no la repone, podrá orinar pero quizá no pueda hacer muchas otras cosas que son más divertidas.

La próstata agrandada puede extraerse quirúrgicamente, pero es preferible prevenirla a tener que operarse. Hay un aspecto más importante a tener en cuenta. No existen pruebas fehacientes de que la administración de testosterona produzca cáncer de próstata, pero es muy probable que propicie el crecimiento rápido y significativo de un cáncer pequeño ya existente. Puesto que el cáncer de próstata es el principal cáncer mortal entre los hombres después del de pulmón, es mejor no jugar con él.

Por otra parte, algunos hombres mayores tienen cáncer de próstata pero éste no llega a extenderse más allá de la glándula y no causa problemas. Únicamente aparece en la autopsia como un fenómeno curioso. No obstante, si se inflan de testosterona, es posible que el tumor despierte y se propague.

Para complicar aún más las cosas, el suplemento de testosterona puede aumentar el nivel de colesterol y, por tanto, las probabilidades de sufrir un infarto o una apoplejía.

¿Qué debe hacer el hombre entonces?

Algunos médicos administran inyecciones de testosterona o parches que filtran la hormona a través de la piel. Otros médicos no lo consideran una buena idea. Lo cierto es que nadie conoce los resultados a largo plazo de la terapia de reposición de testosterona en los hombres. Existen, sin embargo, soluciones alternativas.

Gracias a los últimos descubrimientos médicos, el hombre tiene la capacidad de manejar individualmente los problemas causados por la disminución de testosterona. Por ejemplo, puede resolver la pérdida de fuerza levantando pesas moderadamente, o paliar el problema de la potencia sexual utilizando las técnicas que aparecen en el capítulo sobre impotencia, o poner freno a la osteoporosis consumiendo una dieta rica en calcio, haciendo ejercicio y tomando medicamentos no hormonales para la osteoporosis recetados por el médico.

¿Hay algo más que pueda hacer?

Sí. Puede seguir el ejemplo de los hombres orientales y añadir algunos alimentos sabrosos a su dieta. Está demostrado que el cáncer de próstata es un mal apenas existente entre los orientales que siguen una dieta tradicional. Además, estos hombres parecen sufrir muchos menos trastornos emocionales y problemas de impotencia propios de la edad madura. Es cierto que parte de su equilibrio emocional es cultural, pero no hay duda de que algunos alimentos de la dieta asiática tiene importantes concentraciones de hormonas sexuales.

¿Hormonas sexuales en la comida?

Exacto, tanto masculinas como femeninas, y ejercen una gran influencia en las personas que las consumen. Por ejemplo, a muchos japoneses se les descubre un cáncer de próstata durante la autopsia pero la enfermedad no les molestó en vida y ni siquiera sabían que la padecían. El agrandamiento de la próstata también es poco frecuente entre los orientales. Así pues, al añadir un toque oriental a su dieta, el hombre medio se está haciendo un gran favor.

¿Qué puede comer?

La aportación más sencilla y beneficiosa procede de los productos derivados de la soja. La soja contiene isoflavinoides, un poderoso compuesto que puede reducir el colesterol y combatir la osteoporosis. Un vaso diario de leche de soja proporciona importantes beneficios hormonales. Además, tiene un sabor parecido al de la leche de vaca sin una gota de colesterol.

El tofu también es una buena opción y hoy día se encuentra en muchos supermercados. Asimismo es recomendable el consumo de brotes de soja. Cuanta más soja añada a su dieta —dentro de lo razonable— más se beneficiará.

El consumo ideal es de 30 gramos de soja útil al día. Un vaso de leche de soja contiene unos 8 gramos, una taza de brotes de soja unos 18 gramos, y 100 gramos de tofu unos 10 gramos. No obstante, coma sólo lo que le guste.

¿Se soluciona el problema sólo con reponer las hormonas?

No. Existe otro ingrediente fundamental. Tanto los hombres como las mujeres necesitan una pareja cariñosa y comprensiva que esté dispuesta a ayudarles durante los malos momentos de la menopausia o el equivalente masculino. Una esposa amable y paciente y un marido tierno y considerado ayudan de forma significativa a superar las tensiones que la deficiencia hormonal desencadena.

La falta de hormonas no puede, en realidad, infligir un daño permanente a menos que la persona lo permita. Con valor y determinación, usted puede vencer todas las amenazas de la menopausia, pero le resultará más fácil si cuenta con la ayuda de otra persona. Recuerde, la esposa que hoy ayuda a su marido a afrontar el problema de la madurez tal vez necesite que su marido haga lo mismo por ella dentro de unos años. Y viceversa.

¿Experimentan los hombres homosexuales los mismos cambios?

Los homosexuales son, fisiológicamente, idénticos a sus hermanos heterosexuales. Su nivel hormonal también decae. La terapia de reposición hormonal puede ayudarles, y un compañero que comprenda su problema y esté dispuesto a echarle una mano es parte de la terapia.

¿Durante cuánto tiempo han de tomar hormonas las mujeres menopáusicas?

Durante el tiempo que deseen sentirse bien. Si quieren sentirse bien el resto de su vida, tendrán que tomar hormonas el resto de su vida. Pueden dejar de tomarlas en cualquier momento, pero los síntomas reaparecerán rápidamente. La menopausia es para siempre. Nada devolverá la vida a esos ovarios atrofiados. Sin embargo, la restitución de sus secreciones vitales puede hacer que la mujer se sienta como si estuvieran vivos o incluso mejor.

Hace muchos años la gente consideraba la menopausia como «el principio del fin». Con los nuevos tratamientos y las investigaciones constantes, en la actualidad la menopausia es «el fin del principio». Si tiene eso presente podría ser, de hecho, el comienzo de una forma de vida nueva más gratificante y satisfactoria.

16

SEXO EN LA TERCERA EDAD

¿Cuándo se es demasiado mayor para practicar el sexo?

Nunca. Los órganos sexuales, gracias a su formidable resistencia, no se desgastan. Aunque la mayoría de las mujeres pierde su capacidad reproductora en torno a los cincuenta años y los hombres raras veces son padres después de los setenta, el coito es factible (y deseable) prácticamente hasta el día en que dejamos este mundo. De hecho, a partir de los sesenta años la actividad sexual continuada es terapéutica en todos los sentidos de la palabra.

¿Cómo puede el sexo ser terapéutico a esa edad?

El coito y todos los acontecimientos que conducen a él son fascinantes, estimulantes y excitantes. Proporcionan a nuestra vida cotidiana vitalidad y entusiasmo. Los hombres y las mujeres mayores que han renunciado a otras actividades estimulantes, como trabajar y criar una familia, necesitan el sexo más que antes, no menos.

La existencia del hombre que pasa sus últimos años de vida jugando al tejo será sombría en comparación con el hombre que pasa sus días marcando puntos en otra clase de juego. Una mujer que se pasa el día columpiándose en su mecedora descubriría que la vida todavía tiene mucho que ofrecerle si se le presentara la oportunidad de realizar el mismo movimiento en un lecho acogedor con un atento compañero.

Eso no significa que las personas mayores deban convertirse en maníacas sexuales (¡sea eso lo que sea!) que buscan constantemente la forma de satisfacer su ardiente libido. Sin embargo, gran parte del aislamiento y la depresión que acompaña a la vejez puede evitarse mediante los efectos socializadores que supone buscar una pareja sexual adecuada. Si los ciudadanos de la tercera edad pensaran más en el sexo, no habría que empujarlos a salir para que conocieran gente; el problema sería conseguir que volvieran a casa por la noche.

¿No es un poco indecente que la gente mayor practique el sexo?

¿Por qué? Si es decente que una pareja lo haga a los cuarenta y cinco años y es indecente que esa misma pareja lo haga de la misma forma y con los mismos órganos a los setenta y cinco, alguien tiene las ideas confusas.

Parte de la confusión se debe a la creencia errónea y transmitida a lo largo de la historia de que el sexo sin reproducción es «pecaminoso». Muchas personas, cuando envejecen, creen que ya no tienen «motivos» para practicar el sexo. ¿Quién dice que se necesita un motivo? El coito es, en sí mismo, motivo suficiente. Si la reproducción es el único objetivo del sexo, alguien se excedió al diseñar el aparato sexual humano.

El hombre únicamente necesita a lo largo de su vida espermatozoides suficientes para concebir unas dos decenas de hijos. Una sola eyaculación contiene 250.000 veces esa cantidad. La mujer sólo necesita óvulos suficientes para concebir una familia, y sin embargo tiene la capacidad de producir más de 200.000. Así pues, si el sexo sólo tuviera como finalidad la reproducción, los órganos sexuales deberían ser como el pelo y caerse al llegar a los cuarenta y cinco años. Por fortuna la cosa no funciona así, lo que confirma que el aparato sexual debería utilizarse sencillamente por el inmenso placer que nos proporciona. He ahí uno de los verdaderos secretos de la sexualidad.

¿Qué secreto?

Que el sexo es un «placer renovable». De hecho, el sexo es uno de los dos únicos placeres renovables del ser humano. Cada experiencia sexual puede ser tan gratificante como la anterior; el milésimo coito puede ser tan placentero o incluso más que el segundo. El otro placer renovable es la comida; un hombre de sesenta años puede disfrutar de la comida tanto como uno de dieciséis, o incluso más, pues con el tiempo ha desarrollado el gusto y la capacidad de discriminar. Del mismo modo que no hay razón para renunciar a comer por llegar a los sesenta, tampoco la hay para renunciar al sexo.

Entonces, ¿por qué hay personas que renuncian a él?

Quizá constituya una salida fácil para hombres y mujeres que nunca se sintieron atraídos por el sexo. Al acercarse a la sesentena, se alegran de verse liberados de algo que siempre han considerado una carga. La vejez es una excusa socialmente aceptable para renunciar a algo de lo que nunca se ha aprendido a disfrutar.

De vez en cuando son los propios hijos quienes instan a los padres a abandonar el sexo. Si uno de los cónyuges ha muerto, la hija y el marido son capaces de decir algo como: «Eres demasiado mayor para esas tonterías, papá. ¿Por qué no te tranquilizas y te olvidas del sexo?»

¿Por qué esos hijos tan considerados no siguen su propio consejo y se olvidan del sexo si les parece tan buena idea? (Por desgracia, seguro que algunos de ellos ya lo han hecho.)

Algunas personas mayores abandonan el sexo voluntariamente cuando su cónyuge fallece. Una vez superada la primera impresión de la soledad, es posible que el interés y la energía sexuales desaparezcan para siempre. Otras parejas interrumpen temporalmente las relaciones sexuales porque uno de los cónyuges está enfermo. Eso, casi siempre, representa el fin de la actividad sexual. Algunas parejas pierden el interés gradualmente; para otras, el sexo toca a su fin cuando el marido se vuelve impotente.

Curiosamente, existen ciertas diferencias en la forma en que los hombres y las mujeres renuncian al sexo.

¿Cuáles?

Las estadísticas reflejan lo que todo el mundo probablemente ha sospechado desde el principio. En Estados Unidos, las mujeres conservan su interés por el sexo mucho más tiempo que los hombres. La mayoría de las mujeres de entre sesenta y noventa años renuncian al coito únicamente porque sus maridos ya no quieren o no pueden satisfacerlas. La actividad sexual de la mitad de estas mujeres termina cuando el marido muere. Sólo un 10 % elige voluntariamente el celibato.

Por otro lado, más de la mitad de los hombres de entre sesenta y noventa años cierran la puerta a la gratificación sexual debido a una enfermedad, a la impotencia o a la falta de interés.

El dato más importante que la gente mayor debe tener en cuenta es que si después de los sesenta el coito se interrumpe temporalmente, es posible que ya nunca pueda realizarse. Si después de cumplidos los sesenta (y a veces incluso antes) el marido y la mujer pasan voluntariamente más de sesenta días sin mantener relaciones sexuales, son muchas las probabilidades de que no vuelvan a realizar el coito. En cuestión de sexo, recuerde: «¡Si no lo usa, lo pierde!»

Henry, un contable jubilado de sesenta y ocho años, tuvo una horrible experiencia de ese tipo. Dejemos que él nos la cuente:

«Nunca estuve demasiado interesado en el sexo, pero me gustaba practicarlo de vez en cuando y no estaba dispuesto a renunciar a él. Mi mujer y yo manteníamos relaciones cada cuatro semanas más o menos. Hace seis meses, en enero, Irene sufrió un ataque de artritis que le impedía tener contacto sexual. Estuvimos seis meses sin probar el sexo. Hace unos días, cuando ya se encontraba bien, intentamos hacerlo, pero mi miembro no se puso lo bastante rígido.»

Lo que Henry quiere decir es que tras seis meses de castidad forzosa ya no podía conseguir una erección. A los sesenta y ocho años no es fácil tener erecciones, y una vez que se van es difícil conseguir que vuelvan. Pero Irene, como la mayoría de las mujeres, era más práctica con respecto al sexo que su marido y nos cuenta lo que pasó después:

«No soy lo que se dice una fanática del sexo, pero sabía que a mi marido le ocurría algo. Apenas comía y se pasaba el día sentado con expresión melancólica. Ni siquiera salía a dar sus paseos como le había recomendado el médico. Y cada vez que intentaba tener relaciones conmigo y fracasaba, se hundía aún más. Así pues, un día fui a una librería y compré sus libros sobre sexo. Nunca había hecho una cosa igual, pero supongo que los tiempos cambian.

»Uno de los libros decía que si la esposa acariciaba el miembro del marido, era más fácil que éste se levantara. A mí me habían enseñado que las mujeres decentes no hacían esas cosas, pero lo cierto es que me trajo sin cuidado. Amo a mi marido y estaba dispuesta a ayudarle como fuera a ser nuevamente un hombre. Cuando llegó la oportunidad, hice lo que su libro decía y fue milagroso: su miembro se puso más duro que hace treinta años. Entonces me di cuenta de que quizá hubiera debido hacerlo siempre.

»Pero para mí, lo más importante es que Henry parece un hombre nuevo. Está mucho más animado y optimista y hasta ha decidido buscar un trabajo de media jornada. Y no me avergüenza reconocer que ahora disfruto de nuestras relaciones mucho más que antes. ¡Hasta estoy pensando en probar otras cosas que usted explica en su libro!»

En general, las mujeres suelen ser más prácticas en lo referente al sexo.

Existen muchos ejemplos de los placeres sexuales después de los setenta en el folclore de algunos países. Por ejemplo, un poema escocés nos habla de una viuda de setenta y cinco años que se casó con el herrero del pueblo, un robusto hombre de cuarenta y siete. Al cuarto día de luna de miel, su hija le envió un telegrama: «Madre, ¿qué tal la luna de miel? ¿Estás a gusto o es demasiado para ti?»

La hija tardó dos días en recibir respuesta. El telegrama decía lo siguiente: «¡Adiós a mis amigos! ¡Adiós a mis enemigos! ¡Vuestra abuela se ha ido al cielo montada sobre un semental!» El sexo es bueno a cualquier edad, pero cuando se traspasa la sexta década, resulta medicinal.

¿Medicinal? ¿Quiere decir que es como una medicina?

No, no es «como» una medicina. Es una medicina. Y como ocurre con las medicinas, existen muchas formas diferentes de tomarlas. Si no hubiese habido elección, Henry podría haber recibido su medicina de otra manera.

¿Cómo?

Masturbándose. De haber sido viudo, o de no haber tenido pareja sexual, la masturbación habría sido la solución. En lo que atañe al cuerpo, todos los reflejos son similares. Fisiológicamente hablando, las pautas que siguen los reflejos sexuales se parecen mucho a las de los reflejos digestivos. Si Henry no comiera alimentos sólidos durante seis meses, le resultaría muy difícil poder volver a una dieta normal. Si las pautas nerviosas sexuales no son constantemente reforzadas después de la sexta década, puede que se esfumen.

Al cuerpo le trae sin cuidado la clase de refuerzo que reciba. Al pastor quizá no le guste que Henry se provoque sus propios orgasmos, pero seguro que tampoco es capaz de sugerir un método mejor para conservarle la potencia sexual. (Además, los pastores también se masturban.) Si un hombre mayor puede comprender que la masturbación continuada le ayudará a mantener el órgano sexual en forma hasta que su pareja vuelva a estar disponible, ambos cónyuges se ahorrarán mucho sufrimiento.

¿Significa eso que los médicos recomiendan la masturbación?

La masturbación no es la actividad sexual ideal. Con todo, aunque no puede competir con el coito en cuanto a satisfacción, desempeña un papel importante en la evolución sexual de todo el mundo. Del mismo modo que la actividad sexual comienza en la infancia con la masturbación, también puede prolongar la satisfacción sexual en la vejez. Si un hombre o una mujer tiene que elegir entre la pérdida permanente de la energía sexual y la masturbación temporal, esta última debería ganar de largo. Si el marido fallece, tiene sentido que la mujer se masturbe para conservar sus reflejos copulatorios en funcionamiento hasta que encuentre otro compañero sexual.

En los hombres resulta aún más imperioso. La mujer no necesita demasiada preparación mecánica para el coito. Sin embargo, el hombre tiene que poner en marcha una maquinaria muy complicada. Para un hombre mayor la erección puede ser justamente eso: la compleja construcción de un pistón rígido capaz de entrar en un cilindro expectante. Una vez más, en cuanto a erecciones, es una cuestión de «¡Si no lo usa, lo pierde!»

¿Qué ocurre si los esposos no pueden acoplarse por exceso de peso de alguno de ellos?

Dada la increíble versatilidad del aparato sexual humano, casi siempre es posible unir un pene y una vagina de una forma u otra. Uno de los principales obstáculos del sexo es la obesidad. A medida que una pareja envejece y gana peso, los respectivos abdómenes alejan cada vez más la vagina del falo.

Por desgracia, no es posible alargar el pene para que sobresalga de la barriga, y la vagina, por su parte, acaba por estar fuera de tiro. La solución ideal sería que ambos cónyuges perdieran peso, lo cual no siempre es posible. La solución práctica consiste en encontrar una forma de realizar el coito eludiendo los voluminosos abdómenes. Una de las posturas más eficaces es la «T cuadrada». Para ello la mujer ha de tumbarse boca arriba con las piernas dobladas y separadas. El hombre se estira de costado con la caderas debajo del arco formado por las piernas dobladas de su pareja.

Otra solución sencilla es la famosa postura de la «vaquera». El hombre se tumba boca arriba y la mujer lo monta como si fuera un potro salvaje. También está la técnica de la «vaquera invertida», que consiste en montar al hombre pero de espaldas a él. Ambas posturas despejan el camino entre el pene y la vagina y ofrecen algunos atractivos añadidos.

Con la mujer arriba, toda la superficie superior del pene se desliza por la «autopista orgásmica», es decir, el tramo supersensible de la pared anterior de la vagina que llega hasta el clítoris. La mujer tiene el control, por lo que puede moverse y girar para obtener del pene el masaje idóneo que la llevará hasta un fenomenal orgasmo. La «vaquera invertida» ofrece estos mismos efectos y, además, permite al hombre ver cómo su pene entra y sale de la vagina, un estímulo que puede aumentar aún más su potencia sexual.

¿Qué hay de la gente que padece artritis?

Con el paso del tiempo, casi todo el mundo desarrolla dolores en los huesos y las articulaciones. A veces el malestar es tal que la persona teme que los movimientos del coito empeoren su estado. Eso no es necesariamente cierto. El ejercicio suave y frecuente suele ser beneficioso para casi todas las modalidades de artritis. ¿Y qué mejor ejercicio hay que retozar en la cama con una pareja ardiente y atenta?

Existe otra razón aún mejor. La experiencia del coito no es tan sencilla como parece. No consiste simplemente en introducir un pene en una vagina y empujar como locos. Ocurren muchas otras cosas que sólo ahora empezamos a conocer.

En el ser humano, todas las glándulas están interconectadas y regidas por la glándula mayor, la pituitaria. Dado que los testículos y los ovarios se ven poderosamente afectados por la actividad sexual, cada vez que alguien tiene un orgasmo, la pituitaria, alojada en la base del cerebro, recibe un mensaje. Esta glándula, a su vez, envía el mensaje a las glándulas tiroides y suprarrenales, que empiezan a bombear hormonas. Lo realmente fantástico es que las suprarrenales producen una hormona —entre otras muchas— llamada «cortisol» que, por una coincidencia maravillosa, ayuda a aliviar los síntomas de la artritis. Así pues, si todo marcha bien, el coito realizado con regularidad debería aliviar los síntomas de la artritis.

¿Insinúa que el sexo es bueno para la artritis?

En cierto sentido, sí. Durante mucho tiempo los médicos han sabido que hay mucha menos artritis entre las personas que permanecen sexualmente activas. Antes se creía que únicamente las personas que no sufrían los efectos severos de esta enfermedad podían realizar el coito. Ahora, los estudios hormonales han demostrado que es la actividad sexual lo que ayuda a proteger a las personas mayores de los cambios degenerativos de la artritis. Pero eso no es todo. Existe otra poderosa hormona segregada por la pituitaria que puede ser decisiva en la vida sexual de una persona y en su relación con su pareja.

¿Cómo es posible que una hormona influya en la relación con el cónyuge?

Casi por casualidad los investigadores descubrieron que cuando una persona tiene un orgasmo, la concentración de una hormona llamada «oxitocina» se dispara hasta un 362%. Las implicaciones de este hallazgo son las mejores que toda persona mayor de sesenta años puede desear. La oxitocina es un tipo de neuropéptido, sustancia química llamada así porque actúa directamente en el sistema nervioso. La oxitocina aumenta el deseo sexual de la persona, la vuelve mucho más cariñosa y es, además, un poderoso antidepresivo. Por eso, entre otras razones, la gente se siente más afectuosa y tierna después de realizar el acto sexual. Y esa ternura tiende a prolongarse bastante después del orgasmo. Cuantos más orgasmos tiene una persona, más larga y profunda es la fase afectuosa. Por lo tanto, cuantos más orgasmos tenga conjuntamente una pareja, más unidos y atentos se volverán sus miembros. Por eso la oxitocina puede ayudar a los esposos a llevarse mejor no sólo en el terreno sexual, sino en todas las áreas de la vida personal.

Pero además de la oxitocina, el sexo libera otra serie de sustancias químicas importantes.

¿Cuáles?

Se llaman «endorfinas» y son increíbles. Cuando alguien recibe una inyección de morfina para aliviarle un dolor, la droga se dirige a las terminaciones nerviosas que sienten el dolor y lo frenan. Al mismo tiempo, la morfina llega al cerebro y brinda al paciente una sensación de felicidad y bienestar.

Las endorfinas se parecen a la morfina, con la diferencia de que las produce el propio cuerpo. Por eso cuando alguien se lesiona seriamente, durante un rato no siente demasiado dolor.

Una de las maneras más eficaces de desencadenar la producción de endorfinas es el orgasmo. Cada vez que se alcanza un orgasmo, el cerebro vierte endorfinas en la corriente sanguínea y usted siente ese maravilloso «colocón» que le hace volver a por más. Y es por eso que, durante la culminación del orgasmo, si alguien le pinchara con un alfiler apenas lo notaría.

Una de las principales necesidades de la gente mayor es la sensación de bienestar, y una de las formas más seguras y fiables de obtenerlo se halla en el dormitorio. El sexo mejora la relación con la pareja, y una relación mejor hace que el sexo también lo sea. Es una situación maravillosa en la que todo el mundo sale ganando.

El sexo proporciona otros beneficios formidables e inimaginables.

¿Por ejemplo?

El sexo, incluido el orgasmo, es excelente para el cerebro. Cuando un hombre o una mujer tiene un orgasmo, una de las partes más vitales del cerebro se inunda de sangre rica en oxígeno nuevo. Una de esas partes del cerebro es la «corteza prefrontal».

Aquí es donde todos los seres humanos llevan a cabo sus reflexiones de más alto nivel, donde analizan qué sucede en el mundo que les rodea. Pero eso no es todo. La corteza prefrontal es la encargada de planificar y tomar las decisiones más importantes. También es la sede central de la excitación sexual, el autoentendimiento y las ideas y conceptos nuevos. Por si fuera poco, es donde la percepción, la apreciación artística y musical y la imaginación se originan.

¿Qué importancia tiene todo eso?

Cuando la gente se hace mayor, son justamente esas áreas las que empiezan a fallar. La planificación y la toma de decisiones se hace más difícil, la persona es menos receptiva ante ideas nuevas, la imaginación comienza a anquilosarse. Lo hemos visto en cientos de personas. Imagine el formidable beneficio que supone enviar con cada orgasmo una lluvia de sangre fresca y vigorizante a esa zona vital. Es por eso por lo que la gente que practica el sexo con regularidad parece mucho más ingeniosa y enérgica. Además, vive más tiempo.

¿Insinúa que existen pruebas de que el sexo practicado con regularidad alarga la vida?

Ni más ni menos. Los hombres de entre cuarenta y cinco y cincuenta años son quienes más riesgo tienen de morir de infarto. Unos científicos británicos llevaron a cabo un estudio que consistía en observar de cerca durante diez años los hábitos sexuales de casi mil hombres, así como la causa de su muerte y la edad en que morían. Los resultados fueron asombrosos: los hombres que experimentaban orgasmos esporádicos poseían el doble de probabilidades de morir de infarto que los hombres que tenían orgasmos frecuentes.

En otras palabras, los hombres que practicaban el sexo con regularidad se estaban protegiendo de la muerte por infarto y estaban reduciendo a la mitad el riesgo de una muerte prematura.

Los científicos resumieron sus sensacionales hallazgos de forma muy británica: «Al parecer, la actividad sexual tiene un efecto preventivo en la salud masculina.»

Pero ¿cuánto sexo hace falta practicar para que resulte beneficioso?

Cien es el número ideal de orgasmos que se necesitan anualmente para sacar provecho de todas las ventajas que ofrecen. Eso representa un orgasmo cada tres días o dos por semana. Aunque coincida con la partida de bridge del martes o el partido de fútbol del viernes por la noche, vale la pena hacer el sacrificio a fin de mantener el cerebro joven y evitar el infarto. Quién sabe, puede que una vez que se implique de verdad lo prefiera al bridge y al fútbol.

¿Hay algo más que las personas con artritis pueden hacer para que su vida sexual sea más gratificante?

Desde luego. Muchas veces, el simple hecho de probar diferentes posturas contribuye a aliviar la presión que sufren las articulaciones. Es aconsejable experimentar para hallar formas razonables de unir el pene con la vagina. Algunas técnicas extremas, no obstante, presentan algunos inconvenientes. Leonard lo sabe muy bien.

«Grace y yo ya no somos unos críos, doctor. Tenemos cerca de sesenta años, por eso la semana pasada, cuando vi anunciado uno de esos libros, *Rejuvenezca su matrimonio*, no pude resistir la tentación de comprarlo. Fue el capítulo "Treinta y seis exquisitas posturas sexuales" lo que realmente me atrajo. Como Grace se mostró interesada, las probamos... no todas al mismo tiempo, claro.

»Las posturas de la 1 a la 9 no estaban mal. Ninguno de los dos notó nada "exquisito", pero era algo diferente. Las posturas de la 10 a la 17 exigían mucho esfuerzo y no merecían la pena. La postura 18 fue la que me fastidió. Se llamaba "la parra egipcia" y consistía en retorcer y enredar los brazos y las piernas. Se suponía que debía proporcionarnos un éxtasis inimaginable.

»Lo cierto es que no fue así. Tardamos cinco minutos en adoptar la postura, y en el momento de realizar el coito nos dimos cuenta de que no podíamos movernos. Empezamos a reír con tanta fuerza que sufrí un tirón en la espalda. Estuve dos días sin poder ir al trabajo y casi dos semanas sin poder mantener relaciones sexuales. Le regalé el libro a un vendedor de la oficina que está soltero. ¡Suerte con la parra egipcia!»

¿Cómo afecta el sexo al corazón?

La actividad sexual jamás ha lesionado un corazón normal. Una vida sexual activa y saludable es, probablemente, la mejor protección contra el infarto.

¿De qué modo?

Los especialistas cardíacos coinciden en que los tres factores más importantes que favorecen el infarto son la falta de ejercicio, el exceso de peso y la tensión nerviosa. Unas relaciones sexuales frecuentes y vigorosas ayudan a controlar todos estos peligros.

Existen pocas modalidades de ejercicio físico que proporcionen los beneficios de la cópula. Los movimientos pélvicos mantienen en buen estado los músculos y las articulaciones de la columna vertebral, mejoran la circulación sanguínea del cuerpo y fomentan la respiración profunda. Si lo piensa detenidamente, el sexo, como ejercicio físico, es mejor que correr.

Mírelo de este modo: uno de los principales objetivos de la carrera es aumentar el ritmo cardíaco por encima de las 120 pulsaciones por minuto a fin de incrementar la reserva cardíaca. Durante el coito, el ritmo cardíaco generalmente alcanza 160 pulsaciones por minuto justo antes de y durante el orgasmo. La tensión arterial también aumenta durante un breve instante hasta un 50 %, y eso se considera beneficioso. Se ha calculado que durante el coito se queman, por término medio, unas 150 calorías, y eso resulta atractivo para las personas que desean cuidar la línea.

Un solo coito equivale a media hora de carrera. Para la mayoría de la gente, cuatro vueltas por el parque una mañana fría y lluviosa no tiene ni punto de comparación con una vuelta por un lecho cálido y acogedor. Otro problema que presenta el ejercicio normal es que uno se olvida de hacerlo con regularidad. El sexo es mucho más difícil de olvidar y, además, su pareja siempre está ahí para recordárselo. Además, el sexo no precisa un calzado especial para practicarlo.

Una vida sexual activa también permite controlar el peso de otras formas. Aunque a algunas personas les gusta que su pareja esté rolliza, todo el mundo desea causar buena impresión cuando se desviste. Conservar el atractivo sexual constituye un incentivo para controlar el peso.

Una de las grandes cargas que soporta el corazón es el frenetismo de nuestra sociedad. Las frustraciones y angustias cotidianas que nos invaden pueden lesionar el corazón y los vasos sanguíneos de forma progresiva e implacable. Aquí es donde actúan la oxitocina y las endorfinas. No hay nada como un buen orgasmo —junto con los tranquilizantes naturales que libera— para deshacernos del estrés y la tensión de la vida diaria. La paz y el bienestar que una relación sexual plena y amorosa brinda al ser humano no puede obtenerse de ningún otro modo. Además, a medida que la relación sexual rica y gratificante calma y relaja a la persona, la experiencia sexual se vuelve aún más satisfactoria. El sexo es el antídoto ideal contra la locura de mundo.

¿Puede el sexo provocar infartos?

No. Si el estado cardíaco de la persona se ha deteriorado tanto a lo largo de los años que está a punto de sufrir un infarto, la cópula podría ser el golpe final que corte el suministro de sangre al corazón; pero eso no significa que el sexo provoque infartos. Ver una película emocionante en la tele o correr para no perder el autobús puede tener el mismo efecto. Renunciar al sexo en ese momento sólo retrasará lo inevitable unas horas. Y, pensándolo bien, no es una mala forma de dejar este mundo.

¿Es el sexo una práctica segura para las personas que ya han sufrido infartos?

Salvo en casos agudos, el peligro que representa el sexo para el corazón es insignificante. La mayoría de los médicos opinan que si la persona puede caminar una manzana o subir dos plantas sin experimentar alteraciones cardíacas, está en condiciones de practicar el sexo.

La tensión que un paseo enérgico produce en el corazón probablemente supere la de un orgasmo. El coito exige un consumo de 5 calorías por minuto, lo cual entra dentro de los límites de la mayoría de las personas que han sufrido un infarto.

Los investigadores han medido con precisión qué se necesita para realizar el coito. Como puede imaginar, el sexo oral —cunilingus y felación— no exige mucho al corazón. El coito con la mujer encima requiere un esfuerzo ligeramente inferior para el hombre. Si él se halla encima en el momento del orgasmo, el ritmo cardíaco asciende a 160 pulsaciones por minuto, pero sólo por un breve instante.

Puesto que el infarto causa una lesión inmediata en el músculo cardíaco, es sensato esperar a que haya transcurrido la primera fase de curación para reiniciar la actividad sexual. Para jugar sobre seguro, ésta debería desterrarse durante ocho o diez semanas desde el ataque. Como en todo trastorno, su médico personal es quien puede darle el mejor consejo. Si usted ha sufrido un infarto, le ruego que busque asesoramiento sobre cualquier problema médico que padezca.

Nadie puede saber a ciencia cierta qué ocurriría si la pareja realizara el coito antes de transcurrido ese tiempo. A veces los pacientes que padecen del corazón reciben la visita en el hospital del cónyuge y mantienen relaciones sexuales en la habitación después de una semana o dos de producirse el infarto, y no sufren consecuencias. Aunque eso demuestra la durabilidad de los músculos cardíacos así como del instinto sexual humano, es preferible esperar más tiempo.

¿Es posible morir así?

Según sabemos, el número de personas que mueren de un infarto durante el coito es muy reducido. Algunos cálculos sugieren que 6 de cada 1.000 personas con un historial de infartos muere durante el coito. Como dato curioso, el 80 % está copulando con una persona que no es su pareja. Para quienes han sufrido un infarto y quieren seguir practicando el sexo, la honestidad tal vez sea la política más saludable.

Sea como fuere, la reanudación de las relaciones sexuales después de un infarto, una vez transcurrido un tiempo prudencial, es muy importante.

¿Por qué?

Muchas personas que han sufrido un infarto sienten que en ellos se ha dañado algo de forma irreparable y se ven como seres semiinválidos. Una vez que comprenden que todavía funcionan y son deseados sexualmente, mejoran con rapidez. La esposa que quiere ahorrar a su marido los esfuerzos que implica el sexo está cometiendo un error. Sería mucho mejor que le estimulara con delicadeza. Alice nos cuenta cómo lo hizo:

«Jim sufrió un infarto hace tres meses que le afectó profundamente. Estuvo a punto de perder su negocio de electrodomésticos. Finalmente regresó al trabajo y la situación volvió a su cauce normal. Cuando pensaba que todo iba bien, me di cuenta de que le estaba haciendo daño con mi excesiva consideración.

»Lo cierto es que estaba desinformada. Pensaba que Jim era un enfermo y que el sexo le perjudicaría. Antes del infarto era capaz de volverme loca en la cama, pero cuando regresó a casa del hospital compré camas individuales para que no se excitara al tenerme a su lado. El pobre pensó que lo hacía porque estaba hecho una calamidad. A partir de ese momento fue de mal en peor. Por fortuna, reaccioné a tiempo y envié las camas individuales al desván. ¡El efecto fue inmediato! Ahora me vuelve aún más loca que antes y dice que valora el sexo como nunca. Es evidente que el infarto sólo le dañó el corazón.»

¿De qué otra forma ayuda el sexo a quienes han sufrido un infarto?

El coito, además de relajar, ofrece una ventaja hormonal. Algunos pacientes cardíacos tienen un síntoma conocido como angina de pecho o dolor pectoral. Si la persona hace un esfuerzo excesivo, ingiere una comida pesada o sufre estrés mental, puede experimentar de repente un dolor muy agudo detrás del esternón. La causa exacta de ese dolor se desconoce. Puede estar relacionada con la falta de suministro sanguíneo en el músculo cardíaco, pero la explicación todavía no está clara. En cualquier caso, la angina de pecho es atroz y quien la sufre no puede hacer nada, ni siquiera practicar el sexo.

Como hemos visto, el orgasmo libera toda una serie de hormonas y sustancias químicas beneficiosas. Como en el caso de la artritis, los hombres con angina de pecho que son sexualmente activos suelen experimentar menos ataques. Aunque la angina de pecho se da cinco veces más en los hombres, las mujeres que la padecen también se benefician de la práctica sexual continuada. Cuando la angina de pecho impide realizar el coito, los comprimidos de nitroglicerina (un remedio corriente para la angina) tomados unos minutos antes evitan que el dolor aparezca. Pero recuerde: consulte a su médico antes de hacer algo que puede darle problemas. Más vale preguntar que llevarse una sorpresa desagradable.

¿Hay algo que los hombres y las mujeres puedan hacer para mantener en forma su vigor sexual?

Por supuesto. El primer paso es decidir que quieren hacer algo. ¿Qué sentido tiene que una persona vaya al gimnasio cada día o vigile lo que come o tome vitaminas si se olvida de la función más importante y gratificante de su organismo? Si desea seguir disfrutando del sexo, tiene que cuidar de su aparato sexual y mantenerlo en forma.

Como hemos visto, los órganos sexuales masculinos y femeninos son hidráulicos. Dependen del bombeo de sangre a presión a través de conductos y tubos. La erección del pene es totalmente deliberada. El clítoris, si sobresale, es porque unas válvulas se abren y cierran y la sangre entra a presión. El orgasmo depende en gran medida de la acumulación de sangre bajo presión y de su liberación. Si la presión no es suficientemente alta —si la sangre está estancada— el orgasmo será débil en lugar de explosivo.

Como cualquier otro sistema hidráulico, el sexual también debe cuidarse. Del mismo modo que no debe olvidarse del sistema de refrigeración de su coche ni de la presión del aceite —ambos sistemas hidráulicos— tampoco debe olvidarse del sistema hidráulico de su aparato sexual.

¿Cómo se hace?

El líquido hidráulico del sexo es la sangre, por lo que tiene que mantener una circulación sanguínea excelente en sus órganos sexuales. Mírelo de este modo. Si se pasa el día sentado frente un escritorio con las piernas colgando, muy pronto le saldrán varices debido a la mala circulación de la sangre. Si un paciente permanece inmóvil en un hospital durante días, es probable que acabe con un coágulo en los pulmones y muera.

Si quiere tener buenas erecciones y buenos orgasmos, ha de poner algo de su parte. Casi todo el mundo reconoce los beneficios del masaje. No hay nada como recibir un masaje en unos pies doloridos y cansados después de una larga caminata. Un masaje en la espalda relaja y alivia los músculos. Muchas mujeres creen en los efectos beneficiosos del masaje facial y pagan mucho dinero por él. Pero a los órganos sexuales —mucho más importantes que la cara, los pies o los músculos de la espalda— se les deja que se las arreglen solos. ¿Cree usted realmente que puede dejarlos ahí, abandonados, y esperar que funcionen como es debido cuando llega el momento?

Los hombres y las mujeres —sobre todo los mayores de cuarenta años— deberían estar dispuestos a dar a su aparato sexual los mismos cuidados y atenciones que a sus pies. El objetivo es mantener y aumentar la corriente sanguínea en estas estructuras vitales. Piense por un instante en cómo se siente. Es posible que después de pasarse el día de pie o sentado note una sensación pesada en el perineo, la zona situada entre la vagina o el escroto y el ano. La tensión leve en las ingles también es otro síntoma de mala circulación en los órganos sexuales.

¿Cuál es la solución?

Brindar a los órganos sexuales el mismo cuidado que proporciona a sus pies. Dé a sus estructuras vitales y sus inmediaciones un masaje diario. Aunque toda la vida le han dicho que no se toque ahí abajo, lo cierto es que, si lo hace bien, sólo obtendrá cosas buenas.

Con respecto al hombre, se recomienda que cada mañana, en la ducha y con un lubricante adecuado, tome el pene entre las palmas de las manos y lo haga rodar suavemente entre éstas 25 veces. Recuerde que es ahí donde quiere que la sangre se acumule cuando tiene una erección, por lo que un masaje diario para mejorar la circulación resulta ideal. Realice otro masaje suave en la raíz del pene, justo donde éste se separa del cuerpo. Luego frote con delicadeza ambas ingles y la piel del escroto, también 25 veces.

Para finalizar, sujete el pene suavemente con una mano y dé un masaje al glande con la otra, como si estuviera sacando brillo a una manzana. Eso favorecerá la entrada de sangre en el glande y mejorará la sensibilidad de éste y sus erecciones. Veinticinco caricias son suficientes.

Los efectos aparecen casi de inmediato. Notará una sensación grata en toda la zona y una mejora de la corriente sanguínea en los tejidos. Tras una semana de masajes diarios, advertirá un mejor rendimiento sexual y más sensibilidad.

¿Pueden las mujeres hacer otro tanto?

Desde luego. Tras lubricar la zona, coloque un dedo en cada lado del cuerpo del clítoris y mueva las yemas suavemente de arriba abajo 25 veces. Luego acaricie los labios menores también de arriba abajo. Un masaje suave en la entrada de la vagina es igualmente beneficioso. Y no olvide el masaje en ambas ingles. El momento idóneo es durante la ducha matinal. Los auténticos resultados aparecerán al cabo de una semana, y ya verá cómo experimenta constantes mejoras a medida que practica.

¿No es eso masturbarse?

No, del mismo modo que tampoco lo es un masaje en los pies cuando están cansados. Con todo, la masturbación en la gente mayor es importante. Si uno de los cónyuges, por la razón que sea, no puede realizar el coito, ¿significa que para el otro el sexo, el orgasmo y todos los maravillosos beneficios físicos y mentales que éste aporta han terminado? No tiene por qué ser así.

La práctica sexual ideal, evidentemente, es el coito. Con todo, la masturbación mutua y el sexo oral les siguen en importancia. Lo fundamental es hacer que los orgasmos continúen produciéndose y recibir sus efectos beneficiosos.

En muchos casos el sexo oral y la masturbación mutua son medidas temporales hasta que el problema que impide el coito se soluciona. Por ejemplo, para una mujer que tiene una pierna rota tal vez resulte incómodo copular, pero ésa no es razón para que ella y su marido se pasen semanas sin mantener ningún tipo de relación sexual. Ella puede practicar la felación y él el cunilingus.

En ocasiones problemas físicos crónicos como una apoplejía o un enfisema hacen difícil el coito. Con todo, todavía queda la posibilidad del sexo oral y la masturbación mutua. En el ingenio y el entusiasmo está la clave del éxito. Una lubricación generosa es siempre importante, tanto para acariciar el pene hasta la eyaculación como para estimular el clítoris y la vagina. Al igual que en el coito, el hombre debe introducir lenta y suavemente un dedo bien lubricado, y luego otro, y concentrarse en la pared anterior de la vagina. Si, al mismo tiempo, acaricia el clítoris con el dedo pulgar, el orgasmo está casi asegurado.

¿Por qué habla de dos dedos en la vagina?

«Un dedo es poco y tres son demasiados», dice el refrán. No todos los casos son iguales, pero para la mayoría de las mujeres que han tenido un hijo dos dedos proporcionan el estímulo adecuado. Con todo, nadie mejor que ella sabe lo que quiere, por lo que su pareja debería escucharla.

Lo mismo es aplicable al hombre. Unas veces desea un masaje vigoroso en el pene y otras prefiere que se lo acaricien suavemente. Recuerde, el único momento en que no puede hablar durante el sexo es cuando tiene la boca ocupada, e incluso entonces es posible detenerse un momento y expresar sus deseos.

Pero ¿es beneficioso el sexo?

Por supuesto que sí. Sólo tiene que observar a las personas que mantienen relaciones sexuales frecuentes y satisfactorias y compararlas con las que no las tienen. La diferencia habla por sí sola. Además, cuanto mayor se hace uno, más importancia adquieren la actividad sexual y los efectos beneficiosos del orgasmo.

¿Cuándo se es demasiado viejo para practicar el sexo?

Juzgue por sí mismo. Un día una muchacha preguntó a su abuela:

—Abuela, tú ya tienes ochenta y cinco años. Dime, ¿a qué edad se cansa la gente del sexo?

La abuela dejó sobre el regazo el libro que estaba leyendo, sonrió y respondió:

—No lo sé, Jennie. ¡Tendrás que preguntárselo a alguien mayor que yo!

He ahí la respuesta. Y para las personas que poseen la fortuna de contar con un buen cónyuge, hay un viejo refrán muy romántico que dice:

«Un buen marido y una buena esposa mejoran, como el buen vino, con los años.»

ÍNDICE ANALÍTICO